上海师范大学内涵建设项目
上海市教委重点学科行政管理建设项目

Shehui Fenceng Shiyu xia de
Gongmin Lianjie Jiaoyu

丛书编委会

主任　茅鼎文　秦莉萍
主编　商红日
秘书　张深远
成员　（按姓氏笔画为序）
　　　王　宏　邓　杰　朱新光　李　亮　单冠初
　　　张惠康　茅鼎文　洪小夏　胡志民　秦莉萍
　　　商红日　蒋传光　蒋硕亮

公民廉洁教育丛书

社会分层视域下的公民廉洁教育

单冠初 著

北京大学出版社
PEKING UNIVERSITY PRESS

图书在版编目(CIP)数据

社会分层视域下的公民廉洁教育/单冠初著. —北京:北京大学出版社,2015.11
(公民廉洁教育丛书)
ISBN 978-7-301-26423-2

Ⅰ.①社… Ⅱ.①单… Ⅲ.①公民教育—品德教育—研究—中国 Ⅳ.①D648.3

中国版本图书馆 CIP 数据核字(2015)第 253919 号

书 名	社会分层视域下的公民廉洁教育
	Shehui Fenceng Shiyu xia de Gongmin Lianjie Jiaoyu
著作责任者	单冠初 著
责任编辑	杨丽明 王业龙
标准书号	ISBN 978-7-301-26423-2
出版发行	北京大学出版社
地 址	北京市海淀区成府路 205 号 100871
网 址	http://www.pup.cn
电子信箱	sdyy_2005@126.com
新浪微博	@北京大学出版社
电 话	邮购部 62752015 发行部 62750672 编辑部 021-62071998
印 刷 者	北京中科印刷有限公司
经 销 者	新华书店
	965 毫米×1300 毫米 16 开本 15 印张 201 千字
	2015 年 11 月第 1 版 2015 年 11 月第 1 次印刷
定 价	49.00 元

未经许可,不得以任何方式复制或抄袭本书之部分或全部内容。
版权所有,侵权必究
举报电话: 010-62752024 电子信箱: fd@pup.pku.edu.cn
图书如有印装质量问题,请与出版部联系,电话: 010-62756370

序

改革开放以来,随着我国现代化建设的不断推进,经济体制的深刻变革,社会转型的逐渐加速,上世纪 50 年代中期,我国生产资料所有制的社会主义改造以后形成的"两个阶级一个阶层",即工人阶级、农民阶级和知识分子阶层的社会结构发生了深刻变动和显著变化。原有阶级阶层内部出现龟裂和分化,一些新的社会阶层逐渐形成并扩大,各阶级阶层在政治、经济、社会和生产、生活方面上的利益格局也发生了深刻调整和急剧变化,我国的大众生态从来没有像今天这样越来越显得差异化、复杂化,并日益形成多元、多样和多变的局面。与此同时,经济社会转轨、转型过程出现的"双轨"乃至"多轨"格局,体制机制及其改革中的某些缺失和滞后,教育、监督、制约和惩治体制机制方面的缺位与乏力,也使得以权谋私以及权权、权钱、权色交易等腐败现象前所罕见地迅速滋长、蔓延开来。这两方面情况的交织、影响和交互作用,更使得社会矛盾趋于复杂化和尖锐化,加大了党和政府缓解和解决社会问题、特别是趋于扩散的腐败问题的严重性和艰巨性。

正是在这样的情势下,1987 年召开的党的十三大正式提出了"腐败"与"反腐败"的概念。1993 年中央作出了反腐败"形势严峻"的判断并部署开展反腐败斗争。1997 年党的十五大进而确立了"依法治国"的基本方略。2007 年,党的十七大又明确提出了党的思想、组织、作风、制度和反腐倡廉"五大建设",提出了加快建设社会主义法治国家的目标,并于同年 9 月成立了国家预防腐败局。党的十八大进一步将反腐败问题提升到"人民关注的重大政治问题",解决不好可能"亡党亡国"的新高度。十八届四中全会又审议通过了《中共中央关于全面推进依法治国若干重大问题的决定》。据中共中央纪律检查委员会在向党的十八大所作的工作报告中披露:从 2007 年 11 月至 2012 年 6 月,全国纪检监察机关共立案 643759 件,结案 639068 件,给予党纪政纪处分 668429 人,涉嫌犯罪被移送司法机关处理的有 24584 人。与此同时,全国共查办商业贿赂 81391 件,涉案金额 222.03 亿元。①

党的十八大以后,以习近平为总书记的新一届中央领导集体,吹响了"治标为治本赢得时间"的反腐冲锋号,纪检、监察、审计、检察等全国检察机关强强联手,持续发力,"打虎灭蝇"一起抓(另外还开展了抓捕逃往境外的各种犯罪分子的"猎狐"行动),办案力度和频率不断加大,在两年多的时间内,全国上至权力中枢,下到基层组织,约有 20 余万大大小小的官员先后落马。据《新民晚报》文章披露,到 2014 年底,全国共有 18 万名党员干部受到党纪政纪处分,包括省部级以上官员 58 名,副国级以上官员 3 名,中央委员 3 名。② 另据《环球时报》记者统计,从 2014 年 1 月 1 日到 12 月 29 日,中纪委监察部网站"案件查处"栏目共发布 691 条涉贪腐消息,即平均每天查处 1.9 人,如除去 108 天左右的节假日,日均查处 2.7 人。截至 2014 年 12 月 26 日,十八大以来落马的省部级以上高官已达 60 名,其中包括原全国政协副主席苏荣、原中央政治局委员、中央军委副主席徐才厚,原中央政治局常委、中央政法委书记周永康,原中共中央统战部部长令计划等副国级及以上官员。③ 而十八大以前平均每年被查处的省部级以上高官只有 6 至 8 名。④

---

① 参见《中共中央纪律检查委员会向党的第十八次全国代表大会的工作报告》,载《人民日报》2012 年 11 月 20 日第 1 版。
② 参见秦丹:《2014 改革步伐开创新年新愿景》,载《新民晚报》2014 年 12 月 31 日第 A3 版。
③ 转引自人民网:http://politics.people.com.cn/n/2014/1226/c1001 - 26279549.html,2015 年 1 月 12 日访问。
④ 参见范凌志:《腐败官员晚 6 时"最易落马"》,载《环球时报》2014 年 12 月 30 日第 3 版。

从实际效果看,这场中央高度重视的反腐风暴,已形成了"贪官高度紧张,百姓高度关注"的新气象,并为实现"干部清正、政府清廉、政治清明"的廉政建设目标和美好愿景奠定了扎实基础。但是,冷静而客观地说,中国社会长期积淀的腐败滋生和蔓延的条件或土壤还远未根除,当前中国正处在腐败与反腐败两军对垒的战略相持阶段,而作为决定着反腐败斗争最终胜负的僵持阶段或过渡时期,必将是一个艰难而痛苦的时期,也是反腐倡廉建设的一个关键而敏感的阶段。在此阶段,由于传统廉政理论和反腐倡廉宣传教育的说服力不强,以及因各种原因造成的党和政府公信力的下降,人们对腐败问题的认识、看法和态度,往往不是基于对客观事实的理智分析和科学判断,而可能更多局限于个人的感性认识或基于切身利益的诉求和愿望,甚至可能依据一己的偏好和权益的盈亏来为腐败制定价值判断基准,并依据自身感觉和判断来对待中央反腐败斗争的战略部署和举措。因此,当前我国的反腐败斗争不但必须保持战略定力,以熬过这段艰难的路程,同时还要加大教育和宣传力度,以实现重建党的政治生态、国家治理体系和社会认知与文化氛围的目标。

由著名经济学家吴敬琏与《财经》杂志主笔马国川合著的《重启改革议程——中国经济改革二十讲》(三联书店 2013 年 1 月版)在谈到当前我国社会存在的种种问题,特别是腐败易发多发的原因时指出,这"正是由于中国改革尚未取得完全的成功,20 世纪末期初步建立起来的市场经济体制还很不完善造成的。这种不完善性主要表现为国家部门(包括国有经济和国家党政机构)仍然在资源配置中起着主导作用。其主要表现是:国有经济仍然控制着国民经济的命脉,国有企业在石油、电信、铁道、金融等重要行业中继续处于垄断地位;各级政府握有支配土地、资金等重要经济资源的巨大权力;现代市场经济不可或缺的法治基础尚未建立,各级政府和政府官员拥有很大的自由裁量权,他们通过直接审批投资项目、设置市场准入的行政许可、管制价格等手段对企业的微观活动进行频繁的干预"。而这种体制和制度性缺陷所造成的两个严重问题之一就是,

"权力对于经济活动的广泛干预造成了普遍的寻租环境,使腐败活动不可扼制地蔓延开来,深入到党政组织的肌肤之中"①。

党的十八大报告在述及加强党的建设和反腐败问题的重要性、紧迫性时,不仅指出了"一些干部领导科学发展的能力不强,一些基层组织软弱涣散,少数党员干部理想信念动摇,宗旨意识淡薄,形式主义、官僚主义问题突出,奢侈浪费现象严重;一些领域腐败现象易发多发,反腐败斗争形势依然严峻"的客观现实,同时还强调指出:"反对腐败、建设廉洁政治,是党一贯坚持的鲜明政治立场,是人民关注的重大政治问题。这个问题解决不好,就会对党造成致命伤害,甚至亡党亡国。反腐倡廉必须常抓不懈,拒腐防变必须警钟长鸣。要坚持中国特色反腐倡廉道路,坚持标本兼治、综合治理、惩防并举、注重预防方针,全面推进惩治和预防腐败体系建设,做到干部清正、政府清廉、政治清明。加强反腐倡廉教育和廉政文化建设。"② 紧接着,习近平总书记又自2012年11月15日新一届政治局常委见面会起,在各种场合多次强调:"打铁还需自身硬",要从严治党,从严治吏,以"抓铁有痕,踏石留印"的果敢态度和霹雳手段,"坚持'老虎''苍蝇'一起打","加强对权力运行的制约与监督,把权力里关进制度的笼子里","形成不敢腐的惩戒机制,不能腐的防范机制,不易腐的保障机制"。③ 一年后,党的十八届三中全会通过的《中共中央关于全面深化改革若干重大问题的决定》也指出:"坚持有制度管权管事管人,让人民监督权力,让权力在阳光下运行,是把权力关进制度的笼子的根本之策。必须构建决策科学、执行坚决、监督有力的权力运行体系,健全惩治和预防腐败体系,建设廉洁政治,努力实现干部清正、政府清廉、政治清明。"④

---

① 吴敬琏、马国川:《中国的改革只走到半途》,载《报刊文摘》2013年8月14日第2版。
② 胡锦涛:《坚定不移沿着中国特色社会主义道路前进 为全面建成小康社会而奋斗——在中国共产党第十八次全国代表大会上的报告》,人民出版社2012年版,第54页。
③ 中共中央宣传部:《习近平总书记系列重要讲话读本》,学习出版社、人民出版社2014年版,第159—171页。
④ 《中共中央关于全面深化改革若干重大问题的决定辅导读本》,人民出版社2013年版,第35页。

2014年1月,习近平再次在十八届中央纪委第三次全体会议上强调,要"以猛药去疴、重典治乱的决心,以刮骨疗毒、壮士断腕的勇气,坚决把党风廉政建设和反腐败斗争进行到底"。①

  应该说,经过两年多来以"打虎灭蝇"为标志的集中打击、整治和宣传,我国目前已初步形成了"不敢腐"的政治生态和社会氛围。与此同时,以落实"八项规定"和集中巡视督查为抓手的建制立规举措,也使反腐防腐的"笼子"日渐完善,为进一步形成"不能腐"的体制机制奠定了基础。正是在这样的形势下,笔者以为,我国力度空前的反腐败斗争似已从2015年春起,开始显现出步入常规化、法治化"新常态"的某些迹象,从一定意义上也可以说,是从"运动战"转入了"持久战"。进入这种"新常态"条件下的反腐败斗争,就更需要全面贯彻"标本兼治、综合治理、惩防并举、注重预防"的方针,在预防腐败的保障机制包括反腐倡廉的宣传教育上给予更多的关注,投入更多的资源,花费更大的心思和精力。

  众所周知,通过教育和自律反腐倡廉是我们党的优良传统。历史和现实虽然已经证明:仅仅只靠教育是无法有效地预防和杜绝腐败的滋生和蔓延的;不断加强和完善反腐倡廉的各项制度和监督机制等方面的建设,是当前党和国家防腐、反腐的一项很关键的、在某种意义上甚至是带有根本性的任务。但是,这并不意味着能够忽视或否定反腐倡廉教育和公民廉洁教育的必要性和重要性。现实生活中的腐败现象之种类和形式繁多,造成或诱发腐败产生和蔓延的直接、间接原因也是涉及甚广,不甚枚举。单就违纪违法的腐败分子自身的动机与具体罪行而言,就有明知故犯、知法犯法的;法律意识淡薄、怀有侥幸心理或过不了"人情关"而突破底线的,也有因法律知识缺乏而无意或过失触犯法律底线的;因经验和知识技能不足、方法错误而失职或渎职的,等等。因此,反腐倡廉教育和公民廉洁教育本身,就是一个内涵和外延相当广泛的概念,其任务不仅仅

---

① 中共中央宣传部:《习近平总书记系列重要讲话读本》,学习出版社、人民出版社2014年版,第170页。

只是教育、警告人们不应违纪犯法搞腐败,还要告诉人们什么或怎样才是违纪违法、腐败堕落,哪些地方是易发多发领域,哪些时段是易发多发的时间,哪些阶层是易发多发的人群,以及怎样才能及时防止和避免违法腐败,还要让所有人都知晓违法腐败对党和国家以及社会的严重危害性、破坏性、不可容许性,以及可能给个人及家庭、亲友带来的后果与遗憾,从而使所有的人不仅能自觉保持清正廉洁,而且能及时发现和劝阻腐败,坚决抵制和反对腐败,勇敢揭发和清除腐败,努力形成和构建清正廉洁、反腐倡廉,对腐败零容忍的文化氛围和社会环境。要完成这样广泛的任务,构建多层次多系统的分层分类的教育体系,开展既突出重点又注重普及的,形式和载体更为丰富多样的,操作和实施更有针对性和实效性的公民廉洁教育,同样是万万不可或缺少和不容忽视的。就像中共中央纪律检查委员会在向十八大所作的工作报告中所指出的那样,除了强调要严惩腐败,绝不姑息外,"深化示范教育、警示教育、岗位廉政教育,建立健全分层分类指导的施教机制,着力增强教育的针对性和实效性",也是我们必须高度重视和切实抓好的一项重大而长期的艰巨任务和伟大事业。2013年1月,中纪委书记王岐山在向党的第十八届中央纪律检查委员会第二次全体会议所作的工作报告中,进一步强调要加强反腐倡廉教育。内容包括"围绕社会主义核心价值观体系建设,深入开展理想信念教育、宗旨教育和廉政法规教育,重点抓好政治品质和道德品行教育、岗位廉政教育和警示教育"①。

  本书以马克思主义党建理论为指导,以新时期我国社会阶级阶层分化的复杂现状为背景,围绕着新的社会分层、特别是与权力相关的社会阶层分化和嬗变给党和国家的建设带来的机遇与挑战,结合当前反腐倡廉斗争的新形势、新任务与新政策,努力探求新形势下加强党的建设、特别是建设廉洁政治,开展反腐倡廉教育和廉政文化建设的思路、方法与路

---

  ① 王岐山:《深入学习贯彻党的十八大精神　努力开创党风廉政建设和反腐败斗争新局面》,载《学习》活页文选2013年第8期,第9—10页。

径,以期更好地教育和团结全党全国各族人民,为全面推进党的建设的伟大工程和反腐倡廉战略的实施,为开创中国特色社会主义的新局面,实现中华民族伟大复兴的"中国梦"提供一些思考和建议,作出一份努力和贡献。

目　　录

第一章　社会分层概述 ·· 1
　第一节　社会分层的概念及其主要特点 ························· 1
　　一、社会分层的概念 ··· 2
　　二、社会分层的主要特点 ······································· 5
　第二节　社会分层之理论沿革及研究的现实意义 ············· 6
　　一、西方社会分层理论沿革及其主要观点 ·················· 7
　　二、新中国社会分层理论的历史演进 ······················ 17
　　三、研究当代社会分层的的现实意义 ······················ 28
　第三节　社会分层的主要划分标准及其变化趋势 ············ 37
　　一、社会分层研究的目的与标准 ···························· 37
　　二、社会分层标准多样化及其矛盾 ························· 38
　　三、以职业为主的分层标准及其意义 ······················ 39
第二章　反腐败视野下的社会分层及其意义 ·················· 43
　第一节　转型期中国的社会分层变化及原因 ·················· 43
　　一、转型期中国社会阶层的变化 ···························· 43
　　二、转型期中国社会阶层变化的主要原因 ················ 48
　　三、转型期中国社会阶层结构变化的特点和趋势 ······· 53
　第二节　我国学界的主要社会分层方法及局限 ··············· 61
　　一、学术界的代表性观点与分层方法 ······················ 62
　　二、分层标准多样化带来的分歧与矛盾 ··················· 63
　第三节　反腐败视野下的社会分层及其意义 ·················· 64
　　一、反腐败斗争形势及腐败易发多发领域 ················ 64

二、反腐败视野下的社会分层 ………………………………… 74
　　三、预防腐败视角下的社会分层标准及其意义 ……………… 94
第三章　反腐败视野下的公民廉洁教育 …………………………… 97
　第一节　社会分层背景下的公民廉洁教育问题 ………………… 99
　　一、分层分类实施廉洁教育的必要性 ………………………… 99
　　二、分层分类实施廉洁教育的可行性 ………………………… 103
　　三、分类分层实行廉洁教育的意义 …………………………… 113
　第二节　强化重点领域和人群的反腐倡廉教育 ………………… 121
　　一、当前反腐倡廉和公民廉洁教育存在的问题与困境 ……… 122
　　二、强化重点领域和人群反腐倡廉教育的必要性 …………… 127
第四章　社会分层视域下公民廉洁教育的挑战与契机 …………… 130
　第一节　当前我国公民对廉洁教育认识的现状 ………………… 131
　　一、对开展公民廉洁教育的重要性认识不足 ………………… 131
　　二、对廉洁教育对象的认识存在误区 ………………………… 134
　　三、影响公民对廉洁教育重要性认识的因素 ………………… 137
　第二节　社会阶层分化对公民廉洁教育的挑战 ………………… 144
　　一、主流意识形态影响的弱化倾向 …………………………… 144
　　二、价值多元下的核心价值观重构要求 ……………………… 145
　　三、社会不公问题下的腐败发展势头 ………………………… 147
　　四、开展公民廉洁教育的难度增大 …………………………… 149
　第三节　社会阶层分化与公民廉洁教育的契机 ………………… 151
　　一、中央领导对廉洁教育的日益重视 ………………………… 151
　　二、反腐风暴营造了良好的教育环境 ………………………… 154
　　三、传统廉洁文化历史遗产的继承 …………………………… 155
　　四、中共廉政建设历史经验的借鉴 …………………………… 158
　　五、社会阶层分化给廉洁教育提供了新的社会条件 ………… 166
第五章　社会分层与反腐倡廉公民廉洁教育路径 ………………… 169
　第一节　确立公民廉洁教育的分层理念与教育体系 …………… 169
　　一、确立公民廉洁教育分层理念的必要性 …………………… 170
　　二、科学构建多层次的公民廉洁教育体系 …………………… 180

三、根据不同对象实施分类分层的差异化教育 …………… 190
第二节　突出廉洁教育的重点与社会廉洁文化建设 …………… 200
　一、公民廉洁教育的实施重点 …………………………… 201
　二、社会廉洁文化建设 …………………………………… 211
第三节　创新公民廉洁教育的形式与手段 ……………………… 214
　一、公民廉洁教育形式与手段存在的问题 ……………… 214
　二、创新公民廉洁教育的形式与手段 …………………… 215

主要参考文献 ……………………………………………………… 219
后记 ………………………………………………………………… 224

第一章 社会分层概述

社会分层是各个国家和地区普遍存在的一种社会现象,它指的是任何一个社会不同群体之间存在的各种形式(经济、政治、社会、文化等)的差异或不平等现象,也是社会学家用以分析和研究人与人之间、群体与群体之间的差异或不平等现象的一个重要概念。研究社会分层,不仅可以了解当前我国社会客观存在的分层现象、阶层差异,以及一定程度存在的群体矛盾甚至冲突情况,为我们缩小差距、化解矛盾提供理论指导,同时也可以帮助我们正确认识和有效理解群众中存在的"干部腐败,我们吃药"等疑惑与误解,从而更有针对性地开展反腐倡廉教育和廉政文化建设,推广、普及预防与惩治腐败的知识,形成全党全民同心协力、共治腐败的合力。

第一节 社会分层的概念及其主要特点

分层原是地质学及地理学中用来分析地质地层结构的概念,它是指地质构造的不同层面,即一层层相叠的岩石,经过数千万年的沉淀累积而形成的地壳。在现实社会中,人们发现,任何一个社会不同群体之间都存在着各种形式(经济、政治、社会、文化等)的差异或不平等现象。后来,社会学家就借用这一概念来分析和研究人与人之间、群体与群体之间的差异现象或不平等现象,即把社会的纵向结构如同地层一样,视为一种不同层次的系统结构,并以此反映社会上各种物质性、象征性的资源在不同的人群中的分布和占有情况。通俗地讲,社会学所谓的"层"就是指各种社会群体。所谓分层,就是依据不同的划分标准,把所有社会成员分为高低不同、上下有序的等级序列或层级的过程。

一、社会分层的概念

学术界对社会分层的概念或定义有着不同的表述。有的认为,社会分层是指一个社会中存在着拥有不平等财富和权力的群体。也有人认为,应该从两个层面来理解社会分层:一是视其为客观过程的界定,即指社会成员在社会生活中由于获取社会资源的能力和机会的不同,而呈现出高低有序的等级或层次的现象和过程;二是视其为主观方法的界定,即认为社会分层是根据一定的标准将社会成员划分为高低有序的等级或层次的方法。这两种观点的共性是,都认为社会分层主要是指一个社会内部的个人或群体因占有社会资源的多寡而分列为不同的层级或等级序列。社会分层不仅是指个人或群体社会经济地位的不平等,同时也表现为国家层面和社会结构层面的不平等。

阶级与阶层是社会分层研究中最为常用的两个概念。中文中的"阶级"与"阶层"两个名词源于英文的"class"和"stratum"。这是既有区别又有联系的两个概念,但要对它们进行明确的界定却有相当的难度。因为不同流派及不同取向的学者的理解各有不同。对于"阶级"这一概念,更是众说纷纭,有人甚至指出有多少个阶级分析家,就有多少种关于"阶级"的定义或表述。在我国古代社会中的"阶级",就是指在社会上存在的身份等级。在我国的古典文献中,"阶级"既指官位奉禄的等级,也指社会伦理制度"礼"规定的等级秩序。《新书·阶级》中指出,"故古者圣王制为列等,内有公卿大夫士,外有公侯伯子男……等级分明"[①]。《三国志·吴志·顾谭传》中指出,"臣闻有国有家者,必明嫡庶之端,异尊卑之

---

① 转引自互动百科:http://www.baike.com/wiki/阶级,2015年1月9日访问。

礼,佚高下有差,阶级逾邈"①。在西方的文献中,"阶层"与"阶级"常常混用,国内社会学者则有时将"class"译为"阶级",有时又译为"阶层"。实际上,从严格意义上说二者还是有区别的。单就"class"和"stratum"的表面词义看,阶级是定性、类别的分类,没有高低等级的含义。比如,工人阶级、农民阶级或资产阶级等分类,只是根据人群的类别和性质来分的,并不一定表明他们在社会等级上谁高谁低;而阶层则是依据社会等级的高低分类的,如上等阶层、中等阶层和下等阶层的分类,就有明显的等级高低之义。当然,现实生活中的每个阶层都可能包括不同类别的成员。上等阶层中就可能包含政府高官、大资本家和文体明星等。另外,"阶级"与"阶层"的区别还在于有没有阶级意识。"阶层"是指仅仅按照客观特征(收入水平、学历、职业、威望等)划定的人群,被列入这个阶层的人本身并不一定自觉意识到他与同阶层人之间的一致性,也未必已经意识到自己与其他阶层的人有何区别,然而"没有阶级意识的阶级是不存在的"。就我国社会对"阶级"一词的使用情况看,上世纪 90 年代以前,不仅官方和理论家们偏好使用之,就连一般民众和媒体也习惯于以此来讨论社会群体之间的经济、政治等差异问题——既以阶级来特指按属性划分的人群,也用以指按等级划分的人群。在此以后则有更多的学者甚至官方开始使用"阶层"一词。就目前的使用情况,阶层一般更多地被赋予社会学色彩,即指社会成员因对于社会资源的占有不同和分配方式的不同而形成的集团,而阶级则被赋予更多的政治学色彩。总之,社会阶级是社会阶层的一种,但又与社会阶层并不完全等同。前者是事实上的集体等级制,而非历史上公开存在的各种法律、宗教意义上的集体等级制,比如奴隶制、种姓制;后者则涉及社会等级分划的所有复杂性,不管它是否与集团有关。

为了深入认识和把握社会分层问题,我们还必须了解社会地位这一

---

① 转引自互动百科:http://www.baike.com/wiki/阶级,2015 年 1 月 9 日访问。

重要概念。任何社会都是由不同质的个人组成的,而人与人之间的相互交往就构成了一定的社会关系。人们在相互交往和一定社会关系中的位置排列及其作用、影响的差异,就形成了不同的社会地位,从而造成了社会的不平等。美国人类学家拉尔夫·林顿在其著作中提出不同的解释,认为"地位首先是社会结构中的一个位置,涉及权利、义务和对行为的相互期望,这些都不以占据该地位的人的个人特征为转移"①。中国人民大学郑杭生教授则认为,社会地位分为正式地位与非正式地位。前者指的是在社会分工和社会结构中所设置或占有的不可或缺的发挥着重要的社会功能并与其他社会地位发生着相互依存的稳定的制度性联系的位置。在现代社会中,人的社会地位通常都具有多重性:就其自然属性而言,一个人会同时分属于不同的群体,并在其中处于不同的地位,如在工作单位是领导,在家中则可能是父、母或子女;就人的多重素质而言,如其文化程度、信仰以及民族归属等,也会使之在任何场合处于不同的地位,并使其具有不同的特质,分属于不同的群体。这里,实际上已涉及了本书更为关注的社会分层的不同依据和标准的问题。总之,所谓社会分层就是指个人、人类群体和社会组织由于对经济、政治、文化、社会声望等社会资源的不均等占有,而形成的高低有序的若干差异和社会层次。这种差异又造成人们在资源占有、生活方式、交往圈子以及价值观上的不同,并导致了高低有序的社会不平等现象,而这种不平等一旦被制度化,便会出现社会分层。所以,社会分层是一种普遍的社会现象,它存在于一切国家或地区,存在于社会发展的任何历史阶段。其根源是社会的差别与社会分工,以及社会资源在不同社会成员之间的不平等分配。因此,社会分层的定义实际上包含着以下几层意思:第一,社会分层体现的是一种不平等而非差异,不平等来自于社会结构。第二,"社会分层只能以可以大规模制度化的不平等因素为基础"②。第三,它所体现的主要是不同社会群体之间

---

① 转引自〔英〕库珀等主编:《社会科学百科全书》,上海译文出版社1989年版,第760页。
② 毛寿龙:《政治社会学》,中国社会科学出版社2001年版,第259—260页。

结构性的不平等,而非个人之间的不平等。第四,社会分层中的层级一旦形成以后就具有相当程度的封闭性,各个层级之间的流动通常是比较有限的。

二、社会分层的主要特点

按照历史唯物主义的认识论,我们还可以发现社会分层实际上表现为客观和主观两种状态。所谓客观状态,就是指随着经济社会的发展,社会的人群就会形成不同的层面或阶层;所谓主观状态则是指人们出于某种目的和需要,会用某个特定的标准将社会中的人群划分为不同的层面,如阶级分层、阶层分层、职业分层等。

社会分层具有四个主要特点:首先,每个层次内的社会成员在社会生活中具有大致相同的地位,并在经济关系、政治倾向、收入水平、受教育程度、社会声望等方面表现出一定的相似性。其次,不同的层次之间在纵向上存在着高低有序的不平等的等级关系——仅根据某种相似性而划分的社会群体不一定属于分层,如根据性别、年龄、民族、肤色等所作的划分就属于分类而非分层。再次,社会分层是一种制度化的社会不平等,即"建立在法律或规则和结构基础上的、已经制度化的、比较持久的社会不平等的体系"①。当特定的社会利益分配方式以及由此形成的社会不平等体系被固定下来,并为社会主流文化认同时,这种不平等就被制度化了。最后,社会分层是现象和过程的统一。一方面,社会分层作为一种社会现象客观地存在着——任何社会都有社会分层现象,并在某段时期内相对稳定。另一方面,社会分层又是个过程——已有的社会不平等被不断否定和克服,新的不平等又相继产生。任何一个社会的等级秩序都不是僵死的,社会分层的状态也始终处于不断变化之中。

总之,学术界所谓社会分层,指的是一种有等级的社会结构,它是根

---

① 李强:《当代中国社会分层与流动》,北京经济出版社1993年版,第121—126页。

据财富、权力和声望在不同社会地位的拥有者之间不平等的分配而把社会成员划分成不同等级的状况;是社会成员在社会生活中获取社会资源的能力和机会不同而呈现出高低有序的不同等级、不同层次的现象和过程,作为一种社会固有的现象和过程,是制度化了的社会不平等。其实质是社会资源在社会中的不均等分配。

第二节 社会分层之理论沿革及研究的现实意义

如前所述,社会分层是人类社会长久以来就存在的现象。但是,古往今来都有人们在思考:这种不平等现象是否合理?是否不可避免?是什么原因造成了这些不平等?有没有可能消除这种不平等,实现人人平等的理想社会?尤其是随着资本主义商品经济的迅速发展,社会阶级也在加速分化,阶级之间的冲突也随之加剧。在我国改革开放及社会主义市场经济的发展过程中,同样也出现了阶级阶层加速分化,社会各群体利益多元、多样以及阶级阶层差异、矛盾乃至冲突加大的情况。著名经济学家吴敬琏与《财经》杂志主笔马国川合著的《重启改革议程——中国经济改革二十讲》在谈到当前我国社会存在的种种问题、矛盾的原因时指出,这"正是由于中国改革尚未取得完全的成功,20世纪末期初步建立起来的市场经济体制还很不完善造成的。这种不完善性主要表现为国家部门(包括国有经济和国家党政机构)仍然在资源配置中起着主导作用。其主要表现是:国有经济仍然控制着国民经济的命脉,国有企业在石油、电信、铁道、金融等重要行业中继续处于垄断地位;各级政府握有支配土地、资金等重要经济资源的巨大权力;现代市场经济不可或缺的法治基础尚未建立,各级政府和政府官员拥有很大的自由裁量权,他们通过直接审批投资项目、设置市场准入的行政许可、管制价格等手段对企业的微观活动进行频繁的干预……权力对于经济活动的广泛干预造成了普遍的寻租环境,使腐败活动不可扼制地蔓延开来,深入到党政组织的肌肤之中"①。这就是说,社会主义市场经济条件下,一些领域体制机制的不完善,客观上给腐败现象的滋生和蔓延提供了空间。在这种情况下,如何认识和把握社会分层实际及各阶层群体的利益和诉求,正确对待和化解社会的矛盾和冲突,努力保持政治与社会的和谐与稳定,就成为摆在人们、特别是执政者面前的现实而严峻的问题。对于这些问题的不同回答,也在很大程度上代表了对社会分化、分层现象的不同价值判断,以及对社会阶级、阶层研究的不同价值取向。

一、西方社会分层理论沿革及其主要观点

探索以往的历史文献,我们发现,人们在很早的时候就开始关注到了人与人之间的社会性区分和不平等问题。但比较系统地论述有关不平等问题的社会学思想,即社会分层理论,是在19世纪中后期出现的。其中,卡尔·马克思、马克斯·韦伯、埃米尔·涂尔干是早期社会分层理论三大流派的代表人物。从一定意义上说,后两者是在对马克思早期著作进行回应的基础上建构起其理论的。本节主要通过对这三位代表人物及继承者的相关理论、概念的梳理,理清他们研究社会分层时所采用的基本方法、分层标准和理论依据的异同和演变走势,以便为社会分层视域下的公民廉洁教育问题研究作出必要的理论铺垫。

1. 卡尔·马克思的阶级、阶层理论

阶级理论是马克思主义的核心组成部分。在马克思以前,资产阶级的历史学家、经济学家等已经发现了近代社会存在着阶级和阶级斗争。马克思的主要贡献在于构筑了有关阶级差异的系统理论,其关于阶级产生的真正根源和阶级的本质的论述,对近代以来的人文社会科学和社会历史进程以及后来的社会分层理论,均产生了巨大而持久的影响。马克

---

① 吴敬琏、马国川:《重启改革议程——中国经济改革二十讲》,三联书店2013年版,第4页。

思既是一位社会科学家,也是一位政治活动家,他不仅力图解释社会,更着眼于改造社会。这使其论著形成两类风格:一类是政治鼓动或政治宣传性质的,如《共产党宣言》等;另一类则是十分严谨的理论著作,如《资本论》等。马克思关于社会分层的理论,主要基于其对人类社会、特别是资本主义社会的以下认识和论断形成的:

(1) 社会分工是阶级产生和演变的基础。马克思认为社会分工促进了生产力发展,提高了劳动生产率,继而出现了剩余产品的不平等分配和私有制,阶级就是私有制的伴生物。这就是说,阶级既是一个历史范畴,更是一个社会范畴。

(2) 生产资料和劳动的占有关系是划分阶级的主要标准和依据。马克思学说的最重要贡献,就是将阶级的存在同生产发展的一定历史阶段相联系,并从资本家和工人在生产过程中对生产资料的占有关系来揭示阶级的本质——在私有制社会里,是否占有生产资料或劳动决定着人们的阶级归属。

(3) 相同的生活方式、利益和受教育程度是划分阶级的必要条件。马克思尽管特别强调经济因素在阶级产生、形成中的决定性作用,但也未漠视政治和生活方式等因素的重大影响。

(4) 阶级的划分与社会分层可以共存。《共产党宣言》指出:"在过去的各个历史时代,我们几乎到处都可以看到社会完全划分为各个不同的等级,看到社会地位分成多种多样的层次。"[①]这就是说,马克思、恩格斯在看到社会阶级分化的同时,也注意到了阶层分化的现象,并认为介于两大对立阶级之间的中间阶级或阶层,在所有现代国家和现代革命中都居极其重要的地位,其人数还将不断增加。马克思的阶级理论有其内在的严密性、系统性,他对自身所处的那个时代的资本主义社会的精辟分析,特别是对其社会不平等本质的深刻揭露,是其他阶级或分层理论无法

---

① 〔德〕马克思、〔德〕恩格斯:《共产党宣言》,中共中央马克思恩格斯列宁斯大林著作编译局译,人民出版社1997年版,第27页。

达到和替代的。

2. 马克斯·韦伯的社会分层理论

德国政治经济和社会学家马克斯·韦伯有关阶级和社会分层的论述,主要集中于《阶级、身份和政党》等文。韦伯强调社会科学研究应保持价值中立,更应关注现实社会是怎样的,而非应该是怎样的,并试图建构一种普适性的阶层理论来分析各种社会形态的不平等现象。其主要贡献是对社会阶级及相关概念作了更为深入的区分和定义。

(1) 关于阶级划分的条件。韦伯在《经济与社会》一书中提出,阶级产生于人们的市场能力和生活机遇的不同。任何人都可能通过市场中介向更高的阶级升迁,也可能相反,关键是能否在市场上获得成功。据此,他将资本主义社会的阶级分为有产阶级、知识阶级、行政管理人员阶级、小资产阶级(由商人和小商店主等组成)和工人阶级五大层级。

(2) 关于社会分层的标准。韦伯认为社会的分层结构是一个多层面的统一体,除了经济地位之外,至少还有两种导致社会不平等的重要因素,即"权力"和"声誉"。因此,一个具体社会的不平等必须从经济、权力和声誉这三个既有联系又各自独立的角度或指标作综合考察。其中,经济指标(财富标准)是指社会成员在市场中的机会或能够占有商品或劳务的能力,通常表现为经济收入和财富的多寡,决定着权力和社会的秩序。政治指标(权力标准)既可产生于对稀缺供给和生产资料的控制,也可产生于个人或群体在科层组织中的地位,还可产生于法律和其他因素。社会标准(声望或身份)即一个人因其身份、受教育程度、生活方式等得自他人的评价和社会认可度。

由上可知,韦伯的社会分层理论与马克思的阶级理论既有共同点,又有明显的不同。共同点是他们都认为阶级主要是与经济相联系的,这也是韦伯受马克思影响较大的地方。不同点主要是:阶级这一命题在马克思的理论中居于核心地位,而在韦伯那里只是多元分层体系中的一个序列;马克思关于阶级本质的论断注重的是生产关系,并主要从人们在生产过程中的关系来揭示阶级的属性,而韦伯关注的则是市场关系;马克思分析资本主义社会阶级和阶级斗争的规律,得出了资本主义必然灭亡的结论,而韦伯研究社会分层的目的是调和社会的阶级矛盾和冲突。韦伯试图用"多元"标准来"补充"马克思的"单元"标准,其实这是对马克思阶级理论的片面理解。

韦伯关于社会分层的直接论述并不多,但对后来的社会分层研究却有着重要而广泛的影响:他不仅对社会分层现象有着多维度观察和深入分析,同时也较关注种族、性别、宗教、年龄等问题;其关于技能和教育的重要作用的论述,反映了他在阶级划分方面的远见卓识,并推动现代社会学家对阶级分类模式作出更符合实际的分析,也使当代的阶级、阶层划分愈发趋向职业分类;他对社会封闭、特别是科层制①和科层组织的论述,也对当代的社会学产生了重要影响。可以说,韦伯以后的许多关于社会分层的理论流派——如多元社会分层、身份与声望分层、消费分层、新马克思主义、新韦伯主义和后现代分层理论等,都从韦伯的理论中获得了不少启发。理解韦伯的社会分层理论与思想,对于我们今天维护社会和谐和政治稳定也具有一定的借鉴意义。

3. 埃米尔·涂尔干的社会分层理论

与韦伯同时代的涂尔干也是一位对西方社会学有着重要贡献的理论大师。但相对于马克思及韦伯,涂尔干更注重社会结构的作用以及群体

---

① 科层制,又称理性官僚制或官僚制。最初仅用于特指政府官员,后来逐渐泛指一般的大型社会组织。韦伯在19世纪后期观察到,一些利益集团,尤其是大资产阶级,为了谋取一己私利而不断寻求国家保护,导致政府科层组织的膨胀。科层制一旦完全建立,就会扎根于社会结构,并随着工业化的推进不断壮大,其对社会的影响也会不断增强。有些学者视科层制为与红图章、低效率和浪费相连的贬义词;也有的认为它是人类设计出来的最有效的组织形式,是认真、精确、有效率的行政管理典范。韦伯的看法介于两者之间,认为依照科层制原则组织的机构在保证组织成员行为的准确性、稳定性和可靠性方面明显优于其他管理方式。其主要特征是:① 内部分工且明确规定每一成员的权力与责任。② 有一套职位和权利分等的制度或行政体系,下级接受上级指挥。③ 组织成员受过全面和专业的训练,有专业技术资格和较高的执行力。④ 组织成员是专职的公职人员,而非企业所有者。⑤ 受全面细致而稳定的文本法规管理,内部有严格的纪律并适用于所有人。⑥ 组织内部排除私人感情,成员之间只是工作关系。

的特征,强调价值观的一致性和结构的整合。他认为,只有当人性在主导性规范的压力下受制于道德约束时,社会秩序才成为可能。因此把研究的重点放在社会的整合,即如何才能实现社会秩序和控制,避免社会失序和动荡上。这种简化和忽略社会阶级区分、冲突与社会分层问题的处理方式,反映了功能主义理论家的世界观:社会系统的维持需要掩盖内部存在的阶级和群体利益冲突。涂尔干十分强调职业在社会分层和阶级区分中的关键作用,并得到当代社会分层研究者的广泛认同,一些极端的后涂尔干主义阶级理论支持者,甚至试图用以职业群体为基础的阶级分类,来取代马克思主义和韦伯主义的阶级分类。涂尔干社会分层理论的要点包括:

(1) 社会有机体。这是功能分析理论的一个基本概念,也是涂尔干社会分层理论的出发点:把社会看成是一个生物有机体,把各个社会群体视为对该有机体的存活和良性运作起着不同功能的器官和部分;他强调社会各部分之间的联系,而忽视不同群体间的区分和利益差异。即并不关注社会分层现象是否会导致社会不公或群体冲突,只是关心各种社会分层现象对于社会有机体的存活或者维系是否具有或具有多大的功能。

(2) 道德与社会整合。"道德"是涂尔干理论的"核心和终结"。涂尔干和韦伯一样不信任人性,认为异化、剥削、结构性不平等、阶级冲突等问题的出现,取决于社会的"道德状况",而非人们的经济状况,而解决道德问题主要靠"纠正它或部分的改进它",而不是用新道德取而代之。如放任人们自由张扬的本性,人们就将被私利主导而陷入经常性的冲突。为此,他呼吁人们提高社会的道德整合,并通过内化道德秩序来减少私利行为。

(3) 机械团结与有机团结。涂尔干认为前工业社会(或古代社会)和现代工业社会最大的区别在于:前者有很少的劳动分工,经济上自给自足,社会是由迷信、多神论宗教和压制性法律所主导,个人的意愿很大程度上由他所属之群体来代表,这样的社会是通过机械团结,即通过一系列集体规则和规定来规范社会生活及个人生活来整合的;现代工业社会则具有高度专业化的劳动分工、发达的社会规范、价值系统和合作性的法律体系及其内化过程和充分发展的个人主义形式。这样的社会是由有机团结,即社会个体是由一系列未形成法律条文的道德规则整合起来的。在现代工业社会里,社会秩序和道德整合只有靠有机团结才能维持,而后者可以通过职业组织和职业指导来实现。因为各种职业指导中包含的能规范工人与就业者权益、职责的道德规则,可制约人们的自利行为,引导人们追求社会的整体利益。

(4) 社会分工与不平等。涂尔干认为社会不平等分为外在不平等和内在不平等——前者产生于人们的出身背景,是一种先赋身份导致的不平等;后者缘于个人的才能智商差异,是一种获致身份导致的不平等。前工业社会机械团结的外在不平等,威胁着工业社会的社会秩序和劳动分工的功能作用;现代工业社会则需要保持内在不平等——有才能的人理应居于能发挥其才能的合适位置。因此,涂尔干并不看重社会的阶级区分、个体或群体的特殊利益需要和利益分配的公平程度,反而主张保持基于劳动分工和个人才能差异基础上的不平等。因为只有这样才能建立有效而稳定的道德秩序,形成有机性的社会团结。

4. 其他主要的社会分层理论

除了卡尔·马克思、马克斯·韦伯、埃米尔·涂尔干为代表的早期社会分层理论外,西方社会还在此基础上产生了一些有名的学者及其理论,并对我国的相关理论学说有着相当大的影响。

(1) 维尔弗雷多·帕累托的社会分层理论

意大利社会学和经济学家维尔弗雷多·帕累托是西方社会分层研究的又一位大家,也是精英阶级理论的开创者。帕累托认为,"人类社会是不同质的,人们在身体、道德、智力上也是千差万别的,人类社会的所有体制都存在着一个个的等级集团",而社会就是一个由社会情绪、经济生产和政治组织等共同作用、变化发展的循环系统构成的异质的大系统。如果能对每个人在各项活动中的能力打出一个分数,就可以依据其指数的高低划分出不同的阶级。帕累托的"精英"循环理论还认为,精英有广义和狭义之分,精英阶级也可以分为在野的和执政的。前者是指那些不分性别和类别的、在各种活动中得到最高指数的人员,如君主、律师、大盗等。后者指部长、议员、上诉法院院长、将军等处于特殊地位的统治者。帕累托早期的研究比较关注财产和政治,以后转向执政精英与大众精英的构成和地位变化,并认为这两种精英都有可能随时间的推移而升迁或沦落,社会的平衡状态也会在这种变动中得以维持。精英阶级的循环一般有两种情况:一种是精英阶级被非精英阶级取代,即下层阶级的优秀分子以暴力或其他方式取代上层阶级或其中的某些低劣分子;另一种是一个精英被另一个精英所取代——人类社会就是少数精英轮回更替的舞台。

(2) 功能主义的社会分层理论

功能主义最早的理论可追溯到涂尔干、英国社会人类学家拉德克利夫·布朗等人。现代功能主义则以美国社会学家拉德克利夫·帕森斯最有影响。系统阐述功能主义社会分层观的是帕森斯的两个学生——美国社会学家金斯利·戴维斯和威尔伯特·莫尔。他们在1945年所著的《社会分层的一些原则》中指出:社会是个有机整体,内部存在着相互关联的机制和结构并发挥着各种相应的功能,从而保障了社会的正常运行。社会分层确实体现了社会不平等,但各种不平等现象之所以在各个时代和社会中普遍存在,就在于它们是社会系统存续的必需。因为任何时代和社会都会有一些职位(医生、技师、律师及政治、军事领袖等),比另一些职位(司机、厨师、清洁工等)更需要特殊才能和技术;前者任职前需要经过更多训练并为此付出代价,因而其职位也更具特殊价值——更高的报酬或更大的权力;给特殊人才更多回报将使所有社会成员获益;不同职位的报酬与权力等的差异构成了社会分层的位差。这种对稀少物品的享有及地位声望上的分层差异,乃是社会具有正功能的必然表现。功能主义理论家还认为,社会是由经济制度、政府组织和教育制度等不同制度和机制所构成的,每一种制度和机制都对社会运行及社会分层、资源分配产生影响。现代工业社会的分层体系是由高低排列的社会地位等级群体所组成,而不是由利益相互冲突的阶级所构成的。

功能主义社会分层理论在美国影响很大。其中,社会学家彼得·布劳、邓肯和丹尼尔·贝尔1967年合写的《美国的职业结构》一文,尤其强调了"职业地位"在社会分层中的重大意义:在现代工业社会中,无论是以声望阶层、经济阶级,还是以政治权力与权威构成的等级秩序,其根基都在于职业结构。职业是决定阶层占有经济、政治等资源的首要因素,也是社会分层最好的单独指标。[①] 丹尼尔·贝尔甚至认为:"在很大程度上,职业是划分社会阶级与阶层的最重要的决定性因素。"[②]然而,尽管不少人把职业声望视为功能分层理论最重要的研究成果,并以大规模国际比较研究来证明它在现代工业社会中有着广泛的价值共识,但这种理论并不能回答诸多现实问题。如先赋性或继承性优势可能影响资源配置——有才能的平民子女未必能比拥有先赋性资源的无能之辈获得更好的社会职位;能力较强者未必都能获得较高报酬,而有些人职位价值有限(如摇滚歌手和运动员),但收入却很高;在教育资源不均等的情况下,地位的获得未必是均等的。总之,社会分层并不能保证让最有才干者去扮演最重要的角色或培养他们去扮演这些角色。

(3) 冲突论的社会分层理论

上世纪70—80年代权力冲突论的迅速崛起,打破了功能主义的主导地位。冲突论的代表人物有R.达伦多夫、兰德尔·科林斯、梅尔文·图明、罗伯特·默顿等。他们主要指出了功能主义社会分层理论存在四方面问题或矛盾:第一,认为该理论带有强烈的意识形态色彩——企图维护

---

① See Blau, Peter M. & Otis Dudley Duncan, The American Occupational Structure, New York: Wiley, 1967.

② 〔美〕丹尼尔·贝尔:《后工业社会的来临》,彭强译,新华出版社1997年版,第17页。

现有制度,使现存的不平等合理化,这反映了功能主义理论家的价值立场问题。第二,认为它有一些概念和方法上的问题。所谓"功能的重要性"是一个含混的概念和价值判断,因为每一个位置对社会都有功能作用,人们无法用客观的指标来衡量哪些制度、组织或哪个职位更重要或更不重要。第三,认为它用劳动力市场原理来解释不平等问题存在着推理逻辑矛盾。因为在正常情况下,每一个职位都有其不可或缺性,如按照纯粹的市场模式理论推演,我们只能得到一个令人吃惊的结论:社会系统必须趋向于完全平等的财富分配。而实际情况却并非如此,这说明其中存在着一些制约劳动力自由流动的不平等机制。第四,认为社会分层也有负面的功能:由于获得竞争机会、学习受训等的渠道和机会的不平等,社会分层实际上制约了在全社会发现具有相应才能之人的可能性。由于处于劣势地位的人并不完全接受社会资源的不平等分配,社会分层系统就起到了在社会各群体中助长敌意、猜疑和不信任的作用,因而也就限制了广泛的社会整合。因此,具有功能作用的事物并不能证明它是不可或缺的。

与功能主义相反,冲突论强调"冲突"在不平等形成过程中的作用:人们的社会价值标准和集团利益冲突是各种社会所固有的。任何社会的个人或群体都需要强制性奖惩,而奖惩则与权力有关。医师、律师、科学家和教育家享有较高的社会地位,不是因为其工作多么重要,而是因为他们的技能为某些特权势力所需。因此,社会分层的不平等体系并不反映社会真正的需求或生存条件,而是一种体现权势团体观点的社会权力结构的派生物。

(4)进化论的社会分层理论

进化论的社会分层理论是在功能主义分层理论和冲突论分层理论激烈争论中产生的一种折中的理论。其代表是美国学者格尔哈特·伦斯基及其所著的《权力与特权:社会分层的理论》。伦斯基认为,功能主义和冲突论的社会分层理论并非水火不相容。两者结合起来可以对社会分层作更准确的分析:社会生存所需的基本资源是按照功能主义所述方式进行分配,即吸引难得的天才担任重要的角色。但其他不是生存所必需的资源,则是通过互相竞争的集团之间的冲突来分配的。这就是说,社会分层的出现,一方面是基于必须鼓励难得的天才,另一方面则是由于竞争和冲突。社会分层是由社会创造出来的,它也可以由社会来改变。

(5) 后工业时代的分层理论

上世纪70年代以后,基于网络结构观分层研究的影响渐大,出现了基于地位结构观的美国学者埃里克·赖特等新马克思主义学派,英国社会学家安东尼·吉登斯、弗兰克·帕金和戈德索普等新韦伯学派,以及美国社会学教授林南、马克·格兰诺维特和西安交通大学社会学系教授边燕杰等人关于关系网络和地位获得的探讨。近年来,法国社会学家皮埃尔·布迪厄等后现代和文化主义取向的理论家,又提出将偏好等文化消费特征和主观认同也纳入社会分层的标准。此外,还有专注于社会分层与结构变迁、制度转型关系研究的美国学者金斯利·戴维斯、巴林顿·摩尔对工业化过程中社会分层机制的探讨,派瑞士(William Parish)的"反分层化"观点以及兹利尼、合肥工业大学管理学院智能管理研究所所长倪志伟和美国学者罗纳·塔斯等对库兹涅茨倒"U"型曲线的理论挑战等,其探讨重点都是制度转型过程中的社会分层与不平等现象。

综上可见,社会分层结构虽然是一种客观存在,但由于研究和分析社会分层的人往往根据不同的意图和目的提出不同的分层标准,或从不同的角度和侧面来观察、分析和揭示社会分层结构,因而就产生了许多不同的理论体系和流派。现当代的社会学家通常把社会上最有价值的、对于人们的生存与发展影响最大的资源作为社会分层的标准。比如,生产资料的占有、财富和收入、政治权力、社会声望、知识技能、受教育程度、消费偏差、象征性权力、信息资源占有、社会职业等。一个比较具有共识的观点是,要准确地把握社会分层的状况,就要制定和使用"综合的标准",因为只有比较综合的标准才能较为全面而客观地反映众多复杂的社会阶层和结构关系。为此,专家们也设计了各种各样的综合指标体系,构建了许多测量和分析的模型。但由于各种标准不仅数量太多,且互相交叉,甚至互为因果,设计出的不少指标和模型又各有所长,互不服气。于是,学术界又出现了努力简化社会分层的依据和标准的倾向。其中,把"职业"作为包含了各种经济社会资源占有和信息使用的标准,或者把"职业"作为社会分层的主要标准,把资源占有作为基本维度,并附之社会经济地位综合指数的测量的观点,因其易与"常识"衔接而日益为人们所理解和接受。就反腐倡廉问题而言,这种把"职业"作为社会分层依据的方法,显然与我们在现实生活中所看到的众多案例更为接近。我们也应该看到,单以职业分层虽然能帮助我们重点关注公职人员或通常所称的公务员阶层,但实际上腐败易发多发的人群不仅取决于是否是公职人员,更与他们在公共机构中实际所居的职务、实际所有的权限具有很大关联,所以更须关注拥有较大自由裁量权而又缺乏制约的职业、职务或岗位。

二、新中国社会分层理论的历史演进

中华人民共和国成立以后,党和国家对文化教育事业进行了大规模的调整与改造。在1952年开展的高等学校院系调整中,社会学、政治学等专业和课程被视为资产阶级思想文化的教学内容而取消,我国在理论和实践上,先是根据马克思主义、毛泽东思想的阶级理论,把社会成员划分为工、农(包括贫雇农、上下中农和富农等)、小资产阶级(店员、中小职员和中小知识分子)和地主、资本家阶级和阶层。"三大改造"完成后,人们对社会阶层结构的认识很长一段时间维持在工人阶级、农民阶级和知识分子阶层,即"两个阶级一个阶层"划分的观念中,或者单纯从职业角度划分为工、农、兵、学、商等。直到1978年改革开放以后,经济体制改革的逐步推进,意识形态领域的变革和现代化建设事业的发展,在促使中国社会阶级阶层结构发展明显变化的同时,人们也日益明显地感受到了社会阶层的差别和不平等的存在,急剧的社会分化更是引起了社会各界的强烈反应,正如1990年张婉丽在《近期我国社会阶级、阶层研究综述》一文中指出的,1987年以来,我国社会现阶段阶级、阶层问题,开始成为学术界的一个研究热点。随着研究的扩展和深入,人们对我国社会结构的认识也逐渐从阶级和政治定性向阶层分析拓展,并经历了一个从模糊到清晰的演变过程。但是,在具体的社会阶层结构划分及其标准等问题上,学术界、理论界依然存在着不同的看法。

1. 我国社会阶级阶层理论演变的历程和特征

回顾新中国成立以来我国社会阶级阶层的理论演变和话语体系,大致可以分为四个阶段,每一阶段都有各自的划分标准、方法和基本特点。

第一阶段是1949年10月新中国成立至1957年反右运动以前。这一时期的基本方法和标准是按传统的阶级分析方法,即以人们在社会中的经济地位来划分社会的阶级和阶层,可以称之为阶级分层阶段。从时间上看,这一阶段我国社会的性质是新民主主义。党和国家的主要任务,首先是要在巩固新生政权的同时,解决因旧中国经济文化落后、长期战争和国民党逃离时留下的经济社会困难,通过恢复和发展生产来争取国家财政经济状况的根本好转。为此就必须广泛团结和争取全国各个阶级(包括工、农、城市小资产阶级和民族资产阶级),允许各种经济成份(包括国营、合作社、私人资本主义、个体和国家资本主义)长期并存,共同发展,并实行公私兼顾、劳资两利、城乡互助、内外交流的方针。同时,还要大力发展、壮大公有经济,逐步限制私有制,为过渡到以公有制为主体的社会主义创造条件。为了实现这一双重目标,以毛泽东为首的中国共产党人运用马克思主义阶级理论,通过一系列群众运动,打破了旧社会遗留下来的阶级体系与结构。如通过划分阶级成份和土改运动,废除了封建土地所有制,消灭了地主阶级。继而,又从1953年起全面推行"一化三改造"的过渡时期总路线,分别以组织合作社和低息"赎买"的方式,实现了对个体农业、手工业和资本主义工商业的社会主义改造,在使民族资产阶级成为自食其力的劳动者的同时,形成了"两个阶级一个阶层"(工人阶级、农民阶级和知识分子阶层)的阶级阶层体系。

这一阶段的阶级阶层体系的划分具有以下特征:第一,明确划分阶级的标准只有一个,即是否占有生产资料(农村主要指土地),占有多少及与占有关系相关连的生产关系(剥削关系),并据此把农村的地主和旧式富农列为革命对象,新式富农、中农、贫农和雇农定为农民阶级,把城市工商业的劳资各方,分别定为工人、店员、个体劳动者和资本家等。第二,明确了划分阶级的时间以当地解放时间为界限,还明文规定知识分子不是一个独立的阶级,其出身依家庭成分决定,本人阶级成分依其取得主要生活来源的方法决定。第三,对划分阶级成分时遇到的诸如出身于地主、富农、资本家的干部、解放军官兵的个人成分,以及不同成分人士互相通婚后的个人成分等问题都作了明确回答,从而使每个人的阶级成分与其本人的经济地位紧密地联系起来,也使得该阶段的阶级阶层体系较为客观地反映出当时的社会结构状况。

第二阶段从1957年至1978年底,这一阶段划分阶级的标准和方法,未排除家庭出身和个人成分,但主要是根据人们的思想倾向以及对于各种政治运动的立场、观点和态度来决定其身份和地位,可以称之为政治分层阶段。

本来,1956年9月召开的中共八大,已经对社会主义改造基本完成后国内的阶级关系和主要矛盾作出了比较切合实际的判断,即官僚买办资产阶级和封建地主阶级已经被消灭;富农和民族资产阶级正在由剥削者转变为劳动者;广大农民和其他个体劳动者已经转变为社会主义集体劳动者,工人阶级已成为国家的领导阶级,知识界也成了为社会主义服务的队伍。国内的主要矛盾已经是人们对于经济文化迅速发展的需要同当前经济文化不能满足人民这种需要的状况之间的矛盾。毛泽东在1957年初所作的《关于正确处理人民内部矛盾的问题》报告中,也把正确处理人民内部矛盾提到了国家政治生活主题的高度。但是,1957年由全党开门整风突然转为反右派运动的结果,使毛泽东和党中央对我国的阶级状况和社会主要矛盾的看法发生了改变,提出了存在两个劳动阶级和两个剥削阶级,以及从思想上和政治上划分阶级的错误理论。此后党内"左"的思想开始抬头,并逐渐占据上风,直到断言无产阶级和资产阶级的矛盾,社会主义道路与资本主义道路的矛盾始终是我国社会的主要矛盾,并在"文化大革命"期间形成了所谓"无产阶级专政下继续革命的理论"。这一时期是邓小平同志曾称之为20年"左倾"错误的阶段。这种对社会阶级状况的错误判断,使我们在政治路线上步入阶级斗争扩大化的歧路,在经济路线上采用搞阶级斗争和政治运动的方法来对待和组织经济建设,引入和夸大了社会分层中的政治标准、意识形态标准及其重要性,并据此划出了地、富、反、坏、右、叛徒、特务、走资派,甚至"臭老九"等新的社会阶级成份,改变了第一阶段较为客观正确的阶级分层的思想和方法。

很显然,这一阶段所划分出来的阶级和阶层实际上已不再具备经济分层上的意义了,因为此时的地主并不占有土地,资本家也同样不再占有企业,至于其他政治帽子,更是主要以意识形态或政治态度来定性的。因此,这一阶段的社会分层实际上就是政治或思想分层,即根据人们的家庭出身、政治立场、观点和态度,或直接以后者为依据将人们分成贵贱不同的社会群体。

这种政治分层具有三个方面的特征:一是政治地位不一定与经济状况直接挂钩。前者的高低未必反映后者的好坏。如资本家或被打成右派的人,其政治地位很低或一落千丈,但经济地位和生活水平却可以很高或基本保持不变。二是这种政治分层体系基本上是封闭性的,甚至带有"遗传性"。在这20多年的时间里,即使原来的地主、富农、资本家已不再拥有原来的资产,经济地位已发生了根本变化,但阶级成份却如影随形地保留下来,甚至在"老子反动儿混蛋"的逻辑下,这种阶级成分还会影响到其第二代和第三代。三是在历次政治运动中,人们的政治地位会相应发生变动,即产生社会流动。这种流动的主要原因和形式有:戴帽、下放、劳改或摘帽、平反、解放,甚至来回反复。在接二连三的政治运动中,一批又一批政治性阶层被不断制造出来,忽上忽下,忽荣忽辱,涉及万千人群,造成了许多冤假错案。正如黄宗智在《中国革命中的农村阶级斗争》中所说的:"阶级、阶级身份、阶级斗争、阶级敌人、斗争对象这些术语完全渗透进了标准的日常语言。在这个纷杂的世界里,生产关系分析中的细微标准已经不复存在。所有革命中的敌人都被合并成阶级敌人这个单一范畴,他们代表了旧社会所有的罪恶。在这种情况下,国家政权话语所表述的阶级结构与社会客观结构的脱节背离越来越严重。阶级越来越成为一种身份,成为一种意识形态的标签。"[1]

第三阶段从1978年底至1980年代中期,其划分阶级的标准和基本方法,开始从家庭出身、政治和思想标准向收入、财产或客观的阶级结构回归。

1978年12月党的十一届三中全会开始了党和国家的工作重心从以阶级斗争为纲到以经济建设为中心的战略转变,这是最根本的拨乱反正。1979年中央决定,除少数坚持反动立场,至今未改造好的以外,凡是多年来遵守政府法令、老实劳动、不做坏事的地、富及反、坏分子,经群众评审和县革委会批准,一律摘掉帽子,给予公社社员待遇。其子女及其下一代,本人成分一律定为公社社员,享有与其他社员同样待遇,在入学、招工、参军、入团、入党和分配工作等方面主要看本人政治表现,不得歧视。可以说,随着这一拨乱反正举措的落实,以政治态度、意识形态为标准的政治分层开始失去意义,旧的阶级和政治分层体系开始瓦解,人们在政治地位上的差异也急剧缩小,而以收入和财产差异为标志的经济意义上的阶层观又逐渐突显和建立起来。

此后,在中央允许和鼓励一部分人通过辛勤劳动先富起来的政策激励下,我国很快就出现了一批批经济收益较高的富裕阶层,而同时出现的多种经济成分和经营方式,则使原有的所有制结构和阶级阶层结构,以及各阶级阶层的权力和利益分配发生了明显变化。包括:全民所有制(国营

---

[1] 黄宗智:《中国革命中的农村阶级斗争》,载黄宗智编:《中国乡村研究(第二辑)》,商务印书馆2003年版,第83页。

经济)体制改革及其带来的工人阶级内部关系的变化;农村集体所有制管理体制的改革及其引发的农民阶级内部关系的变化;城乡个体经济的恢复、发展与新的小资产者阶层的形成等。不少关心社会分层的学者也对这些变化开展了热烈讨论并达成共识:30年来,我国的社会阶级状况已发生了根本变化,工人阶级的地位已大为提升;农民已是有着20多年历史的集体农民;广大知识分子已成为工人阶级的一部分;资本家阶级中的绝大多数人已改造成为自食其力的劳动者;各民主党派已成为各自所联系的那部分社会主义劳动者和拥护社会主义的爱国者的政治联盟。正是在此共识下,人们重新运用马克思主义的阶级理论来看待当时出现的富裕阶层,平反昭雪了一些冤假错案,也缓和了沿用政治分层所造成的社会群体间的紧张关系。例如,1979年5月6日《人民日报》关于贵州省正安县梨垭公社党委为被打成新富农的社员黄绍军平反得到广大社员欢迎等的报道表明,改革开放以来,人们正力图按马克思主义阶级理论框架来重新认识现实生活中开始萌生的社会分化现象,不再对个体户等群体抓辫子、戴帽子,并使在政治分层中由国家政权所表述的阶级结构,向着客观的阶级结构分析回归。

第四阶段从上世纪80年代中期至90年代初。这是我国从计划经济向市场经济转型的重要阶段,其引起的社会分层机制转变——多种所有制形式的共存不仅使生产资料在占有上出现了差异,也造成了按财产占有状况分配报酬的现象,从而导致社会阶级阶层结构的分化与重构,并使我国大陆的贫富差距和社会公平问题一度成为各界关心和争论的焦点问题。故可称该阶段为剧变与争论的阶段。

这一时期我国改革开放的一个重大举措就是不断引入市场机制。而向市场经济转型必然引起社会分层机制转变和社会阶级阶层结构的分化与重构。其重要表现之一,就是各社会群体间收入的分化和贫富差距的扩大。从体现收入差距和贫富分化的概念——基尼系数[1]看，我国正是在此阶段出现了快速上升。如1986年城镇居民基尼系数为0.19,1994年已达到0.37,同期内的农村居民基尼系数分别为0.31和0.411;而城乡合计的全国居民基尼系数,1988年为0.382,1994年为0.434。20世纪90年代中后期以来,世界银行、国家统计局和有关专家学者公布的我国的基尼系数约在0.35—0.48之间,已进入了收入差距较大国家的行列。华中师范大学中国农村研究院2012年8月21日发布的《中国农民经济状况报告》也认为,2011年我国总人口中20%的最低收入人口占总收入的份额仅为4.7%,而20%的最高收入人口的占比则高达50%。全国居民基尼系数跨过0.4已是不争的事实。应该说,各国、各地区的具体情况千差万别,居民的承受能力及社会价值观念都不尽相同,所以即使作为监控贫富差距的警戒线,0.4是从许多国家实践经验中概括而来的国际上通行的数量界限,我们也只能以此作为宏观调控的参照。但上述这些数据也已很能说明当时的中国社会发生了显著的结构性分化[2]现象。

急剧的社会分化引起了社会各界的强烈反应,各种媒体纷纷谈论诸如分配不公的话题,如上海就有人撰文指责"收入畸形偏高的十种人"、"谈分配不公的七种表现"、"对社会分配不公的三点质疑"等。正如张婉丽1990年发表的《近期我国社会阶级、阶层研究综述》一文所说,1987年以来,我国社会现阶段阶级、阶层问题,开始成为学术界的一个研究热点。改革至今,各个阶级、阶层对自己的现状似乎都不满意,相互之间也多有责难;另一方面,又确有一部分人先富起来,社会财富开始向这一小部分人集中。怎样认识和调整社会各方面的利益关系,确保改革的总目标,成

---

[1] 目前,我国共计算三种基尼系数,即农村居民基尼系数、城镇居民基尼系数和全国居民基尼系数。0.4的国际警戒标准在我国基本适用。也有人认为,从我国实际出发,在单独衡量农村居民内部或城镇居民内部收入分配差距时,可将各自的基尼系数警戒线定为0.4;而在衡量全国居民间收入分配差距时,可以将警戒线定为0.4,在实际工作中可按0.5操作。2010年全国居民基尼系数已接近体现差距悬殊的0.5。

[2] 主要表现在东、中、西部的区域分化,不同部门行业间的组织分化和个人分化三个方面。

为摆在我们面前的尖锐、急迫而重大的现实问题。不久,《人民日报》记者艾丰又以《社会公平的辩论》为题,将有关贫富差距、分配不公的各种意见归纳为四大问题:第一,允许一部分人先富,谁先富?第二,怎样衡量收入差距上的公平程度?第三,当前应强调的是社会公平还是社会效率?第四,在社会公平问题上,应该采取怎样的对策?

这些讨论、辩论或争论实际上反映了一个客观情况:随着经济体制转轨和经济社会的发展,原来似乎已成定论的"两个阶级一个阶层"的社会结构已经发生了显著的变化或重构,一些新的社会阶层逐步形成,如城市里的个体劳动者阶层和私营企业者阶层,从事社会管理的白领阶层等,农村的农民阶级处于不断分化与组合中。这同时也表明:经济的发展变迁已产生了新的社会阶层结构,以贫富差距、收入分层及职业为基础形成的新的社会分层机制,正在逐步取代以往以政治身份、户口身份和行政身份为依据的政治分层机制。为了从理论上对新的社会分层机制进行合理阐述和概括,理论界曾举办了多次有关社会分层的研讨会。如1988年4月中国社会科学院社会学研究所、河北省社会科学院及河北省沧州地委联合举办的我国现阶段阶级阶层结构研讨会,就曾围绕社会分层理论及我国社会现阶段分层状况进行探讨,并形成了在当时颇有影响的三种意见:一是认为,在进行阶级分析时,应坚持马克思主义阶级分析办法,而在作阶层研究时,则不妨吸收西方社会学分层理论的合理因素;二是认为传统的阶级分析方法在我国现阶段已不适用或具有局限性,而西方的分层理论更具实际意义;三是认为我国和任何一个国家一样,也有着在利益和权力分配等方面不平等的社会群体差异,因而应将利益群体作为研究的基本单位,并参照西方社会分层理论和方法开展研究。此外,还有人避开方法论的问题,专门就阶级、阶层以及利益群体等的概念及其相互关系问题作了发言。笔者以为,这次会议实际上反映了我国理论界的一种纠结彷徨状态:在新的社会分层事实以及用多元分析理论模式进行研究的趋势尚不明显的现实面前,人们既希望引入西方的多元分层理论与方法,但又害怕突破或背离已习以为常的阶级分析方法,因为当时采用"阶层"一词似乎就意味着违背马克思主义及其立场、观点和方法。所以即使有意引入韦伯的多元分析模型或涂尔干的功能主义等理论,也宁愿采取折中的或试探性的态度和立场,即:我们既不拘泥于传统的阶级论,也不简单照搬西方的分层论,而是要合理借鉴各种理论,并从我国现实的社会结构变迁中寻求理论的生长点,总结出我国社会分层的概念和理论框架。

第五阶段是上世纪90年代至今。这一阶段的主要特征是:在邓小平"南方讲话"精神鼓舞下,人们的思想更加解放,研究过程中有更少的顾虑,国内外各种理论和观点百花齐放,分层研究和分析模型呈现了多元化趋势。多数研究者看到了我国社会结构日益趋向多元,并认为仅用阶级理论或生产资料占有指标已难以解释社会阶级阶层结构的分化和重构,而要客观把握当代中国社会结构的特点和趋势,就必须采用更加符合社会分层现实及其变化趋势的多元分类体系。值得指出的是,这种多元分层观也出现在了党的高层领导人讲话中。如江泽民在2001年"七一"讲话中明确指出:"改革开放以来,我国的社会阶层构成发生了新的变化,出现了民营科技企业的创业人员和技术人员、受聘于外资企业的管理技术人员、个体户、私营企业主、中介组织的从业人员、自由职业人员等社会阶层。而且,许多人在不同所有制、不同行业、不同阶层地域之间流动频繁,人们的职业、身份经常变动。这种变化还会继续下去。""随着社会的发展,广大人民群众的生活水平不断提高,个人的财产也逐渐增加。在这种情况下,不能简单地把有没有财产、有多少财产当作判断人们政治上先进与落后的标准,而主要应该看他们的思想政治状况和现实表现,看他们的财产是怎么得来的以及财产怎么支配和使用,看他们以自己的劳动对建设有中国特色社会主义事业所作的贡献。"[①]可以说,这种基于社会结构多元化特点的观点与分析方法,大大拓宽了人们分析中国社会结构及中

---

① 《江泽民文选》(第三卷),人民出版社2006年版,第286—287页。

央高层研究决策的视野和视角,也使党的方针政策更加切合社会分层实际和各阶层的利益与诉求,更有利于引导社会资源及阶层结构形成比较符合社会发展趋势的合理变化。

该时期研究的另一个特点是,更多的研究者是从缓解社会矛盾,构建社会主义和谐社会的角度来看待社会分层问题的,其关注点主要包括:如何扶助社会中存在的或在分层过程中产生的城乡贫困阶层;如何缓解贫富之间的分化特别是差距的扩大;现代化的以及和谐社会的阶层结构体系到底应该是怎样的等。有些研究还看到了社会各阶层在分化重组时的政治地位变化情况,认为"执政党的社会基础在逐步地向拥有经济和文化资源的阶层(经理人员阶层、专业技术人员阶层、私营企业主阶层)倾斜",而"在产业工人阶层和农业劳动者阶层中的社会基础受到部分削弱"[1]。在社会分化重组过程中,"原工人阶级,特别是被视为'领导阶级'中的原国营大中型企事业单位的职工群体及这一群体中的老工人,其利益损失便是较严重的,其地位评价显著偏低"[2]。

值得注意的是,上世纪90年代以来中国理论界对社会分层问题的研究和探讨,还引起了国际社会学界对中国市场转型引发的社会阶层变化及社会公平等问题的关注。其中,合肥工业大学管理学院倪志伟教授对市场转型后我国社会分层机制的概括,及市场权力、刺激和机会的论题,一度引起西方学界较大反响;西安交通大学社会学系教授边燕杰、美国城市社会学家约翰·罗根提出的"权力维续论",揭示了政治权力的维续在再分配和市场两种体制中的表现;斯坦福大学社会学系中国问题专家魏昂德的"政府亦即厂商"论,剖析了政府直接参与市场活动的利弊问题;美国耶鲁大学社会学教授戴慧思等人,则从历史角度分析市场化对于社会不平等和分层的明显影响,比较了市场转型前后中国的城乡、性别、地区、代际等九大方面的差异。应该说,关于我国社会分层的研究与探讨,

---

[1] 王庆廷:《法的倾向性》,载《南京医科大学学报(社会科学版)》2009年第2期,第92页。
[2] 张宛丽:《中国社会阶级阶层研究二十年》,载《社会学研究》2000年第1期,第37页。

能够进入国际社会科学界的主流领域,这在以往是十分少见的。由此,也不难看出该领域研究的重大理论与实践意义。

2. 我国社会阶层理论的主要分层模式

关于我们国家客观上存在哪些社会分层以及应该如何把握或表述,学界比较主流的观点也有一个逐步演变和细化的过程。在该阶段的前十年里,学界对于中国当代社会的阶级阶层结构大致有过五种观点:一是两个阶级一个阶层,即工、农两大阶级以及从属于前者的知识分子阶层;二是两个阶级三个阶层,即工、农阶级以及知识分子、个体劳动者、私营企业者阶层;第三是三个阶级两个阶层,即工、农、小资产阶级和知识分子与管理者阶层;第四是四个阶级,即工、农、个体劳动者阶级和形成中的私人企业家阶级;第五是四个阶层,即干部或管理阶层、工农阶层、企业家阶层(包括独立经营的国企经理、农民企业家、私营业主和合资经营者)、知识分子阶层或专业技术人员阶层。不难看出,前四种分类基本上遵循了传统的阶级理论模式,即以工农两大阶级为主干,加上一两个其他阶层,这些划分方法除了政治上或政治动员、政治教育等方面的意义以外,对于解析我国的现实社会结构并无多大的说服力,而第五种分法则比较客观地反映了我国社会阶级阶层的实际变化和现实状况。

进入新世纪以后,特别是2002年11月,党的十六大报告又进一步提出了第六个新阶层:"在社会变革中出现的民营科技企业的创业人员和技术人员、受聘于外资企业的管理技术人员、个体户、私营企业主、中介组织的从业人员、自由职业人员等社会阶层,都是中国特色社会主义事业的建设者。"[①]应该说,这种表述进一步注意到了一个客观存在并且日益扩大着的新群体。2002年,陆学艺领衔的中国社会科学院课题组的《当代中国社会阶层研究报告》提出了较具代表性的观点,即以职业分类为基础,以不同人群对组织资源、经济资源和文化资源的占有状况为标准——这

---

① 转引自新华网:http://news.xinhuanet.com/newscenter/2002-11/17/content_632254.htm,2015年1月4日访问。

三种资源的拥有状况是当代中国社会各社会群体及其成员,在阶层结构中的位置以及个人社会经济地位的标志,从四个基本纬度,把我国的社会结构划分为十大社会阶层和五种社会经济地位等级。这十大社会阶层包括:(1) 国家与社会管理者阶层(拥有组织资源);(2) 经理人员阶层(拥有文化资源和组织资源);(3) 私营企业主阶层(拥有经济资源);(4) 专业技术人员阶层(拥有文化资源);(5) 办事人员阶层(拥有少量文化资源或组织资源);(6) 个体工商户阶层(拥有少量经济资源);(7) 商业服务业员工阶层(拥有很少量三种资源);(8) 产业工人阶层(拥有很少量三种资源);(9) 农业劳动者阶层(拥有很少量三种资源);(10) 城乡无业、失业、半失业者阶层(基本没有三种资源)。五种社会经济地位等级是:社会上层(高层领导干部、大企业经理人员、高级专业人员及大私营企业主),中上层(中低层领导干部、大企业中层管理人员、中小企业经理人员、中级专业技术人员及中等企业主),中中层(初级专业技术人员、小企业主、办事人员、个体工商户、中高技工、农业经营大户),中下层(个体劳动者、一般商业服务业人员、工人、农民),底层(生活处于贫困状态并缺乏就业保障的工人、农民和无业、失业、半失业者)。①

三、研究当代社会分层的的现实意义

在我国,"均贫富"的传统思想根深蒂固,再加上 1949 年以后的"大锅饭"政策,因此在改革开放后,随着平均主义被打破和人们收入、等级差距的迅速扩大,一度出现了不少异议与怨言,尤其是文教事业单位设立等

---

① 参见陆学艺:《当代中国社会阶层研究报告》,社科文献出版社 2002 年版。也有学者以此分类为基础,按阶层的权势和占有重要资源程度将社会划为三大阶层:(1) 权势或强势阶层,由拥有充分组织资源的国家与社会高层管理者、拥有充分文化资源或组织资源的大型企业经理人员、拥有充分的文化资源的高级专业人员和拥有充分的经济资源的大私营企业主构成;(2) 弱势或无势阶层,指仅有少量的或基本没有三种资源的商业服务业员工、产业工人、农业劳动者、城乡无业失业半失业者构成;(3) 介于二者之间的中间阶层,指拥有相当或一定组织、经济与文化资源的国家与社会管理者、经理人员、私营企业主、专业技术人员、办事人员、个体工商户、商业服务人员、产业人员、农业劳动者。

级制的岗位津贴时，不少人就表示可以接受低收入，但不能忍受"分级划等"对其人格的侮辱。但是，我们研究社会分层的根本目的并不是为了刻意给社会人群"分级划等"，而是力图通过了解社会发展过程中、特别是在快速而剧烈的社会转型过程中各阶级阶层间的差异、分化和流动状况，把握各阶层的利益所在，相互间的利益矛盾、摩擦乃至冲突及其社会机制和原因，从而为实现社会的持续、稳定与和谐发展，建立起必要的利益整合、矛盾化解以及社会分层的稳定机制和流动路径。因为社会分层现象反映的是深藏在社会结构内部的社会群体之间的不平等关系。只有客观描述现实生活中各类人群因拥有各种资源的不同而形成的差别，揭示资源配置、地位获得的社会机制，对垂直的社会分化、组合和社会流动的状况及趋势进行理论分析，才能真正认识这些差异及其社会影响和社会应有的价值判断，从而才能科学合理地制定出应对这种差别的社会政策。所以，研究社会分层乃是我们认识复杂社会结构的一种较为简便而又很具实用价值的方法。具体来说，研究社会分层的意义可以归纳为以下几个方面：

1. *客观描述社会成员的基本结构*

如前所述，社会成员因拥有财富、权利和社会声誉或从事职业等的不同而形成的实际差别不仅是客观存在的，而且具有普遍性。就研究角度说，对于社会成员多方面的差异，不仅可以而且应该进行必要的归总或排列——我们常见的关于职业和社会声望等的排序模型，就是它在人们心目中占有的经济、政治和社会地位等多方面综合而成的次序结构图，而且无论是客观地讲清楚社会成员占有某一社会资源所形成的单一结构，还是综合性的社会成员分层结构，对于理解我们面对的社会，认识社会成员相互间以及社会成员与社会之间的关系，乃至揭示这一社会的本质和特点都是非常重要的。

改革开放 30 多年来，我国的经济社会发生了巨大变化，而社会阶级阶层的变化，正是这其中最重要的变化之一。改革开放以前，我国城乡普遍实行的是高度集权的社会主义制度。就法律意义而言，所有财产资源都属于全民或集体所有，但如果全民或集体成员中的每个人都来行使财产所有权和支配权，经济和社会秩序就会无法维持。因此，就产生了作为"社会屏蔽"机制的"身份制度"。其基本特点就是将户籍、出身、工龄、级别和单位的所有制性质等，作为区分社会群体并限制其越级与任意流动的指标。到上世纪50年代中后期，这种以"身份"这一"先赋因素"进行社会分层的做法，已固化成一套相当稳定的制度体系。由于它是一个人与生俱来且获得法律、法规认可的"刚性"指标，因而极大地限制了公平竞争和社会流动，使人们的后天努力与地位变化基本失去了关联，这种僵化体制的最大弊端就是束缚了社会成员的活力和积极性。直到20世纪70年代末以后，随着改革开放的不断深入，非身份因素才日益成为社会分层的主要指标。其主要表现有：（1）户籍身份制开始被突破。数以亿计的农民进城务工，与生存生活密切相关的粮票等票证的取消，使城乡间的自由流动成为可能，户籍身份实际上已被打破；农民中涌现的一大批"乡镇企业家"或"民营工商业者"，有的身价已达千万乃至亿万。（2）"官本位制"已有所变化。随着政企分开、政府权力逐步下放，官员逐渐离开社会经济运行的中心位置，原有的分层秩序也被打乱；市场经济的发展完善，也使原先由政府审定的企业级别高低，变为主要由其资产、产值和用工数量等基于由市场竞争和经营效益的因素所决定。（3）"档案身份"已被突破。随着劳动就业选择的多样化和劳动力的大规模流动，人才的"单位所有"受到了巨大冲击，档案身份对于城镇就业者的束缚大大松解，并出现了负责保管档案、衔接不同劳动人事关系和体制间差异的"人才交流中心"。（4）经过后天努力获得的学历、文凭和技术证书等，作为社会屏蔽和筛选的功能日益突出。1977年底恢复高考、特别是20世纪80年代以后，党和政府在干部选任上日益强调专业化、知识化，使得各种资格证书在社会分层中的作用日益突显。其中，尤其是与国际接轨的技术证书愈益成为社会地位区分的基本依据。（5）产权的"排他"作用更为明显。我国的户籍制度是取代原有阶级体系和所有权体制、维持社会和资源分配秩序的基本制度。但随着改革开放的深入,以及多种所有权成分的企业的迅猛发展,我国民间拥有财产的数量和形式均有了很大增长,城乡居民的储蓄存款也逐年猛增(2011年底余额已达343635.9亿元之巨)——财产所有权制度的地位明显上升并可能成为新的维持社会分层和秩序的关键制度和指标。(6)政府科层组织日趋庞大。这是一支以公务员为主体的数量庞大并代表国家掌管着巨大社会资源与财富的队伍(国家公务员局2012年3月12日公布的数字为689万,近两年年均增长约为15万。此外还有88.4万参照公务员法管理的群团机关、事业单位工作人员)。① 尽管中央曾多次按建设大社会、小政府的要求实行精简,但其总数仍有不断增加之势。

总而言之,在社会阶级阶层发生巨变的情况下,客观分析和认识社会成员的基本构成及其演变趋势,对于党和政府切实了解各阶层群众的利益和诉求,以科学合理的方针政策来有效化解和处理各种利益差异、社会矛盾和冲突,都显得十分重要。同时,对于我们解析社会各阶层与腐败现象的关联度,有针对性地开展反腐倡廉和公民廉洁教育,也具有相当现实的指导意义。

2. 强化顶层设计的综合平衡与分类应对

社会分层的意义在于客观如实地承认最普遍、最一般的社会差别的存在。只是这些社会差别的存在,使人们在收入水平、权力地位、社会声望、职业地位、受教育程度和居住环境等方面处于高低不同的社会层次,而这种社会层次的差别又决定了人们在生活方式、习惯、条件以及社会地位、作用、利益要求和社会心理等方面的差异。当前我国社会已经进入改革发展的关键期,经济体制深刻变革,社会结构深刻变动,利益格局深刻调整,思想观念深刻变化,而且各阶层群众的利益主体、利益诉求、利益表

---

① 转引自 http://news.163.com/12/0312/19/7SE0FL8B00014JB5.html,2015年1月4日访问。

达和维护方式都发生了巨大变化,群众生态愈益差异化、复杂化,阶层利益和诉求日益多元、多样和多变。在此情况下,党和国家在制定经济、社会乃至政治政策时,已不能只靠传统的阶级分析方法,还必须注意对社会进行纵向的分层解析,深入研究和了解社会各阶层的利益、愿望、意见和态度,妥善处理各方面的利益关系,及时、合理地调节和化解社会矛盾,只有这样,才能最大限度地赢得社会各阶层群众的拥护和支持,充分调动人民群众的积极性、主动性和创造性。这也是党的群众路线的内在要求以及制定路线、方针和政策的基本依据和方法。

  进入21世纪以后,随着改革开放的深入和社会主义市场经济体制的逐步建立,我国社会正经历着一场前所未有的深刻变革。经济在继续保持两位数增长的同时,城乡二元对立的社会结构也向着多元社会结构剧烈变迁,这使我国的阶级阶层结构呈现出多元化、复杂化的特点。尤其是以职业为基础的新的阶层分化机制,逐渐取代了过去的以政治身份和户籍身份为依据的社会分化机制,一些新的阶层和群体出现,并产生了各种新的不同利益需求和利益矛盾(据安徽建筑工程学院黄佳豪博士称,目前新社会阶层人数已经超过1.5亿,掌握或管理着10万亿左右的资本,[①]使得社会建设滞后、社会保障能力较弱,资源配置不公,贫富两极分化,以及因特权、垄断和腐败等造成或引发的各种矛盾也逐渐暴露。面对社会转型期利益主体的多元化和利益诉求多样化的复杂局面,作为中国特色社会主义事业的领导核心和社会阶层利益整合中的政治核心及主导力量,党必须对此进行有效的利益整合,妥善协调和处理各种利益关系,统筹兼顾不同阶层和群体的利益,同时更需要加强自身建设,加强与群众的联系和沟通,保证党的先进性和纯洁性。这关系到党的阶级基础尤其是群众基础的巩固,也是对党自身执政能力与执政水平的重大考验。在此情况下,深入研究在经济社会迅速发展的同时发生的社会阶级、阶层的地位与

---

① 参见黄佳豪:《阶层分化与党的利益整合能力建设》,载《理论动态》2012年第22期,第35页。

状况的深刻变化,搞清楚我国社会现今的分层状况及未来演变趋势,就显得十分必要和紧迫。

3. 有效调动各种社会积极因素

胡锦涛同志在党的十六届四中全会中提出"构建社会主义和谐社会",实际上为我们促进社会阶层合理分化和变动,形成健康、和谐、理想的社会阶层结构提出了明确目标。"和谐社会"离不开社会关系或社会阶层结构的和谐。要实现这一目标,就要努力构建具有中国特色的社会分层理论,并以此为指导去建立各阶级、阶层的利益表达机制,建构畅通有序的利益表达渠道,这既是积极协调各阶级、阶层利益关系的前提,也是国家职能的重要体现。党和政府要学会在调节社会不同阶层利益、矛盾或冲突中维护社会的公平正义和公正秩序,防止某些社会阶层的成员破坏社会公正秩序,特别要保护弱势阶层的利益不受损害,创造一个让社会各阶层都能自由、平等表达自己的利益和愿望,并促使政府倾听自己要求的利益表达机制和制度。在现实中,由于不同社会阶层的社会地位及其所拥有的社会资源有差异,在利益表达上强弱不一,优势阶层往往可以运用其丰富的资源和社会影响力发出声音,并对政府行为施加影响;而弱势阶层却常常因为缺少利益表达渠道而难以及时、有效地表达自己的利益要求。这样,一旦碰到官僚主义,就很容易使利益和愿望得不到充分表达的弱势阶层的利益受损。因此,作为广大人民群众根本利益的代表者和社会公平正义的维护者,政府就有义务和责任去了解社会各阶层的利益诉求,尤其是帮助弱势群体建立正常、规范的利益表达机制,建立规范的各阶层对话、交流的协商机制,从而保证各阶层的愿望能通过正常渠道及时表达,促进相互间的对话、协商,以求得共识,实现社会和谐。

4. 合理调节与化解社会矛盾

进入新时期以后,我国社会面临着一个机遇与挑战并存的新阶段——既面临世界多极化、经济全球化、信息网络化和科技高速发展带来超高速突破的机会,又面临着城乡、区域、阶层差距扩大带来的社会矛盾多发、易发的高风险,整个社会的安全和谐运行受到了极大的新挑战。当前我国仍处在经济转轨、社会转型的特殊阶段,这也使得社会阶级、阶层的变化充满着不确定性或易变性。一般认为,目前我国的社会分层是一个倒"丁"字型的结构,即在社会各种资源的占有和分配等方面处于底部的人群占有相当大的比重;社会中层或"中产阶级"还在培育和发展之中,尚不稳定;而少数拥有各种经济、政治、文化、信息等"特权"寻租谋利的人则居于社会上层,并始终在社会资源占有、分配中处于有利地位,这就使社会两极分化现象和对立趋势日趋明显,使整个社会关系处于一种很强的张力之中。在这种状态下,社会矛盾较易激化,社会问题和社会危机较易发生,处理不当就有可能导致整个社会的结构性紧张,甚至引发大的社会动乱。由中国人民大学编撰出版的《中国社会发展研究报告》2003年至2006年的年度主题词分别是"走向更加公正的社会""走向更加安全的社会""走向更加和谐的社会"和"走向更讲治理的社会"。这种研究方向集中于公平、公正及和谐等主题的趋向,也说明社会分化和分层问题已成为我国社会一个重大的必须引起高度关注的理论与现实问题。

这就要求我们在社会分层理论研究与具体实践上与时俱进,认真分析社会转型期各阶级阶层相互之间利益关系的变化,研究和制定各种适应我国当前社会阶级和阶层结构现状的社会政策,建立阶级利益的整合机制、矛盾和冲突的化解机制以及社会分层秩序的稳定机制,以有效调节社会各阶层的分布比例,缩小各阶级、阶层在社会资源占有、利益表达途径上的差异和不平等,合理有效地依法化解社会矛盾,也即党的十八大报告指出的"防控廉政风险,防止利益冲突"。尤其要改变过去那种把阶级和阶级斗争简单化、公式化的习惯和做法,要依据较之一百多年前有了很大不同的历史情况、现实情况,对阶级和阶级斗争问题进行新的研究,作出新的判断与分析,从建设和谐社会的高度正确合理地调节社会差异,增强不同社会阶层或群体的社会认同感,共同促进中国社会主义现代化的发展。

5. 提高公民廉洁教育的针对性

党的十八大报告指出：新形势下，党面临的执政考验、改革开放考验、市场经济考验、外部环境考验是长期的、复杂的、严峻的，精神懈怠危险、能力不足危险、脱离群众危险、消极腐败危险更加尖锐地摆在全党面前。不断提高党的领导水平和执政水平、提高拒腐防变和抵御风险能力，是党巩固执政地位、实现执政使命必须解决好的重大课题。报告还强调：反腐倡廉必须常抓不懈，拒腐防变必须警钟长鸣。要坚持中国特色反腐倡廉道路，坚持标本兼治、综合治理、惩防并举、注重预防的方针，全面推进惩治和预防腐败体系建设，做到干部清正、政府清廉、政治清明。加强反腐倡廉教育和廉政文化建设。

要贯彻以上要求，首先就必须搞清楚哪些属于腐败易发多发的人群和区域，进而增强教育的针对性和有效性。

腐败的定义或概念有广义和狭义之分。广义的腐败包括人的思想陈腐或行为堕落，以及制度、组织、机构、措施等的混乱、黑暗等（最广义的甚至还包括有机体的腐烂）。这里所讨论的腐败主要指前者，但不包括生活奢侈糜烂、穷奢极欲等私人腐败行为和现象，而是指国家公职人员违反公认准则或背叛公众信任，为其特殊利益而滥用权力的权利蜕变现象，或公职人员为谋私利而滥用公共权力的行为和现象，即特指公共部门的腐败。腐败的行为主体则包括选举产生的政治家和由其任命的官员，以及公共机构雇用的公务员。然而，由于腐败又是一个涉及多方面的现象，它不仅是一种产生于一定历史条件下的经济现象和法律现象，也是一种社会现象和政治现象，所以从不同维度界定或不同学科给出的定义也会有所不同。蔡陈聪曾以《腐败定义及其类型》一文，对各种从经济学、法学、社会学和政治学角度所下的腐败的定义及其侧重点、长短处作了相当深入的分析，并把不同学科的腐败定义归为四种：其一，在经济学视野中，腐败是一种设租和寻租行为。如吴敬琏认为："腐败是权力与货币的交换，这种

'以权谋私'现象,在经济学术语上叫做设租和寻租活动。"①其二,从法学角度考察,腐败是一种违反法律规范、有危害性的作为或不作为。其三,从社会学视角观察,腐败实际上是一种消极的越轨行为。其四,国内外学者较多从政治学角度下定义,认为腐败是指公职人员利用公共权力以谋取私利的行为。如帕尔米认为:"腐败是为了私利而利用公职。"阿拉塔斯认为:"腐败乃是基于私人利益而对信任的利用。"刘春认为:"腐败通常是指掌握公共权力的人利用权力为自己谋私利的行为",等等。蔡陈聪认为,以上四种定义各有短长,但鉴于权力腐败是社会腐败的要害和核心,因此只有基于以公职权力为轴心的腐败定义,兼采其他各种定义之长,才能给腐败下一个较完整的定义,即:公职人员滥用公共权力,侵犯公共利益以谋取私人利益,使公共权力异化的不合法和不合理的作为或不作为。②

　　蔡陈聪关于腐败的定义以及对腐败概念、内涵等的分析,不仅较为深刻地揭示了腐败的实质及根源,也为探讨腐败成因及反腐防腐机制的构建提出了比较可行的思路,对本书的研究颇有启发。但笔者以为,还可以更简洁地把腐败定义为:公职人员为谋私利而滥用公权力的行为。其要害是对公共权力的滥用。为了切实有效地开展公民廉洁教育,就有必要以各种不同的社会群体或不同阶层的人士与公共权力的不同关系作出区分,或者说有必要以他们与公权力的关系为主要依据和标准,根据不同时期腐败发生、发展的特点,有针对性地对各阶层人士开展分层分类的多种内容及形式的廉洁教育。

---

　　① 陈可雄:《反腐败釜底抽薪——访著名经济学家吴敬琏教授》,载《新华文摘》1994年第1期,第34页。
　　② 参见蔡陈聪:《腐败定义及其类型》,载《中国青年政治学院学报》2001年第2期,第49页。

第三节　社会分层的主要划分标准及其变化趋势

从本质上说,社会分层指的是社会资源在各群体中的分布状况,社会分层理论研究的就是人们的利益、地位差别和不均等、不公平、不公正的现象,即根据一定的标准将社会成员划分为高低不同、上下有序的等级序列或层次的过程。但由于对于利益、地位差别和不均、不公问题,不同的研究者有着不同的观察和研究目的和视角,这便形成了社会分层的多种标准。问题是,不同理论家以什么样的标准来划分阶层,不仅关系到对社会阶层状况的描述是否准确和科学,也关系到我们如何看待各阶层在社会分层体系中的位置、地位及其应对方案。

一、社会分层研究的目的与标准

从宏观上看,进行社会分层或阶级分层的目的可以分为两大类:一类旨在发动和组织社会运动、阶级斗争,即属于强调社会不平等和对立、冲突的一类。以此目的确定的社会分层、阶级划分的标准必须十分严格而准确,各阶层、群体、阶级之间应有本质的区别,并需揭示对立和冲突的内在根本原因。另一类则以调和各利益群体或阶级纷争为目的,可归于缓解或化解社会矛盾、冲突的一类。依此确立的阶层、阶级的标准则可以较为宽泛,各群体、阶层、阶级的区分也多属非本质的、非对抗性的。美国著名社会分层理论家格尔哈特·伦斯基把第一类划分者称为"激进主义者",把第二类划分者称为"保守主义者":前者的信念是现存分配制度基本上是不合理的,而后者认为现存分配制度基本上是合理的。[①]

在革命战争年代,作为革命党的中国共产党要动员人民推翻"三座大山",故自然要采用具有激烈冲突含义的阶级、阶层划分标准,并以此作为

---

① 参见〔美〕格尔哈斯·伦斯基:《权力与特权:社会分层的理论》,关信平等译,浙江人民出版社1988年版,第27—33页。

发动和组织群众的利器。而在执政以后,特别是进入大规模的社会主义建设时期,党和国家就应该把调整、协调社会各阶级阶层或各个群体的利益关系,实现社会整合作为主要目标。但在上世纪50年代中期以后的20多年时间里,特别是所谓的"无产阶级文化大革命"时期,由于不适当地夸大了"阶级斗争"这一武器的作用,曾极大地损害了党和国家以及广大人民群众的利益,这是一个沉痛的教训。2004年党的十六届四中全会以后,中央明确提出"构建社会主义和谐社会"的目标和任务,既是对于新中国成立以来正反两方面经验、教训的总结,也是对社会发展目标和社会建设手段的重要调整。我们今天研究社会分层,就是为了揭示社会主义初级阶段的经济社会关系及其内在的联系,培养和发展社会主义市场经济条件下的生产力主体,调配不同层次和不同环节的各种生产要素,协调与化解不同利益群体、利益阶层之间的矛盾和冲突,保护和规范全社会各种形式的经济发展力量,在兼顾效率与公平、保持社会稳定等方面,为决策部门提供理论依据。就本书的反腐倡廉和廉政文化建设教育而言,也是为针对不同社会阶层或群体与腐败易发多发之可能性的关系,开展分层分类教育的需要。

二、社会分层标准多样化及其矛盾

如上所述,研究社会分层本质上就是讲社会资源在各阶层、群体中是如何分布及其原因的。然而由于社会资源的内涵十分丰富,并将随着社会的发展变化得到拓展和增减,而且还会根据不同的学者及其研究的目的、重点、视角或方法之差异出现不同的标准。这一点,不难从我们前面已介绍的马克思视生产资料为最重要的社会资源的一元分层理论,韦伯把物质财富、政治权力和社会声望视为重要社会资源的三元分层理论,涂尔干根据职业划分社会阶层,到此后众多社会学家依据不同的目的和理论,先后把知识技能、消费偏好、受教育程度、家庭背景、职业乃至民族、性别等也列为标准之一的从古典到现当代的各种社会分层理论与流派的发展演变中得到明证。

一般而言,要全面把握社会分层的状况,就要使用比较综合的标准,而不是单一的标准。但是,如果标准过多且相互交杂,甚至互为因果,有时反而会使我们在研究时难以适从,顾此失彼,不易对众多复杂的社会阶层和群体作科学准确的分层与判断。那么,在众多社会资源中,哪些社会资源的占有状况会比较直接并比较严重地影响到人们的阶层地位高低呢?哪个或哪些标准相对而言更能比较真实地反映人们对社会资源的占有状况及其社会地位呢?有没有可能用一个或尽可能少的几个标准来作为社会分层的标准呢?现在学术界的主流看法是,马克思的一元分层理论比较适用于阶级对立的社会,韦伯的三元社会分层理论比较适用于既存在阶级对立、又存在社会分层现象的所有社会。为了简化社会分层的方法,提高可操作性,更多的学者倾向于把"职业"作为包涵各种经济、社会和文化等资源的占有和利用标准,并辅之以社会经济地位等综合指数的测量。

三、以职业为主的分层标准及其意义

涂尔干较早开始根据职业来划分社会阶层,并对此后的社会分层理论产生了很大的影响。那么,采用以职业划分为主的多元标准来分层有什么好处呢?众所周知,社会职业是社会分工发展的产物,而社会阶层分化通常又是通过职业分化去完成和体现的;社会职业在很大程度上左右或决定了人们的收入高低、社会地位、权力大小、价值取向、生活方式、消费偏好和发展机会等诸多方面,而这些方面也大都可以通过个人的社会职业比较清晰、准确地体现出来。在正常情况下,职业地位越高,对从业者自身素质的要求就越高,其所包含的经济收入、政治权力、社会声望和受教育程度等也往往越高,反之则可能越低。因此,在相当程度上,社会职业分层与经济分层、权力分层、声望分层、教育分层等多种分层方法也比较容易统一。人们在求职谋业时的艰难选择,也充分表明了其所选择

的职业或将要从事的工作对其生活境况、人生道路和发展机会的重要性。正如美国著名的功能学派社会学家丹尼尔·贝尔指出的,在后工业社会,"很大程度上,职业是划分社会阶级与阶层的最重要的决定性因素"①。

就本书的研究主题而言,我们认为,无论是腐败的概念和内涵——公职人员为谋私利而滥用公共权力的行为的表述,还是我国惩防腐败的重点——职务犯罪,实际上都从职业角度点明了腐败易发多发的阶层或范围,即主要指能够参与规划、决策各种社会公共资源之所有、配置、使用和处分的那些个人或群体。因此,凡是因职业关系或在工作中有权力决定公共资源分配的人士,也就是我们预防职务犯罪或预防出现滥用公共权力的对象和范围,而不管这种滥用是可能的还是现实的,是直接的还是间接的,滥用者是在党政机关任职,还是在国有企业、文教医疗等事业单位或其他什么部门、行业任职,岗位类型属于管理型还是技术型,是领导岗位还是一般岗位。当然,防范的重点自然是位高权重、难以监督,特别是人财物权高度集中,而该部门、岗位或人士又拥有很大自由裁量权的地方。其理由很简单,一方面是因为在我国目前的情况下,国家部门(包括国家党政机构、国有经济部门和事业单位)仍然在资源配置中起着主导和决定性的作用。如各级党政机关在人事安排、政策制定、建设规划、资源利用和资金分配等方面握有巨大的权力;国有企业仍然控制着国民经济的命脉,在石油、煤炭、电信、铁路、金融等重要行业中继续处于垄断地位;国有事业单位同样支配着主要的教育文化、医疗卫生等社会民生资源等。另一方面,是由于现代市场经济不可或缺的法治基础尚未完善,权力对于经济和社会活动仍然存在任意干预的可能,各级各类部门及其领导干部还或多或少地拥有不易制约、监督的自由裁量权,可以通过决定干部任免、权限安排、项目审批、资金投放、市场准入乃至行政许可、价格管制、税费调整等行政或经济手段,直接或间接地对企事业的微观活动进行干预,

---

① 〔美〕丹尼尔.贝尔:《后工业社会的来临》,彭强译,新华出版社1997年版,第17页。

从而客观上造成了较为普遍的寻租条件和谋利环境,也使权权交易、权钱交易、权色交易等腐败活动有了产生、发展甚至蔓延的机会,并且已在一定程度上渗入到了各级党政组织、各类官方社会团体,以及数量众多的国有企事业单位的肌体之中。事实上,随着改革开放和社会主义市场经济的深入发展,各种社会矛盾日益突显,各种不同的社会群体及其思想意识、价值观念和利益诉求也——呈现,受腐朽落后思想的侵蚀,一些党员干部诚信缺失,道德失范,侵害群众,腐化堕落的情况也经常发生。2009年岁末,《人民论坛》杂志曾发起"盛世危言:未来10年10个最严峻挑战"调查,结果显示:第一大挑战就是"腐败问题突破民众承受底线",其他还有"贫富差距拉大,分配不公激化社会矛盾""基层干群冲突""高房价与低收入的矛盾""诚信危机,道德失范""民主政治改革低于公众预期""环境污染,生态破坏""老龄化矛盾突显,老无所依,老无所养""大学毕业生就业更加困难,诱发不稳定因素""西方价值观主流化与主流价值观边缘化的矛盾危机"等。这表明,"虽然惩治腐败是我们党的一贯立场和方针,而且惩治腐败的力度逐年加大,取得的成绩有目共睹,赢得了人民群众的衷心拥护。但无须讳言的是,腐败并未得到有效遏制,在某些时期、某些地方、某些领域甚至还呈蔓延之势,主要表现在犯罪的人数越来越多,职务越来越高,金额越来越大,腐败的'出生率'大于'死亡率'的问题没有得到根本解决"①。

"物质世界单个原子的能量十分有限,但原子相互作用后的裂变却能产生巨大的毁灭性。"社会领域的腐败对社会的危害也有类似情况。"每一个案都有可能裂变为腐败的链条,链条上衍生的腐败分子及腐败行为,也将十倍百倍地超越那个源头腐败。"②有研究指出:"制度是让人们'不敢腐败',监督是让人们'不能腐败',教育是让人们'不想腐败'。完善制度、加强监督只能从客观上让人不敢、不能腐败,而开展廉洁教育是从主

---

① 王明高:《科学制度反腐的最佳时期》,载《人民论坛》2009年第24期。
② 大林:《官帽"批发商"》,载《长江日报》2012年7月4日。

观上让人抵制腐败。廉洁教育有制度、监督体系无法代替的作用,也应该是反腐所追求的最终目的。"[1]思想是行动的先导。人的蜕化变质往往是从思想上蜕变开始的,根治腐败也不能忽视提高思想认识、转变思想观念。事实告诉我们,无论多完备的法律制度和监督机制都会或多或少地存在局限性,更何况法律制度的制定与执行都离不开活生生的人,都不可避免地受制于人们的法制意识和思想观念等的现状,而教育正是可以弥补法律制度等方面的不足,并具有法律制度不可代替作用的重要工作和手段。

总之,以职业及职务、岗位的角度和标准来明确反腐倡廉教育和廉政文化建设的目标,无论对预防腐败和职务犯罪,还是堵塞腐败性犯罪产生的土壤与条件,都是一个比较正确有效的切入点或着眼点。同样,通过对不同社会群体的特点及其与腐败的可能关系,有区别、有针对地开展廉政廉洁教育,也是当前社会分层新形势下开展反腐败斗争和反腐倡廉建设的重要工作和历史责任。

---

[1] 李硕:《我国廉洁教育问题研究》,郑州大学 2012 年硕士学位论文。

第二章 反腐败视野下的社会分层及其意义

如前所述,腐败主要的特点就是为了谋取私利而滥用公共权力,其实质是对公权力的非法侵犯。因此,为了更好地预防和遏制腐败,有效开展反腐倡廉和公民廉洁教育,逐步清除腐败产生和蔓延的条件与土壤,我们可以而且也应该以人们与公共权力关系的密切程度,或者基于人们的职位、地位和岗位所带来的滥用公权力的可能性的大小,来对社会不同的人群作出区分或分层。而要深入研究这种反腐败视野下的社会分层的方法与标准,不能不对我国社会从计划经济转向社会主义市场经济过程中发生的阶级阶层分化状况作出基本的分析。

第一节 转型期中国的社会分层变化及原因

从新中国成立初期学习苏联形成高度集中的计划经济,到1978年改革开放以后逐步转向社会主义市场经济的过程,也是我国社会结构深刻变动的过程。深入解析这一过程中不同阶级阶层在社会中的地位及作用的变化,对于我们认识影响权力运行的各种因素具有十分重要的作用。

一、转型期中国社会阶层的变化

中华人民共和国成立初期,我国社会主要存在着五个基本阶级,即工人阶级、农民阶级、城市小资产阶级、民族资产阶级和尚未完成土地改革的新解放区的地主阶级。1953年春,最后一批土改完成后,随着地主阶级被消灭,我国社会还剩下四个基本阶级(知识分子当时被列入城市小资产阶级范畴)。1956年底生产资料所有制的社会主义改造完成后,作为阶级的城市小资产阶级(不包括知识分子)和民族资产阶级也不复存在。因此,当时的社会分层相当简单,即通常所说的"两个阶级一个阶层":工、农两个阶级和知识分子阶层,或者加上当时事实上存在的以个人"成分"归类的一个阶层——"干部",从而形成"两个阶级、两个阶层"的状况。另外,尽管从理论上说,以生产资料占有状况为依据来划分社会阶级阶层的方法一直要延续到改革开放,但实际上以1957年的反右派运动为起始,我国社会阶级的划分方法日益陷入了以思想、态度或政治立场为主要依据的误区。这一点,可以从当年国人所熟知的九类革命和斗争对象——地、富、反、坏、右、叛徒、特务、走资派直到"臭老九"中得到明证,因为上述九种人显然与他们在现实社会中占有生产资料的有无、多寡并无关系。

党的十一届三中全会以后,随着我国改革开放、特别是经济体制改革的不断推进,我国的社会分层情况也发生了巨大的变化,在传统的工人、农民以及知识分子和干部这四个阶级阶层的总框架下,相继分离、生长出许多主要基于社会分化和分工发展演变而来的、甚至应该说主要是从社会分工角度来论述人们在社会生产和生活中的作用与地位的新的等级阶层。如前面所引用的江泽民在纪念中国共产党诞辰90周年的讲话中指出的民营科技企业的创业人员和技术人员、受聘于外资企业的管理技术人员、个体户、私营企业主、中介组织的从业人员、自由职业人员等社会阶层等。应该说,这种新的社会分层情况是比较符合改革开放以后我国的社会性质和阶级阶层构成实际的。首先,随着经济体制改革的推进,原来的单一公有制结构被突破,逐渐形成了以公有制为主体、多种经济成分并存的新结构,即除了国有经济和集体经济外,又出现了个体经济、私营经济、中外合资、合作和外商独资经济,以及多种经济成分混合的股份制经济、合作经济和联营经济,形成了公有制实现形式多样化和多种经济成分共同发展的局面。伴随着这种新的所有制结构,也出现了与此相对应的社会群体。其次,随着我国工业化发展进程和产业结构的调整,社会成员不断从农业转向工业,从第一、第二产业转向第三产业,以及从乡村转到城市。"据统计,第一产业的劳动力占总劳动力的比重自改革开放以后就不断下降,从1978年超过70%下降到2005年不足50%;与之相对的,第二产业和第三产业的就业人员不断增加,分别从1978年的17.3%和12.2%提升到2005年的23.8%和31.4%。"①(第三产业从业人员近些年已超过50%)最后,党的十四大以后,我国加快了建立社会主义市场经济的进程。社会主义市场经济体制的建立和不断完善,也使得我国的社会分层开始在市场化轨道上运行,社会资源的分配权也逐渐转移到市场,包括人才、劳动力、信息市场手中,从而为社会成员开展经济和社会活动提供了更大的自由空间和自由资源,也不断为社会成员在流动中改变自己的阶级阶层归属创造了更多机会和动力。

第一,在工人阶级内部和农民阶级内部,出现了具有不同经济地位、社会地位和利益特点以及不同价值取向、归属感和认同感的社会阶层。就工人阶级内部而言,如按不同所有制划分就有国有企业工人、城镇集体企业工人、私营企业工人、"三资"企业工人、混合型企业工人、个体工商户帮工、失业待业工人乃至数量上亿的"农民工"等等。农民阶级内部的分化则更为复杂,一般可以归为八个阶层,即:农业劳动者、雇工(兼农劳动者)、农民工(主要指乡镇企业工人)、乡村知识分子、个体工商业、私营企业主、乡村企业管理者、农村管理者等。第二,在以上两大基本阶级之外,出现了一些新兴阶层或边缘阶层,如私营企业主阶层、知识分子阶层、社会管理阶层、城市农民工阶层、食利者阶层、富有者阶层等。另外,由于我国的经济社会转型和现代社会构建过程是在党和政府的高度调控中有

---

① 邹东涛:《中国经济发展和体制改革报告 NO.1:中国改革开放30年(1978—2008)》,社会科学文献出版社2008年版,第396页。

序推进的,在社会主义市场经济逐步建立和完善的同时,国家的计划与调控作用依然十分突出,这使得以行政性或技术性管理者阶层为主构成的科层组织也日益生长和强化,并继续在各种社会资源的调剂、分配中占据着非常关键甚至是过于重要的地位。更为复杂的是,由于社会分层标准的多样性,上述几种新的社会分层现象和新的阶级阶层构成情况,在现实中往往又是互相渗透、互相交叉或者互相分立而难以用一个标准来准确划分或区别的。客观地讲,我国社会阶级阶层的发展变化是时代演进的产物,也是与现代化、工业化、城市化、市场化、全球化、信息化的趋势基本对应和相称的。但由于我国正处于社会转型和新旧体制交替的变革阶段,在思想观念、体制机制和组织构架上,还受着旧传统、旧制度的制约,所以社会阶层的变化发展既有合理的一面,也存在其不甚合理的一面。我们应该在充分肯定其合理性的同时,正视其阶段性不足或局限性,同时也要理清思路,找到改进和完善它的有效对策。

就目前我国社会分层的阶段性不足或局限性而言,笔者认为主要可以归纳为以下几种情况:(1) 我国社会总的阶层结构形态还是上尖下阔的金字塔形,远未形成发达社会那种成熟性和稳定性较好的两头小、中间大的橄榄形社会结构。少数先富起来的人已经冒尖,但大多数人仍然铺底,如农村庞大的农业人口和大量的城市失业半失业工人等。虽然改革开放30多年来这一结构已经有所变化和改善,但总的来说,应该扩大的阶层尚未得到明显扩大,而应该缩小的阶层也仍待大大缩小,尤其是中间阶层的规模依然过小。(2) 资源配置和收入分配的体制机制不够健全和完善。过去仅着眼于土地、资本等传统资源,后来又演变为经济或财富,文化或知识两类现代资源以及行政管理权限,它们在社会成员之间如何合理配置,亟待出现新的体制、机制和政策。至于更为直接的分配方式,无论是按劳动分配或是按生产要素分配都欠完善,前者尚未摆脱平均主义的束缚,后者则在探索和试验之中。马克思说得很明白:人们奋斗所争取的一切都与利益有关。财富或利益的分配问题,是全社会极为关注的重大问题。分配悬殊、不公平是导致当今社会尚不稳定的重要因素之一。(3) 富裕群体和困难群体并存并有扩大趋势。任何时代和任何社会,人与人之间都会有强弱之分。社会稳定和谐的核心因素之一,就在于怎样处理富裕群体和困难群体的关系。我国社会当前所面临的种种矛盾,许多都与这种群体之间的巨大差异有关——富裕群体规模虽然不大但势力颇强,困难群体数量虽然很大但力量较弱。在造成这两大群体落差的众多原因中,资源分配体制机制的不合理、不健全尤为引人注目:富裕阶层并不都是依靠辛勤劳动、合法经营或对社会的特殊贡献形成的,官商勾结、权钱交易、偷税漏税、垄断性暴利等,都在一定程度上加深了社会的贫富差距和阶层矛盾;而贫困阶层也不都是因为不够勤奋或好吃懒做等导致的。现实中,最苦最累的工作多半由贫困阶层承担着。(4) 社会阶层之间的流动、特别是上下流动还谈不上畅通。改革开放以前,人们的工作职业均由国家按计划分配并通常一定终身,工与农之间更是界限分明、难以逾越。改革开放以后,这种壁垒虽然已出现松动,人们也有了抛弃铁饭碗或不甘于泥饭碗而选择金饭碗、银饭碗的愿望和机会,但问题是这种愿望人人可以有,这种机会却非人人都能平等取得,阶级或阶层间流动的自由度仍然有限。同样是大学毕业生,有没有城市户口在就业上待遇不一,农民进了城却被称作"农民工",他们与城市居民在择业和享受社会保障等方面仍受各种有形无形的限制。(5) 就业和就学权利等的不平等。社会阶级阶层的区别通常与职业分类有关。不同职业的门槛高低不同,进而导致人们职业身份的差异——这是目前影响社会分配不公和阶层势力强弱的根本性因素。上世纪末以来,我国的用人制度开始趋向多元,党和政府也大力推进和实施公开选拔、公平竞争、公正录用,但由于社会能提供的就业岗位有限,尤其是比较稳定、收入较高的更为稀少,这就使某些无权少钱的英才被拒之门外,从而使就业难、再就业难、特别是择业不公一直成为社会普遍关注的焦点问题之一。在就学机会不平等的情况下,通过"权""钱"择校以便于将来择业就成为一种必然,进而也会不断推高就学成本。因此,作为当今社会一大矛盾的"读书难",实际上是与人们对将来的择业并进入较高社会阶层的期许密切相关。

总之,在我国庞大的弱势群体中普遍存在的就学难、就业难乃至就医难问题,不仅受制于经济社会的发展程度,还与社会阶层结构的不合理密切相关。其中,人们最为反对和不满的,就是与以权谋私有关的腐败现象。这也是党和政府高度重视并正在着力解决的重大问题之一。

二、转型期中国社会阶层变化的主要原因

如前所述,改革开放以来我国社会阶级阶层构成发生了巨大的变化,也产生了不少新问题。这种变化和问题产生的因素大体可以归为以下几个方面:

1. 生产力与社会分工发展是社会分层的根本原因

历史唯物主义认为,生产力是社会发展的根本动力,是引发经济基础、上层建筑变化发展的根本动因。社会历史变迁及社会结构的变化,归根到底必须从生产力发展来求得说明和解释,对我国现阶段社会分层变化的原因分析,显然也应遵循这一方法论原则。我国现阶段生产力的发展主要表现为产业结构的调整、转型和以此为基础的社会分工的发展,这种体现生产力发展的调整、转型和发展,既受新科技发展以及新的生产和生活领域的推动,也是呼应这种发展和兴起的需要,是推动我国社会分层形成、演变的根本原因和动力。

众所周知,社会分工是社会生产力发展到一定阶段的产物,是指人类社会活动中某些个人或某类人活动的专门化。从狭义上说,专指人们在经济活动中的分工,存在于各个社会生活领域。社会分工不仅促进生产的专业化和社会化,也会促进社会生产力的发展。任何新的生产力的发展,又会体现在社会分工的发展和社会分工性质的变化上。社会分层现象最初的动力就产生于社会分工的要求。原始社会时期的自然分工,虽为不同性别、不同地区的人们划分出了大致的劳动范围,但是并没有达到

劳动本身的分化和独立,没有形成不同个体的固定职能。因此,自然分工仅仅构成了性别和不同地域劳动的差别和不平等,并没有使社会产生分化和分裂。当人类社会第一、第二和第三次社会大分工出现后,社会劳动取得了划时代的进步。于是,在特定的社会经济条件下的人类社会分层也在所难免。商业与产业的分离,造就了一个特殊的商人阶层,而当物质生产劳动中分离出非生产劳动时,公共职能与生产劳动的分离,又促使政府官吏的生长,以至最终导致了剥削与被剥削乃至国家的产生。再以后,随着物质劳动与精神劳动的分离,在生产者和实际管理者之外,又出现了一批专门从事哲学、宗教、文学、艺术等文化活动的人群。这些职业人群虽然本身并非官吏,但却是应统治阶级的需要而产生的,从而形成一个依附型的专门从事精神劳动的知识分子阶层。这样,社会最基本的分层过程就在社会分工的基础上形成了。改革开放前我国的社会分工是以自然经济为基础,而现阶段的社会分工正向着较高程度的、以商品经济为特征的社会分工方向演进。因此,现阶段的社会分工也更为专业化,如在工业生产中,有从事管理的经理层,有提供专门技术的专业技术人员阶层,也有直接从事生产的产业工人阶层,还有为整个工业生产提供服务的商业服务员阶层,他们各司其职,各谋其业,形成了互相依存的阶层。总之,这些职业的和阶层的分化,归根到底都是在社会分工发展的推动下进行的。

2. 生产关系变化是社会分层的直接原因

改革开放以来,我国的生产关系也发生了深刻的变革,并作为直接原因,促进了社会分层的形成和变化。这种生产关系的变化,主要反映在两大方面:一是所有制结构的变革,二是分配方式的多样化。就所有制结构变动对社会分层的作用而言,改革开放以前,我国的所有制结构基本是单一的生产资料公有制,包括全民所有制和集体所有制两种形式。1978年全民所有制、集体所有制和非公有制在工业总产值中的比例是77.6∶22.4∶0,到1992年这一比例变成了54.6∶35.6∶9.81。可以说,随着改革开放的深入、社会主义市场经济的建立和发展,在公有制的实现形式由原来比较单一的国有和集体两种形式向多样化发展,并使公有制的内部结构也发生巨大变化的同时,非公有制经济成分也获得了长足的发展,个体经济、各种形式的私营经济以及"三资"企业等其他形式已成为我国所有制结构中的重要而庞大的组成部分,形成了以公有制为主体,多种所有制经济共同发展的格局。1998年全国的"三资"企业数量已达到188418家,其他非公经济也有14014家;2007年,在全部规模以上工业企业中,国有及国有控股企业数量已下降到6.1%,其工业总产值约占29.5%,集体企业的数量占3.9%,其工业总产值占2.5%;而规模以上非公企业工业总产值所占比重达到了68%。其中,私营企业占23.2%,外商及港澳台投资企业占31.5%。非国有经济成分的快速发展,比重的迅速增加,不但给国民经济运行带来了很大的活力,也使在不同所有制企业中就业的人数发生了很大变化,出现了集体企业职工人数增长超过国有企业,个体劳动者和私营企业职工人数增长超过集体企业的局面。到1997年6月底,全国14671.5万城镇职工中,国有经济单位职工人数为10849.3万,城镇集体经济单位人数为2876.9万,各种合营和外资经营等其他经济单位人数为945.2万,还有城镇私营、个体从业人员2500万。截至2007年,城镇国有和集体单位从业人员仅占全部城镇从业人员的24.3%。可见,非公有制经济的发展壮大,使我国的阶级阶层结构发生了规模空前的分化和重构。

　　从分配方式多样化对社会分层的作用看,它是引发我国社会阶级阶层变动的重要因素。改革开放以来,生产资料所有制形式由原来的单一化向多样化转变,使得分配方式也由原本单一的"大锅饭"式的平均主义的分配方法,逐步转变为按劳分配与按生产要素分配相结合等。这种多样化的分配方式,不仅表现在不同所有制企业经营方式和经营业绩的差别上,也体现在不同所有制、不同行业、不同技能、不同职业、不同分配方式、不同区域和城乡之间的差别上。同时,这种差别既是我国经济体制改革的结果,也有着深刻而广泛的社会转型发展背景,并与我国新时期的社会阶层结构的分化有着极为密切的关系。其比较直接和直观的表现,就是不同部门、行业、职业技能以及不同区域,尤其是城乡之间的收入差距被逐渐拉大。不同收入档次的出现和扩大,既是激励人们努力奋斗的动力,又是推动人口流动的直接动因,促使劳动者从收入较低的所有制、行业和地区流向收入较高的地方,进而引起我国阶层结构的巨大变化。

3. 市场经济发展是社会分层的重要动力

经过十多年改革开放的探索,1992年,中国共产党第十四次全国代表大会最终确立了建立"社会主义市场经济"的改革方向和目标。在计划经济时代,国家几乎垄断了全部资源,国家权力无所不及;确立市场经济发展方向、特别是随着市场经济体制的建立,私人财产权日益受到保护和鼓励,国家对个人的控制也大大放松,国有或集体单位对个人的束缚与限制也明显减弱。全员劳动合同制的实行,养老和失业保险由单位发放变为社会发放,住房商品化等,又进一步淡化了个人和单位的关系,不少人的档案都存入了人才交流中心,现代劳动力市场和人才市场的形成使劳动力实现了自由流动,从前那种一个人一辈子在一个单位干到退休的情况,现在已被经常性的"跳槽""换岗"所取代。这种劳动力资源的流动过程也是按照价格信号的引导,遵循资本、技术、土地、房产等生产要素的流动规律,即从价格较低的地方流向价格较高的地方,或者说是从效益较差的地方流向效益较高的地方,从而使劳动力资源的优化配置成为可能。我们不难从20世纪90年代以来不断引起社会争议的返乡返城"民工潮"看到,在劳动力市场"优胜劣汰"法则的作用下,素质较低的劳动者逐渐沉入社会分工中比较辛苦而收入较低的下层,甚至被淘汰出局,成为"下岗""失业"人员,这种由市场对劳动力"分拣""分流"与"分层"的情况,既反映了以计划为主配置劳动力资源的机制的逐步退出,也大大加快了现阶段我国社会阶层的分化和重构。

4. 产业结构调整对社会分层的重大影响

产业结构,亦称国民经济的部门结构,即指国民经济各产业部门之间以及各产业部门内部的构成。马克思曾把它划分为生产生产资料和生产生活资料两大部类,当代经济学界更多的是使用三大产业的概念。产业结构的状况是社会生产力发展状况的宏观表现,而生产力的重大发展,也往往表现为新产业的产生及其引起的产业结构的变化、提升和从业人员的变动。中国社会科学院工业经济研究所编写的《中国工业发展报告》各年度有关数据表明,改革开放以来,随着产业结构的调整和升级,我国第一产业比重逐渐下降;第三产业比重逐渐上升;第二产业比重略有升降。[①] 与此相应,三大产业从业人数也随之变化。据《中国统计年鉴》历年统计显示:从事第一产业的人数占所有从业人员总数的比重不断缩小,而从事第二、第三产业的人数占所有从业人员总数的比重则在不断增加,尤其是第三产业的人数增长明显,其中尤以金融、保险、旅游、房地产及公用事业等非物质生产部门增长最快。[②] 这说明产业结构的调整和转型,使职业群体发生了巨大变化,并重构了不同的利益阶层。

[①] **1978—2011 年中国三大产业结构占国内生产总值的比重**

年份	第一产业(%)	第二产业(%)	第三产业(%)
1978	28.10	48.15	23.74
1980	30.09	48.52	21.39
1985	28.35	43.13	28.52
1990	27.05	41.59	31.34
1995	20.49	48.36	31.06
2000	15.9	44.3	39.8
2011	10.0	46.6	43.3

[②] **1978—2007 年中国三大产业从业人员分布情况**

年份	第一产业(%)	第二产业(%)	第三产业(%)
1978	70.5	17.3	9.3
1985	62.4	20.8	16.8
1990	60.1	21.4	18.5
1995	52.2	23.0	24.8
2000	50.0	22.5	27.5
2007	40.8	26.8	32.4

5. 国家方针政策调整对社会分层的关键作用

马克思主义认为,生产力与生产关系、经济基础与上层建筑是推动社会发展的两对基本矛盾,生产力决定生产关系,经济基础决定上层建筑,但后者对前者也有很大的制约作用,或称"反作用"。社会阶层的变动受上层建筑的制约作用而表现出时而快速、时而缓慢的发展演变趋势。这种制约作用人们通常称之为政策性因素的影响。改革开放以前我国社会的阶级阶层结构之所以呈现出一种比较刚性的状态,主要是因为受到严格的城乡户籍制度、界限分明的个人身份制度和单位所有的人事制度的规制和约束,而改革开放以来日益深刻的阶级阶层变动同样也是由一系列新的国家政策的出台而引起的。这些政策集中体现在党的十一届三中全会以来所推出的各项路线、方针和政策,包括党和国家的基本路线,以及对各种经济成分、收入分配和劳动力流动政策等作出的带有根本性的大幅调整,如将今后党和国家的中心任务和工作重心由"以阶级斗争为纲"转变为社会主义现代化建设,主要解决"生产力发展水平低,远远不能满足人民和国家的需要"的社会主义初级阶段的"社会主要矛盾";公开允许和鼓励各种经济成分共同发展;实行社会主义市场经济体制;实行以按劳分配为主体,多种分配方式并存的分配方式,鼓励一部分地区和个人通过勤奋工作先富起来等。所有的这些政策不仅促成了不同阶层间的流动,也在很大程度上推动社会产生并形成了新的阶层。因此,可以说政策的调整与实施是新时期我国社会分层发生新变化的一个关键性因素。

三、转型期中国社会阶层结构变化的特点和趋势

"社会转型"是当今社会特别是理论界普遍使用的一个热门术语,其基本内涵是指一个社会的总体性结构变动。在社会学中,广义的社会转型不是单指某个领域的变化,更不是指社会某项制度的变化,而是指社会生活具体结构形式和发展形式的整体性、根本性的变迁。其具体内容至少包括社会结构转型、机制转轨、利益调整和社会观念转变等方面,而且

转型的实现通常也不是通过暴力的强制手段和大规模的群众运动,而主要是通过发展生产力和确立新的社会经济秩序来完成的。我国当前的社会转型,就是从传统型社会向现代型社会的过渡,是社会中的传统因素和现代因素此消彼长的过程。这里所谓的社会转型,也是特指我国改革开放以来,从计划经济体制向社会主义市场经济体制、从传统社会向现代社会、从农业社会向工业社会、从城乡隔离向城镇化、从封闭性社会向开放型社会的变迁和发展。

1. 转型期中国社会阶层结构变化的特点

如前所述,马克思和韦伯等曾就社会分层提出了不同的理论模式和分析框架,即人们所熟悉的阶级理论和社会多元分层理论等。在这里,我们根据当前我国社会阶级阶层结构的具体情况,主要运用多元社会分层理论来分析转型时期我国的社会分层,即以职业门类为基础,以人们的收入(经济地位)、权力(政治地位)、(社会)声望的占有情况来分析和划分社会阶层。中共湖南省委直属机关党校肖琼辉曾在《社会主义市场经济下的社会分层》一文中指出,在我国社会转型期,经济体制改革、对外开放和社会主义市场经济体制的构造等制度性变革,对社会阶层结构的变化都有很大的影响。其特点主要表现为:

第一,社会分层由主观趋向客观,从权力分层逐步走向市场分层。这里的权力分层主要是指国家通过计划来配置社会资源,并以社会成员在社会生活中拥有权力的大小对社会成员进行分层。

在新中国成立后的30年里,我国的社会分层具有极强的身份属性,例如,城乡居民身份,城市中的干部、工人身份,国有、集体所有制身份等,而不同的身份又代表着不同的权利、资源和社会地位。这种以"阶级"为主的社会分层的结果之一就是形成了身份等级制。其形式主要有阶级身份、户籍身份、职业身份和所有制身份等,并由国家通过各种政治的、行政的手段赋予不同的权力,享受不同的待遇,而且界线分明,个人无法选择,一旦确定后很难改变。就阶级身份而言,新中国成立初期划定的阶级成分至 1979 年近 30 年基本未变,并对社会成员的就业、通婚、入学、入党、参军及职业晋升等都有着非常重要的影响。在"文革"期间,甚至还出现了"红五类""黑五类"等子女继承父母阶级身份的情况。就户籍身份而言,它一度将城镇人口与农村人口截然分开。前者能享受国家提供的教育、就业、住房、医疗卫生等社会保障,而后者却基本没有这种待遇。处于国家强有力的行政管制下的户籍身份也是形成我国城乡分割的二元社会结构的主要原因。就职业身份来说,干部的权利和待遇一般要比工人等其他人员优越得多。就所有制身份来说,全民所有制职工在工资、劳动保障、福利待遇上也明显优于集体所有制企业的职工。

改革开放以后,随着国家政策的变化,尤其是市场经济的发展,原来决定社会分层的身份等级制的作用日渐式微。阶级出身不再是决定人们前途命运的关键因素,社会成员的地位变化也日益与个人的后天努力相联系。随着户籍制度的逐步松动,社会流动机会的增加,农民也可以到城市从事各种经营活动,可以在市场经济的大潮中一展身手。干部和工人等职业身份也随着人们评价标准的多元化而日渐缩小。以往那种由国家通过政治或行政手段把人分成不同政治等级的现象已经趋于消失,因阶级成分、家庭出身、社会关系等而招致的政治歧视也已基本消失。城镇居民与农村居民、城市中工人与干部二元分割的身份制度,以及干部级别为基础形成的社会垂直分层中的官本位制度等,诸如此类的社会分层和社会不平等体制也都趋向衰落。随着国企改革、社会保障制度的完善、劳动合同制的推行,全民、集体等不同所有制员工之间的差别更是基本消失。总之,市场机制的形成为社会流动提供了比较平等的机会,为人们社会地位的获得引入了竞争机制,也为社会成员改变其先赋身份和先天地位提供了宝贵的机会,社会地位的获得已越来越多地依赖个人的教育、能力等后致因素。可以说,社会分层也由主观的权力分层逐步趋向客观的市场分层,由原来的非常规化逐步走向规范化。这是我国现代化进程中社会分层变化的一个重要特征。

第二,社会分层结构由刚性向弹性转变,由封闭性向开放性转变,阶层之间的界线趋于模糊。新中国成立初期主要由权力差别形成的社会分层结构基本上是刚性的,干部、工人和城乡居民之间的界限森严,各种待遇差别十分明显,无论从经济收入、政治权力或社会地位哪一方面看,都很容易区分出他们所属的阶级或阶层。任何一个人,我们只要知道了他的工资收入,便基本可以判定他属于哪个阶层,其权力和社会声望等也与经济收入基本一致,具有很强的相关性。

改革开放以后,随着经济体制改革的不断推进和社会成员职业的不断分化、细化,社会的阶层结构也发生了巨变或重构。这种变化或重构主要表现为占人口绝大多数的农民阶级的职业分化,即从中衍生出乡村民营企业家、乡村工人、城市农民工等新的阶层。城市中则出现了数以千万计的下岗工人、自由职业者、个体工商业和企业主阶层等。这一方面说明改革前由身份、户籍决定的严格的阶级阶层分层正在逐步瓦解,干部、工人、农民三大阶层的身份制界限正在被打破,另一方面也使社会阶层结构呈现出弹性、开放性、多元性和边缘性的特点和趋势。但原有的身份壁垒并未完全消失,包括城乡二元户籍制度在内的各种社会流动的障碍,仍然在一定程度上阻碍着社会分层机制由封闭走向完全的开放。

从70年代末期起,随着体制改革和社会变迁,存续了几十年的刚性社会分层结构开始加速瓦解。首先,在现在的分层结构中,各阶层的经济收入、政治权力和社会地位经常不一致。仅从一个方面如经济收入已很难判断一个人的阶层归属。经济收入高的阶层并不意味着政治权利就多,如私营企业主;社会地位高的阶层其经济收入反而可能较低,如知识分子。其次,出现了一些边缘阶层和模糊身份者。如乡镇企业职工就属于典型的介于工农之间的边缘阶层:其工作和生活的基本状况与城市工人极为相近,但除了在企业工作外,往往还拥有自己的责任田,还得利用工余或假期返乡务农,具有亦工亦农的特点;而城市农民工、农民企业家等,则因其户籍和职业或工作地点的忽农忽城而可归入模糊身份者。现在实际上还有不少工作岗位不固定或工作时间不确定的自由职业者,如群众演员、兼职模特或网店店主等,也可算作处于社会边缘阶层或身份比较模糊的状态。

第三,目前社会分层还处于继续变化的不稳定状态。这就是说,不仅原有的阶级阶层继续分化,新兴阶层在进一步巩固和发展,还会有一些阶层正在产生和形成之中。如前所述,在新中国成立后的近30年里,我国的社会分层刚性很强,社会阶层极其稳定。而经过30多年的改革开放,社会分层就出现了普遍而迅速的瓦解和重构,其历史进程还远未结束。随着进入改革开放全面深化的新阶段,社会主义现代化建设步伐的加快,城市化进程和社会转型的加速,可以预见我国的社会阶级阶层还将继续发生变化。因此可以说,目前我国社会各阶层仍然处于一种尚不稳定的状态。首先,原有阶层继续分化。企业经营机制的转换,实行股份制和股份合作制,将从产业工人中再分离出一部分成员,第三产业的发展,特别是更多的人员进入金融、会展、交通等服务行业,农村仍有大量剩余劳动力需要转移;政府机构的改革,将分离出相当一部分行政机关人员;职工的下岗,使得失业职工阶层的规模增大等。其次,新兴阶层进一步发展。私营企业主阶层是改革开放以后出现的新兴阶层,总体上也是当今中国最富有的阶层之一。目前,他们形成了较高的消费水准和独特的生活方式,并在社会上拥有一定的影响。但作为新兴阶层,其阶层边缘尚不清晰,有的还具有交叉或多重身份,阶层内部同质程度和垂直流动程度也不太高。随着国家政策对私营经济发展的鼓励,今后私营企业主队伍还将不断扩大。有人甚至断言:"到下个世纪中叶,私营企业主阶层将形成一个成熟的社会阶层,是一支不可忽视的社会力量。他们将在社会、经济、政治、文化等各个领域占有重要的地位,发挥着积极而有影响的作用。"[①]最后,还有一些阶层处在形成过程中。知识经济已在我国初露端倪,知识

[①] 张继焦:《转型期的新兴阶层或边缘阶层》,载《广西民族学院学报》1997年第3期,第85页。

分子在国家的经济建设中必将发挥更大的作用,甚至有可能整合为一个新阶层,尤其在市场制度建立和完善后,知识分子的潜能更会得到充分的发展,其在我国现代化建设过程中的作用也将越来越明显。就本书而言,尤其应该指出的是,作为社会中直接掌握国家政治资源的社会群体,公务员、干部或行政官员也有逐渐形成一个独立阶层的趋势,即类似马克斯·韦伯提出的科层或科层组织。1993年下半年,国家公务员制度出台后,原来庞杂的官员队伍进入了分解期,特别是政企、政事分开的企事业单位改革到位后,原归属不清的企事业单位的管理人员将逐步从原先具有行政级别的干部或官员中分离出去,作为国家公务员的行政官员和事业单位人员将分别成为一个独立的社会阶层。这一点,从中央"八项规定"颁布,特别是严厉查处各类机关、机构和单位的公款消费,规范大型国企领导人工薪、补贴及职务消费后,引起许多干部特别是公务员队伍的一片叫屈声中可见,尽管这可能正好反映出该阶层内部不同层级之间存在着的值得加以重点关注的较大的权益差异。从更长一点的时间看,未来的时代是科技与信息时代,行政官员阶层也将从传统型向现代型转换并呈现新的面貌。在党的十八届三中全会《中共中央关于全面深化改革若干重大问题的决定》强调"使市场在资源配置中起决定性作用和更好发挥政府作用"[①]的情况下,貌似可以预见行政官员阶层和事业单位人员的分化和区别将会进一步突显,甚至有可能逐步形成两大区别明显的群体。

2. 转型期中国社会分层发展变化的趋势

在社会阶层分化趋势的探讨方面,学术界也存在着许多不同的看法,主要可以归纳为以下几种表述或观点:

一是所谓"碎片化"趋势。清华大学人文社会科学院院长兼社会学系主任李强教授等认为,当前我国社会的分化是一种多元的、相互交叉的分化,它并未导致界线分明的阶级或阶层,当然更不可能形成确定的阶级

---

① 《〈中共中央关于全面深化改革若干重大问题的决定〉辅导读本》,人民出版社2013年版,第5页。

阶层结构,最多只是出现了一些在不同的分化坐标上相互交叉的利益群体。传统的几大阶级或阶层被分化为许多犹如一个个碎片的小群体,且尚未显示出集聚为几大阶级或阶层的迹象。随着社会的发展,利益群体之间的贫富分化将更趋明显,财富的集中度更高,阶层分化及由此造成的社会结构紧张将趋于严峻。目前的特点是,阶层结构出现了定型化的倾向,期望中的中产阶层已有所发展但总体比例仍然较小,并伴有阶层利益多元化、碎片化的特点。

二是所谓"两极化"趋势。清华大学社会学系教授孙立平则认为,上世纪90年代以来,我国社会分层结构变动的基本走向是:一方面出现了社会分化的不断细化,另一方面是细化了的碎片不断聚合并导致"断裂社会"的形成。其主要表现为上层社会和底层社会(或称强势群体与弱势群体)成为相互隔绝、差异明显的两大部分。经济财富以及其他各类资源越来越多地积聚于上层社会或少数精英手中,而由于弱势群体与社会上层精英分子的经济和声望等差距越拉越大,社会分化已出现了两极化的趋势。学者王荣红也认为,转型时期我国社会阶层结构变动的一个显著特征和趋向,就是形成了以占有大量资源的强势群体和拥有大量人口的弱势群体为特征的两极社会。

三是所谓的"生梨型"趋势。上海社会科学院原副院长夏禹龙的观点与上述两位截然不同。他认为,有的学者按经济等级,把中间大、两头小的"橄榄型"结构作为我国社会阶层结构形态所追求的现实目标,是不符合我国国情及其发展趋势的。其理由是:随着社会经济的发展,社会等级的上层会有进一步增加和增强的趋势;中上层在数量上会有一个较快的增加;中层规模还会扩大。不过在整个社会主义初级阶段内,中层与中上层加在一起,都不可能在数量上接近中下层,更不用说超过了;中下层总的来说在数量上有减少的趋势,但是不会在总人口中占少数;底层人数会减少,但减少的速度也不会很快,而且中间还会出现波动和反复。所以社会结构虽会有变化,但总体上只会出现下部比上部略大的具有弧形底部的"生梨型"发展趋势,即一方面是上部将逐步变粗,下部相应变瘦;另一方面是纵向将会拉长。

四是从"生梨型"演变为"金字塔型"。中共江苏省委党校潘修华认为,我国正在从传统社会向现代社会转型,在这一转型期内,社会阶层结构不可能是"橄榄型"或"金字塔型",而应该是介于两者中的一种。这就是说,目前把我国社会阶层结构形态描述成"生梨型"比较切合实际。但"生梨型"社会阶层结构形态内部的各阶层又都处在剧烈的分化重组中,是一种介于"橄榄型"社会结构形态和"金字塔型"社会结构形态之间的社会结构类型。"生梨型"社会结构形态明显的特征就在于它是运动型的,并可能具有两种运动方向:一种是向"橄榄型"社会结构形态运动;另一种是向"金字塔型"社会结构形态运动。从基尼系数和人均收入差距不断扩大并将继续扩大的情况来看,可以说中国存在着从"生梨型"社会阶层结构向"金字塔"型社会阶层结构运动、发展的趋势。

第五是从"洋葱头型"到"橄榄型"转化。陆学艺认为现阶段我国的社会阶层结构远不是工业国家应有的"橄榄型"的结构形态,而是"洋葱头型"社会阶层结构,即中下层部分较大而顶部明显收小的形状。关键问题是,社会中间阶层至今仅占23%。他在《当代中国社会阶层研究报告》中指出,随着市场化的推进,我国社会将分化出等级性的几大阶层。与此同时,工业化和城市化的发展,又会导致教育水平不断提高以及白领职业迅速扩张,随之而来的必然是社会中间层日益壮大。整个社会结构的变化趋势是以中产阶级或中间阶层为主的"现代社会阶层结构",也就是"中间大,两头小"的"橄榄型"社会阶层结构。

由上可见,学术界对我国社会阶层分化的趋势也是仁者见仁,智者见智。但其共同点是,都认为我国社会的阶层分化趋势将是一个多线性、复合型的历史进程。首先,社会结构将会更加多元,社会阶层分层化和群体化趋势将会继续加强。其次,社会阶层的流动将进一步加速,并呈现横向流动和上升流动并存的趋势。最后,随着中间阶层规模的壮大,社会阶层结构将逐步向着中间部位较为粗大的"橄榄型"过渡。尤其是党的十八届三中全会通过的《中共中央关于全面深化改革若干重大问题的决定》明确提出了"规范收入分配秩序,完善收入分配调控体制机制和政策体系,建立个人收入和财产信息系统,保护合法收入,调节过高收入,清理规范隐性收入,取缔非法收入,增加低收入者收入,扩大中等收入者比重,努力缩小城乡、区域、行业收入分配差距,逐步形成'橄榄型'分配格局"①的目标以后,中央和各级地方政府将在未来几年内,进一步加快收入分配调控体制机制完善的步伐,加大收入分配调整政策的贯彻力度,从而加快我国社会阶层结构向着比较理想的"橄榄型"过渡的进程。

第二节 我国学界的主要社会分层方法及局限

2001年7月1日江泽民在《在庆祝中国共产党成立80周年大会上的讲话》中指出:"改革开放以来,我国的社会阶层构成发生了新变化,出现了民营科技企业的创业人员和技术人员、受聘于外资企业的管理技术人员、个体户、私营企业主、中介组织的从业人员、自由职业人员等社会阶层。而且,许多人在不同所有制、不同行业、不同地域之间流动频繁,人们的职业、身份经常变动,这种变化还会继续下去。"②这是中国共产党及其主要领导人首次以公开形式对我国社会阶层的分化作出的明确表述,这一方面说明党中央意识到我国社会在传统的工、农、商、学、兵、干(部)等以政治、社会地位为主划分的阶层之外,又出现了一些新的更多是以职业、身份为主划分的社会阶层,并表明对这些新社会阶层的认可。另一方面也反映了政治、社会标准在划分社会阶层方面作用的弱化,职业、身份

---

① 《〈中共中央关于全面深化改革若干重大问题的决定〉辅导读本》,人民出版社2013年版,第46页。

② 转引自新华网:http://news.xinhuanet.com/ziliao/2001-12/03/content_499021.htm,2015年1月6日访问。

标准开始受到重视。这一讲话发表以后,我国理论界、特别是社会学领域的专家学者也开始依据不同的阶层划分标准,将我国的社会阶层划分为多种不同的类型。

一、学术界的代表性观点与分层方法

上世纪90年代以来,我国理论界有不少学者开始运用社会学、政治学理论与方法研究我国社会阶层分化问题。其中,较有代表性的学者及主要观点,其主要分层标准与方法,大致可分为以下几种:

1. "十大阶层"说

社会学家陆学艺在其主持的"当代中国社会结构变迁研究"课题中,以职业分化为主要依据,以组织资源、经济资源和文化资源的占有状况为参考标准,将当前我国社会结构划分为国家与社会管理者阶层、经理人员阶层、私营企业主阶层、专业技术人员阶层、办事人员阶层、个体工商户阶层、商业服务人员阶层、产业工人阶层、农业劳动者阶层和城乡无业失业半失业者阶层十大社会阶层。

2. "五大阶层"说

中国人民大学社会学教授郑杭生、社会学家李路路依据权力大小和支配范围将社会分为五个阶层:权力阶层,直接占有生产资料,或者具有命令他人、指挥他人的权力;专业技术人员阶层,受他人支配但是不支配他人,对自己的工作有一定的自主权;一般管理人员阶层,其权力来源主要是科层制的组织和知识在社会中的影响力;工人、农民阶层,不支配他人,但受他人支配,对自己的工作也缺少自主权;自雇佣者阶层,对自己的工作有完全的自主权,既不支配他人,也不受他人支配。

3. "四大利益阶层"说

清华大学人文社会科学学院院长李强根据社会转型期各个社会利益群体分化、重组的实际情况,以社会群体利益获得和受损为视角,将社会划分为特殊利益获得者群体、普通获益者群体、利益相对受损群体、社会绝对受损人群四个利益群体。这一标准不确定性较大,经常会随着国家政策的变化或调整及其所带来的获益或受损而发生变动和转化。

4. "四类型阶层"说

江苏省委党校教授王世宜以阶层形成的时间为标准,提出"四类型阶层"说,即基础阶层——指新中国成立以来始终存在的基本社会群体,如国家与社会管理者阶层、产业工人阶层、农业劳动者阶层、专业技术人员阶层等;新兴阶层——指伴随着新的经济形势或随着新的产业兴起而从基本阶层中分化出来的社会利益集团,如民营科技企业的创业人员和科技人员,受聘于外资企业的管理技术人员,中介组织的从业人员及自由职业者;复兴阶层——即被改革开放赋予新的"质的规定性"基础上,又以阶层的形式重新登上历史舞台的社会群体,如个体户阶层、私营企业主阶层;"边缘"阶层——是当代中国社会过渡性和交叉性的阶层,指退休职工阶层、城乡失业半失业人员阶层等。

二、分层标准多样化带来的分歧与矛盾

分层标准多样化的直接后果,就是造成社会阶层划分的多样性和不确定性,因而也使人们难以据此来分析社会各阶层状况,制定和提出有效政策和对策举措。仅就上述四种阶层说看,首先,其划分标准往往是相互交叉的,同一个群体,在不同的划分标准下可能处于或应该归为不同的阶层。其次,这些标准大部分是随着形势的发展而变化的。个体经营者中不少是从工人和知识分子中转行出来的,私营企业主中也包括不少原来的知识分子或科技人员,高级管理人员中也不乏原来的干部。知识分子、干部和个体经营者这三种人在私营企业主和企业管理人员等新的社会阶层中也成为共同群体中的一员。

本书以社会分层视域下的公民廉洁教育为着眼点,试图找出廉洁的对立面——腐败发生的基本或可能的条件与环境,并从中发现腐败易发多发的人群、阶层及其在职业、岗位或身份等方面的主要特点与规律,以

便开展有针对性的宣传和教育,这显然不是上述某个单一标准和划分方法所能解决的。

第三节 反腐败视野下的社会分层及其意义

腐败是对公共权力的滥用,既包括以权谋私,也包括并不直接带来私利的滥用(渎职或不作为等)。在现实生活中我们不难看到,社会上拥有不同职业、职位或地位的群体,在使用或者滥用公共权力方面的机会明显不同,腐败的发生往往是与他们同各种权力的密切程度、自由裁量权的大小及其受监督、制约程度紧密相关的。因此,要真正落实惩防腐败工作,切实提高反腐败工作的力度和成效,就必须对当前我国腐败现象的基本表现和特点趋势、腐败滋生甚至蔓延的基本成因和条件,以及腐败现象多发易发的主要人群和重点领域等问题进行深入剖析和把握。只有做好这项工作,才能在此基础上,根据当今我国社会不同人群与权力或腐败的关系,有效地对全体公民开展分类分层的、有针对性的教育。

一、反腐败斗争形势及腐败易发多发领域

进入改革发展的转型期以后,经济体制的深刻变革和社会结构的深刻变化,给我国社会的发展进步带来了巨大动力和活力,但与空前的社会变革相伴而来的利益格局的深刻调整和思想观念的深刻变化,也引发了不少这样或那样的矛盾和问题。其中,由于制度和机制不完善,监督体系不健全,监管工作不得力,思想教育缺乏针对性和有效性等原因,我国的腐败现象依然相当严重,有些地方和领域甚至出现了易发多发、滋长蔓延的严重情况,并日益成为全党全民普遍关注的热点和焦点问题,成为引发社会动荡和危机的导火线。

1. 当前我国腐败问题的严重性

据 2009 年底《人民论坛》所做的"盛世危言:中国未来 10 年 10 个最

严峻挑战"的问卷调查显示,"腐败问题突破民众承受底线"位列第一。这表明"虽然惩治腐败是我们党的一贯立场和方针,而且惩治腐败的力度逐年加大,取得的成绩有目共睹,赢得了人民群众的衷心拥护。但无需讳言,腐败并未得到有效遏制……腐败的'出生率'大于'死亡率'的问题没有得到根本解决"①。另据中纪委向十八大的工作报告中的数据披露:从2007年11月至2012年6月,全国纪检监察机关共立案643759件,结案639068件,给予党纪政纪处分668429人。涉嫌犯罪被移送司法机关处理24584人。全国共查办商业贿赂81391件,涉案金额222.03亿元。党的十八大以后,中纪委和全国检察机关不断加大办案力度,2013年上半年共立案侦查渎职侵权犯罪案件5706件8048人,其中重特大案件3272件,县处级以上领导渎职犯罪要案250人。② 其中副部级及以上高官就有8名,平均每月就有1名高官事发。包括四川省委原副书记李春城、四川省原副省长郭永祥、广西省政协原副主席李达球、安徽省原副省长倪发科、国家发改委副主任兼能源局局长刘铁男、广东省委原常委兼统战部部长周镇宏、中央编译局原局长衣俊卿、内蒙古自治区常委兼统战部部长王素毅等。③ 进入2014年以后,打击力度进一步加大,有时一周甚至一天就有多名高官被宣布调查或处理。2014年全国查处违反中央八项规定精神的问题共计53085起,处理71748人,其中给予党纪政纪处分23646人。④ 据统计,从2012年11月党的十八大召开到2014年12月底,全国被查处的省部级及以上高官已达60名,其中包括原全国政协副主席、中共中央统战部部长令计划,原中央政治局常委、中央政法委书记周永康,

---

① 王明高:《科学制度反腐的最佳时期》,载《人民论坛》2009年第24期。
② 参见陈菲:《250名处级以上官员上半年被立案侦查》,载《新民晚报》2013年8月16日。
③ 参见《十八大后八名副部级高官落马》,载《京江晚报》2013年7月18日第A46版。
④ 转引自环球网"国内新闻":http://china.huanqiu.com/hot/2015-01/5366388.html,2015年1月12日访问。

原中央军委副主席徐才厚,原全国政协副主席苏荣等副国级官员。① 这些贪官身上所反映的主要腐败问题主要包括严重违纪违法、徇私枉法、营私舞弊、贪污受贿、倒卖土地、充当黑社会性质组织的保护伞等等,其收敛的不义之财少则上百万,多则上千万甚至上亿、数亿,而且绝大部分都有严重的生活作风问题。

反腐倡廉是党中央的一贯方针和坚定立场,反腐倡廉和廉洁文化教育是一项系统工程,教育是基础,制度是保证,监督是关键。从主观上说,腐败行为是否会发生,主要取决于人的思想动因。放松世界观改造,背弃理想信念,是一些人腐败堕落的根本原因。教育虽不具有强制性,其功效也难以立竿见影,但可以通过潜移默化渗入人们的心田,长期影响人们的行为。因此可以说,反腐倡廉教育是拒腐防变的第一道防线,净化人的思想,必须靠长期的思想教育。开展党风廉政教育和反腐败斗争,当然要对少数腐败分子严厉惩处,但对于绝大多数党员干部和公民来说,还是要立足于教育,着眼于防范。构筑拒腐防变的思想道德防线,与构筑党纪国法及制约监督防线一样重要。因此,除了加强制度和机制建设,着力健全监督体系,强化监管机制和工作外,开展反腐倡廉和公民廉洁教育任务依然繁重。

2. 反腐败斗争形势的紧迫性

腐败问题的严重性实际上反映了我国当前反腐败斗争形势的紧迫性。关于这一点,我们还可以从十八大召开以来,党中央包括中纪委主要领导在短短两个半月时间内,6次对反腐败斗争严峻形势作出明确表态和部署略见一二。如党的十八大报告强调:"反对腐败、建设廉洁政治,是党一贯坚持的鲜明政治立场,是人民关注的重大政治问题。这个问题解

---

① 转引自人民网:http://politics.people.com.cn/n/2014/1226/c1001-26279549.html,2015年1月12日访问。

决不好,就会对党造成致命伤害,甚至亡党亡国。"①为此提出了"要坚持中国特色反腐倡廉道路,坚持标本兼治、综合治理、惩防并举、注重预防方针,全面推进惩治和预防腐败体系建设,做到干部清正、政府清廉、政治清明"②的目标和要求。2012年11月15日,习近平在中央常委首次与中外记者见面时指出:打铁还需自身硬。一些党员干部中发生的贪污腐败、脱离群众、形式主义、官僚主义等问题,必须花大力气解决。全党必须警觉起来。一天之后,又在中央政治局第一次集体学习课上强调:近年来我们党内发生的严重违纪违法案件,性质非常恶劣,政治影响极坏,令人触目惊心。2012年11月30日,中纪委书记王岐山在与专家学者座谈时指出:"党的作风关乎人心向背,关乎党的生死存亡。"2013年1月22日,习近平又在十八届中纪委二次会议上强调:"党风廉政建设和反腐败斗争是一项长期的、复杂的、艰巨的任务。反腐倡廉必须常抓不懈,拒腐防变必须警钟长鸣,关键就在'常''长'二字,一个是要经常抓,一个是要长期抓。""必须反对特权思想、特权现象,必须全党动手"。"要坚持'老虎'、'苍蝇'一起打。既坚决查处领导干部违纪违法案件,又切实解决发生在群众身边的不正之风和腐败问题。""要加强对权力运行的制约与监督,把权力关进制度的笼子里","形成不敢腐的惩戒机制,不能腐的防范机制,不易腐的保障机制"。"要以踏石留印、抓铁有痕的劲头抓作风。"③2013年1月23日,王岐山在中纪委委员学习十八大精神研讨班上强调:要深刻认识党风廉政建设和反腐败斗争的长期性、复杂性和艰巨性。坚持标本兼治,当前要以治标为主,为治本赢得时间。

3. 腐败易发多发的人群、领域与时段

从世界各国或各种社会腐败与反腐败斗争的历史看,腐败的发生或

---

① 毕京京:《〈认真学习党的十八大精神:坚持和发展中国特色社会主义〉学习读本》,人民日报出版社2012年版,第33页。
② 同上书,第33页。
③ 转引自新华网:http://news.xinhuanet.com/politics/2013-01/22/c_114461056.htm,2015年1月6日访问。

蔓延通常并不是在各类人群、各个领域和不同时间段均衡分布的,而是存在着易发多发的重点人群、主要领域和多发时段的,而且这种人群、领域和时段还会随着形势和情况的变化而转变、迁移。但其共同点是,腐败的发生大多都与权力或金钱的走向紧密相随,当权力集中发挥作用时,金钱集聚到某处时,出现或滋生腐败的概率就会明显增大,尤其是在监管监督制度和机制不到位时,更易发生权权、权钱、权色的勾结与交换。换句话说,哪个或哪些地方、领域和时间内权力或资金集中度高了,权力本身就会成为寻租对象,各种以权谋利的机会与可能也会相应增加,而贪腐分子也可能会如蝇逐臭一般谋权逐利。因此,具体分析和了解腐败易发多发的人群、领域和时段,对于我们有针对性地开展预防腐败,包括宣传教育工作都是十分必要和重要的。

(1) 有特定职业、地位及社会资源配置权的人群

不同的社会职业、地位(主要指政治、行政或经济方面的地位或岗位)往往决定某个个人或群体在社会资源配置中的作用和权力的大小,或利用公共权力谋取私利的可能性与便利性。马克斯·韦伯在对现代工业社会的特征进行分析时,预见到了现代科层组织的兴起以及新的权威形式的产生——他在19世纪后期观察到:一些利益集团尤其是大资产阶级,为了谋取自身利益而不断地寻求国家的保护,这导致了政府科层组织的扩张。这对于现代社会分层理论——尤其是有关权力关系和权利冲突的研究有着深远影响。关于科层组织,我们在前面谈到韦伯的分层理论时有过介绍,就其主体而言,大致相当于现在时常提到的国家公务员阶层,尤其是现行体制下掌握较大公共权力而仍然较难监督、制约的领导干部。因此,处于领导岗位的人群之"腐败系数"通常较高。

2013年4月11日,浙江大学中国地方政府创新研究中心主任陈国权教授在《社会科学报》刊文指出:在我国,政府本身就是最大的市场主体,经营着最广泛的资源,不仅包括土地、矿山、油气等自然资源,而且这种资源的增值又与政府自身的利益关系密切。由于法治的不完善,国家权力

和公民权力的边界不清晰,不受制约监督的权力不但可以"合法地"给予某些企业法律之外的政策优惠,甚至能够非法地剥夺另外一些企业法律所允许的权益。在这种选择性执法的情况下,权力本身就是牟利者想法设法寻租的对象。我们从近年暴露的不少腐败案件中可以发现,领导岗位的"腐败系数"往往与其掌握的资源配置权力的大小成明显的正相关性。职务犯罪产生的根源是权利过分集中。

为此,近年来中央先后出台了《关于建立健全教育、制度、监督并重的惩治和预防腐败体系实施纲要》《建立健全惩治和预防腐败体系2008—2012工作规划》等文件,全国已有近20个省市的省级人大制定并实施了《预防职务犯罪条列》,这些都为全面推进预防职务犯罪工作和全国性立法奠定了基础。尽管中央反腐决心不可谓不大,检察机关依法惩治力度不可谓不大,但据南京市职务犯罪预防局局长林志梅2013年3月在全国两会上披露,近五年全国检察机关立案侦查的各类职务犯罪案件仍然高发,并呈愈演愈烈之势。具体为2008年41179例、2009年41531例、2010年44085例、2011年44506例、2012年47338例。①

(2) 多发易发的人群、领域与时段

腐败是对公权力的滥用,其基本表现就是以权谋私。所以人们在谈论腐败多发易发的问题时,往往会直指代表国家行使各种具体职权的公务员阶层、特别是其中权力更大的各级党政官员群体。虽然这种简单的挂钩并不科学,因为我国目前代表国家行使权力的并不局限于公务员或官员,还有许多在现已归为企业或事业等单位、特别是垄断性领域和部门的高管人员,其手中的权力未必不如前者。但是,把公务员群体作为预防腐败的主要关注对象应该还是有其合理性的。1993年8月14日颁布的《国家公务员暂行条例》,将公务员职务分为领导职务和非领导职务两类。其中,领导职务层次分为:国家级正副职、省部级正副职、厅局级正副

---

① 参见林志梅:《"两会"上的预防思索》,载《预防职务犯罪专刊》2013年第2期。

职、县处级正副职、乡科级正副职十个层次。非领导职务设置在厅局级以下，享受相应级别和待遇，但不具有行政领导职责。包括办事员、科员、副主任科员、主任科员、副调研员、调研员、副巡视员、巡视员八个层次。在工资福利待遇上，乡科级副职与副主任科员对应，科级正职与主任科员对应，依次类推，直至厅局级与巡视员对应。从该条例所反映的情况看，公务员其实也是分为领导与职员、实职与虚职的。一般来说，处于掌握实权的领导职务岗位的官员，因所掌握的或者能够施加影响的公共权力通常较大，其参与人事和财产配置的机会也会明显超过虚职的特别是非领导职务的群体，因而产生腐败行为的可能、几率以及危害程度也会更大。这就是说，腐败的发生往往与权力的重要程度、自由裁量权的大小以及监督的难易或监督机制的完善状况有着直接关联。

就腐败易发多发领域而言，有学者曾对改革开放以来最高人民检察院历年来的工作报告进行分析和总结，得出了腐败犯罪易发多发领域主要集中在以下六个方面：（1）暴利行业如工程建设、土地出让、产权交易、医药购销、政府采购、资源开发和经销等领域，地下产业如黄赌毒等；（2）专项改革早期阶段所涉及的领域，如粮食、外贸、商业、供销、石油、煤炭、银行、运输、基建等；（3）直接管理人、财、物或掌握审批权、人事权、执法权、司法权、采购权等自由处置权或自由裁量权的实权岗位、部门和人员；（4）享有垄断权的、不正之风严重的行业、部门以及管理松懈的单位；（5）掌握决策专断权并且难以监督的各级党政领导机关和领导干部；（6）掌握资源分配权的部门和国家资源分配加以倾斜扶持的重点工程、重点项目、重点工作等。① 总之，对人、财、物之投向具有较大处置权的组织人事、政策制定、资金投放、土地审批、基建规划与建设、项目设置和审批等领域，往往是腐败多发易发的重灾区，而其中实际掌握或能够影响公共权力和财产配置而又缺乏必要制约和监督的各级干部，可以说就是腐

---

① 参见何增科：《根据腐败多发规律提高制度预防质量》，载《中国监察》2009年第18期。

败最可能多发易发的人群。这一点也得到了许多实际案例的佐证。如甘肃省平凉市人大常委会原副主任任增禄，在担任"煤都"华亭县县长、县委书记时期，利用职务之便共收受贿赂款、物折合人民币991万余元，另有411万余元巨额财产来源不明。法院在2013年6月18日一审判决中，认定任受贿罪主要为两部分。第一部分系为建筑工程承包商承揽工程，给企业经销商谋取利益，这部分受贿事实共有16笔，涉及现金182.64万元、银行卡19万元，以及价值11万余元的金砖一块；第二部分系任增禄在干部任命、人事调整、工作调动、职务升迁等方面为他人谋取利益，这部分受贿事实共有129笔，涉及129名华亭县内各部门以及乡镇干部，涉及现金769.13万元、银行卡5万元，以及价值数万的和田玉、金如意、金条等礼品。为了防止这些腐败多发易发的领域出问题，不少地方和部门都制定了廉政防控的指导性文件。2012年8月，上海市正式印发了《推进廉政风险防控工作手册》。该手册以分类指导为原则，明确地把工程建设、土地出让、城乡规划、产权交易、政府采购、食品药品安全、环境保护、国资运营、金融运行、社会保障、高校科研院所13个领域，列为腐败现象易发多发和廉政风险防控的重点领域。①

从已经曝光的许多案例看，腐败多发易发的时段通常集中在党政机关换届选举、重大人事安排、重大财经政策变动或重大建设项目决策、招标投标等涉及资源、资金等大量投放，以及主要国定节假日之前。如在换届选举或有重大人事安排时，为了能够当选和得到提拔，一些跑官要官者、投机钻营者如过江之鲫，纷纷游说、贿赂、拉拢选举人和推荐人，此时往往就容易出现掌握人事决定权的官员封官许愿、卖官鬻爵、搞权钱权色交易的情况。2013年8月，《新民晚报》先后有两篇文章揭露了一些地方盛行的买官卖官、行贿受贿的严重问题："江西宜春市袁州区原区委书记龚某人为进市委常委，送了60万大洋给时任市委书记的宋晨光。龚某人

---

① 参见《上海推进廉政风险防控有了"参照系"》，载《倡廉文摘》2012年第9期。

当了常委后又领着属下两个乡镇书记再向宋买官,以每人30万代价成了'副处级'"。另外,还有由他人出钱给官员买官的情况。如刘志军案中涉及买官的6000万元,就有4500万是两个"企业家"帮他用来"捞人"和"买官"的。有些地方甚至还出现了自称"高人"的骗子,以帮富商王雨石的两位朋友买"副省级"和地市级"副市长"官职为由,先后骗了王600万元。①安徽省萧县原县委书记毋保良大肆卖官,"涉及66名行贿者,几乎覆盖萧县所有的乡镇和县直机关,以及该县四大领导班子"。"甘肃省华亭县原县委书记任增禄贪腐案,更是牵涉了该县县委、县政府以及各乡镇129名官员。"②

　　工程建设领域容易发生行贿受贿已是一个公开的秘密。由于投入资金大,建设利润高,施工单位竞争激烈,一些企业为了争取到项目而大肆行贿,从而导致工程上马、干部"下马"的案例也不胜枚举。如原铁道部部长刘志军的心腹,铁道部原运输局局长、副总工程师张曙光,就因涉嫌在2000年至2011年将高铁项目交给多家私企承建,共计受贿4755万元。③浙江省金华市副市长朱福林,从2000年到2012年,先后利用担任金华市国土管理规划局局长、兰溪市市委书记、金华市市长等职务之便,在土地开发、人事安排、企业环评、房产交易等事项上,为他人谋取利益,收受徐某等14人所送人民币1490余万元、欧元3000元、汽车一辆、金条三根。④此外,在已被查处的原中共内蒙古自治区常委、统战部部长王素毅长期主政的内蒙古巴彦淖尔盟(市),近两年有原巴彦淖尔市临河区区长薛维林和巴彦淖尔市副市长李石贵先后受到审判,前者在担任建委主任和区长的4年内,利用职务便利为当地一家房地产企业谋取利益,非法

---

① 参见凌河:《另一种"买官"》,载《新民晚报》2013年8月1日第A8版。
② 《基层官员向县委书记一人行贿,几乎覆盖全县各机关乡镇一把手——百官行贿比一官受贿更值得警惕》,载《新民晚报》2013年8月21日第A11版。
③ 参见《涉嫌受贿4755万元刘志军心腹张曙光被公诉》,载《青年报》2013年9月4日第A10版。
④ 参见《涉嫌受贿1580余万元金华市一副市长受审》,载《新民晚报》2013年8月16日第A12版。

收受财物290余万元;后者则在6年任职期间,在土地置换、城市开发、解决农业贷款等项目上,利用职务便利为他人谋取利益,非法收受1536万元。①

另外,元旦、春节、中秋、国庆等重大节日来临之际,往往也是某些人忙于请客送礼、献媚领导,大搞不正之风之时。据《新民晚报》2013年9月2日报道,吉林省原副省长田学仁在十余年内,利用职务上的便利为他人提供企业经营、家属调动、子女升学和职务提拔等方面的帮助,收受巨额钱物、礼金折合人民币1919余万元,"在检方确认的85次收钱中,至少有38次是在春节期间、19次发生在中秋节、五一节、元旦节和国庆节"②。有位县委书记曾私下算了一笔账:"仅春节一次,近百个县直单位多数会有'孝敬',富单位一万两万,穷单位三千五千,加上金融、电信等企业,总数不会低于一两百万元,如果再加上其他节假日和婚丧嫁聚活动,特别是干部帮人办事,即使不去主动腐败,一年下来也数目可观。"③自党的十八大以来,中纪委监察处等部门每年都在春节、中秋、国庆等重大节庆日前夕发布通知公告,严令禁止公款请客,送礼送卡送有价证券等,并在中央纪委监察部网站发布公告和举报电话等,正是针对这种打着"人情"和"习俗"牌搞腐败,以防止和杜绝这种不正之风而采取的相应举措,从实际结果看还是比较有效地起到了警示、预防和教育效果的。

腐败的特点和变化趋势往往和一个国家经济、社会发展的背景密切相关。随着改革的不断深入,当前我国的腐败新型案件增多,也形成了一些明显的特点。如权钱交易现象严重;行业"潜规则"犯罪突出;集体"窝案"和家族犯罪增多;领导干部特别是高级领导干部犯罪社会负面影响大;权钱交易间接化、利益实现期权化、作案手段智能化等。清华大学廉政与治理研究中心副教授过勇也认为,与腐败程度的变化相比,腐败类型

---

① 参见《十八大后八名副部级高官落马》,载《京江晚报》2013年7月8日第18版。
② 《吉林省原副省长田学仁涉嫌受贿1919万元被公诉》,载《新民晚报》2013年9月2日。
③ 《县委书记春节收上百万》,载《新民晚报》2013年8月13日第A12版。

和结构的变化更为重要,这体现着当前我国的腐败具有以下四个方面新的特点和趋势:(1)腐败形式从贪污挪用到行贿受贿,再到利益冲突;(2)范围从公共部门到私人部门,再到社会组织;(3)腐败趋势从个人腐败、单位腐败到集体腐败;(4)腐败结果从影响政策执行到影响政策制定等。① 总之,不论是从人群、领域,还是从事件发生的时间节点看,腐败都是趋向于或集聚于权位、财物的集中投向处,呈现出与人、财、物的聚焦点、聚集度正相关的趋势和特点。

二、反腐败视野下的社会分层

由于腐败的实质是对公权力的滥用,所以反腐败视野下的社会分层必然会突出社会各阶级阶层与权力之间的关系,体现社会公共资源分配或在不同占有者之间的分布状况。在这里,本书试图结合我国现行的国家公务员行政级别及其他掌握公共权力之人群的分类分级情况,从防治腐败的角度和人们与公权力的亲疏关系作为切入点或标准,对社会成员作出新的分析和分层。

前面已经提到,1993年8月14日颁布的《国家公务员暂行条例》,将公务员职务分为领导职务和非领导职务两类。其中,领导职务层次分为:国家级正副职、省部级正副职、厅局级正副职、县处级正副职、乡科级正副职十个层次。非领导职务设置在厅局级以下,享受相应级别和待遇,但不具有行政领导职责。包括办事员、科员、副主任科员、主任科员、副调研员、调研员、副巡视员、巡视员八个层次。在工资福利待遇上,乡科级副职与副主任科员对应,科级正职与主任科员对应,以此类推,直至厅局级与巡视员对应。

1. 直接掌握公权力的社会阶层

在现实生活中发生的滥用公共权力的情况,主要包括两大类型,即以

---

① 参见过勇:《中国腐败与反腐的变化趋势》,载《中国行政管理》2013年第1期。

权谋私和渎职或不作为。这两种情况的共同特点是都与职位、权力有关，广泛涉及人、财、物权。以社会不同人群和阶层与公共权力之间关系的直接间接、松紧疏密来进行分层或分类，可以为针对不同情况开展反腐倡廉教育提供更好的思路和操作办法。我们设想的具体划分方法是：

（1）各级公职人员、特别是党政机关的领导干部

这部分人群主要是指中央和地方的各级公务员，重点是党政机关的领导干部，尤其是"一把手"和管人、管钱、管项目的领导干部，包括党务、行政和一些实务性、技术性干部。这部分人手中通常集中掌握着干部选拔任用、人事安排调动、政策研究制定、项目立项审批、财政资金投向、国土规划审批、工程决策发包、矿产开发建设等一系列公共权力，而且一般还有较大的自由裁量权和专业技术性，如果其身不正很容易以权寻租，吃拿卡要，受贿索贿。另一方面，这些人又身居要职或掌有实权，在目前制约监督体制机制不严密、不完善的情况下，上下各级对他们都难以监管，正所谓"上级监督太远，平级监督太软，下级监督太虚"，因而往往也是一些腐败分子跑官要官、买官争官或者搞"钱权交易""权色交易""跑部钱进"等违纪违法活动的主攻对象。

2012年7月4日，《长江日报》同时报道了中央纪委对山东省原副省长黄胜严重违纪违法问题立案检查；东莞市中级人民法院以受贿罪判处广东省社会治安综合治理办公室原副主任倪俊雄有期徒刑15年，并以行贿罪和受贿罪数罪并罚；判处原茂名市化州市委常委、政法委书记、公安局局长黄鸿有期徒刑13年的消息。《倡廉文摘》在转摘时指出："这几个人涉案金额、捞钱手段虽有差别，腐败的主罪却如出一辙，都是官帽的'批发商'。法院认定的倪俊雄收受贿赂事件共有41宗，大部分都是倪卖官所得，'卖出去'的职位上至县级市公安局局长、区公安局局长，下到副科长，价位从人民币30万元到2万元不等。黄胜前后主政德州13年，自其2001年接任市委书记后，德州的官位差不多是明码标价了，比如，县委书

记30万元,县里某个局的局长10万,最低价码是副镇长5万。"①该刊同期还曝光了内蒙古自治区政府原副主席、党组成员,锡林郭勒盟盟委书记刘卓志先后86次收受贿赂共计817.036万元,其中卖官收入占了大部分,而涉及卖官事宜的有13人,关乎锡盟地区档案部门、市委、政协、人大、司法机关、发改委等重要部门。②对这些触目惊心的买官卖官违纪违法行为,习近平总书记于2013年3月,参加十二届全国人大一次会议听取南京市职务犯罪预防局局长林志梅所作的有关职务犯罪预防的主题发言后,肯定了其关于"预防职务犯罪出生产力"的说法,并指出:"职务犯罪确实使我们损失很大","如果搞不好,领导干部的岗位就真会变成高危职业"③。

在国土资源、城市规划以及城市开发和大型工程建设等领域,因其要么高度垄断,要么相对技术含量较高,历来是腐败的高发单位或部门。2013年7月26日《经济参考报》曝光了"长沙市规划局原副局长顾湘陵,任职的近10年间日均进帐2万余元,包括4栋别墅在内的16套房产遍布长沙和北京,坐拥上亿家产"的贪腐案,还特别指出:顾湘陵官阶只是副处级,却拥有调整房地产项目商业面积的"自由裁量权"。在一般情况下,商业网点应占社区规划总建筑面积的3%—5%,但由于商业面积售价通常2倍于住宅面积,故开发商都会千方百计增加之。房地产项目能否盈利或盈利多少,很大程度上就看规划局数字怎么定。但由于规划领域业务有较高专业性,所以像顾湘陵这样的"小官"巨贪,一般"门外汉"或普通群众根本就发现不了。④另据2013年8月9日国家审计署发布的"2012年城镇保障性安居工程跟踪审计结果"显示,全国共有360个项目或单位挪用保障性安居工程专项资金57.99亿元,用于归还贷款、对外投

---

① 大林:《官帽"批发商"》,载《倡廉文摘》2012年第9期。
② 参见孙思娅:《副主席卖官记》,载《倡廉文摘》2012年第9期。
③ 习近平:《志梅同志讲得好》,载《预防职务犯罪专刊》2013年第2期。
④ 参见丁文杰、陈文广:《长沙规划局"小官"巨贪6000万》,载《报刊文摘》2013年8月9日。

资、征地拆迁以及单位资金周转等非保障性安居工程项目支出。除挪用专项资金外,还有10.84万户不符合保障条件的家庭,因提供不实资料、相关部门把关不严,违规享受保障性住房实物分配3.89万套、领取租赁补贴1.53亿元,另有1.13万户家庭重复享受保障性住房实物分配2975套,重复领取租赁补贴2137.55万元。此外,34个项目代建企业等单位违规出售保障性住房1.83万套,另有5333套被有关单位、个人违规用于拆迁周转、转借出租等。45个项目未办理建设用地规划许可等手续用地1433.16亩,12个项目将建设用地601.53亩用于商业开发等其他用途。①另据兰德咨询总裁宋延庆2013年4月接受《国际金融报》采访时称,他们为一家资产规模达500亿的大型房地产公司提供咨询服务时,对房地产开发过程进行了全面研究梳理,最终发现共有116个可能的寻租点。"以第二级房地产开发为例,从项目获取、跑各种批文、产品策划与规划、采购招标、营销、工程建设等,每个环节都存在寻租的空间。"②

2013年7月,有多家传媒爆料称,湖南长沙开建838米世界第一高楼(比沙特的迪拜塔还高10米)仅4天,就因尚未获得相关行政许可而被叫停。这座尚在图纸上的"天空之城",计划以极高的速度——24小时建7层、7个月建成世界第一高楼。因为项目投建企业希望以"速度牌"吸引眼球,而项目所在地望城区也希望项目"能带来强大的商业聚合效应"。该区区委书记在签约仪式上表示,将"排除万难、坚定不移地支持该项目的建设",最终被远大集团以楼板价483元的"白菜价"摘得地块。有媒体评论说:"政府需要'形象工程'提升区域知名度,企业需要土地和利润,两者在'天空之城'上找到了平衡点。"但却把"项目的公共利益和公共安全的考量放在了第二位,以置权威专家评审结果于不顾,急着开工"③。2013年4月《青年报》记者在中西部采访时发现,环保局因可以用

---

① 参见审计署:《57.99亿保障房专项资金被挪用》,载《青年报》2013年8月10日。
② 卢元强、廖紫燕:《楼市产业链116处可滋生腐败》,载《报刊文摘》2013年4月26日。
③ 郝洪:《城市不靠摩天楼赢得尊重》,载《新民晚报》2013年7月26日。

收"排污费"、造成人员严重超编引发"凝聚"效应——河南某县环保局时有157人,其中行政编制和财政全供事业编制各为11人和24人,其余133人均为自收自支人员,靠吃"排污费"生存。① 国土资源局也可以利用国土资源的规划审批等权限谋取利益——据新华社合肥2013年8月1日电,安徽省颍上县5名国土局干部帮企业主"请客求人"吃午餐,4个人豪饮口子窖白酒4瓶,结果一王姓干部喝醉酒被遗忘在车里中暑死亡。②

在各级官员腐败案中,最难监管且影响最为恶劣的要数"一把手"腐败现象,这也是中央特别强调要把预防和惩治腐败的重点放在"领导机关、领导班子和领导干部",特别是其中的"一把手"的主要原因。《南方周末》记者曾以被广泛报道的83名厅级以上官员为样本作过分析,发现其中占总数四成的32人是所在部门的"一把手"。另据2014年7月15日中央纪委监察部网站公布的中央巡视组首轮巡视反馈汇总看,"一把手"违纪违法案件数量多、危害大,呈现上升趋势,与天津、山东等被巡视地区干部群众的反映相当吻合:"细数近期各级纪检监察机关查办的腐败案件,当事人不少都是政府部门、企事业单位的'一把手',这些'书记'、'市长'、'董事长'、'总经理',或利用手中大权设租寻租谋取私利,或借职务之便非法侵占国有资产,或在干部选拔任用中受贿卖官,与一般的腐败案件相比,往往性质更恶劣、危害更大。"③

如果说"一把手"是指某个单位或部门中的最高领导,那么街道及乡村层级的干部则只能说是"芝麻官"了。但这些"芝麻官"虽说官不大,甚至进不了现行公务员"官阶"系列,但因其处于行政体系末端以及各级监督机制不太重视或不易到达的边缘部分,手中往往人、财、物各种权利一把抓,且在其辖区内几乎不受限制,很容易出现"天高皇帝远"和一手遮

---

① 参见丁烨:《"排污费"养活环保局是最大的讽刺》,载《青年报》2013年4月17日。
② 参见徐海涛:《无奈饭局闹出蹊跷命案——安徽颍上县国土局干部"醉酒意外身亡"调查》,载《新民晚报》2013年8月2日。
③ 《工程腐败·"一把手"》,载《海口晚报》2014年7月16日。

天的"土霸王"现象。同时,由于这些"芝麻官"数量巨大,与老百姓接触最为密切,其违纪违法现象直接侵害群众的切身利益,正属于中央高度重视的"群众身边的腐败",因此其后果的严重性并不亚于"老虎"类高官。如《青年报》曾于2013年4月6日报道称,广东湛江霞山区人大代表、兴隆村党支部书记黄康生,在中纪委"八项规定"公布后顶风作案,于春节前"率领数十人出国旅游并观看淫秽表演"。"广东某农村信用社部门负责人以庆祝同事调任为名,组织10多人到度假村休闲娱乐并接受礼品,各项消费合计6万余元;江苏无锡也发现了80余名街道干部飞赴厦门开会,挥霍近40万元的情况。"有些"苍蝇"违法犯罪的涉案金额甚至比一般"老虎"还大。《环球时报》曾报道称:"北京市朝阳区某乡原党委书记受贿9000万元、海淀区某村会计挪用资金1.19亿元、延庆县某基层官员挪用公款2400万元。"①另据《人民日报》披露,"2014年前11个月,全国检察机关共查办发生在'三农'、专项资金管理使用、社会保障、扶贫救灾、教育科研等领域的贪腐贿赂犯罪案件17601件23443人,涉案总金额58.9亿元。其中,镇乡村干部发案较多,共查办乡镇站所和农村基层组织工作人员10593人,占45.2%"。而村干部不仅发案数量多,还"往往查处一案,挖出一窝、带出一串"②。

造成这种贪腐现象的原因很多,但大都与以下因素有关:一是基层少数干部权利意识膨胀,自恃大权在握,目空一切,对中央要求置若罔闻,我行我素;2013年4月,《中国青年报》刊文指出,越是有些"欠发达的地区,官本位意识越浓,当官也越有感觉","很多地方存在再穷不能穷干部现象,黑龙江省巴彦县人民法院院长刘玉海购置并驾驶一辆75万元的豪车,而巴彦县是哈尔滨市下属的一个国家级贫困县"③。二是一旦出了事

---

① 《反腐败的真正挑战是拍苍蝇》,王会聪译,载《环球时报》2014年9月28日第6版。
② 《全国检察机关"老虎""苍蝇"一起打,去年查办贪贿犯罪2万余人》,载《人民日报》2015年2月4日第11版。
③ 曹林:《为何越不发达地方官本位意识越浓》,载《报刊文摘》2013年4月17日。

往往有人撑起"保护伞",找出种种借口大事化小、小事化了;三是一些基层干部自视身处行政体系末端,对违反纪律的行为心存侥幸;四是对一些基层单位的权力,上级疏于监督,群众难以监督。2010年5月,江苏省南京市鼓楼区纪委和区公安分局、检察院联合调查组经数月艰苦取证查明,樊某、支某、郑某、郗某、金某5名村干部,在巨额补偿诱惑下,先后以李某、徐某和某公司的名义,在七处地块与村里及拆迁单位签订拆迁协议,从中骗取拆迁补偿款共计1700余万元。①

在国家公务员阶层中,我们认为还有必要单独提及一个特殊的群体——国家司法机关工作人员。这个群体本来属于国家上述公职人员阶层,但因其工作性质事关国家政权的运行,作为国家专政机关的岗位又有其他公务员少有的特殊重要性、专业性和隐密性:作为国家公检法等强力机构,这些部门及其工作人员都应该是维护社会稳定和公正的利器,一旦这些部门发生腐败,就很容易动摇人们对国家法律和社会公平正义的信任,对党和政府与民众之关系的伤害更为深重,所以有必要单独加以论述。2011年4月,广东省湛江法院被揭露出一个腐败窝案,9名丧失职业道德和社会良知的法官与一个"讼托"合谋结成一条"休戚与共"的利益链,将司法公权变成了谋取私利的工具,攫取巨额灰色利益。2013年8月2日,网上又揭露出上海市高级人民法院4名法官接受请吃、异性按摩并嫖娼的事件。2天后涉案法官被停职,8月6日即分别被处以开除党籍、公职、撤职和行政拘留等处罚。② 当然,暴出类似腐败案的不仅只有法院,媒体上也已经曝光过不少涉及公安、纪检监察、监狱干警腐败的个案或窝案等。《青年报》曾报道称,2013年7月26日,广州市珠海区法院公开审理原广州城管局番禺分局政委蔡彬(曾被网友举报坐拥20余处房产并被戏称为"房叔")涉嫌受贿案。据该市检察院指控:蔡于1993至2012年任广州市公安局番禺分局副局长、广州市城管综合执法局番禺分

---

① 参见伟平、红军:《"五鼠"蚕食千万补偿款》,载《倡廉文摘》2012年第9期。
② 参见白龙:《法官形象关涉"法治信仰"》,载《新民晚报》2013年8月7日。

局局长和政委期间,利用职务之便为他人谋取利益,共收受贿赂275万元人民币。其中包括与他人合伙经营汽车修配厂、时装店,违规划分土地给他人建停车场,以及帮朋友减轻车辆违章超载处罚等。① 事实上,人们对于司法人员能否廉洁奉公也日益关注。"2011年3月,在全国两会召开前,《人民日报》曾就老百姓最关注的两会热点问题,联合推出大型网络调查。在有6434人参与的有关'司法公正'的调查中,67%的投票者认为'司法腐败、权钱交易'是影响司法公正的根源。"② 上海4名法官接受请吃、异性按摩并嫖娼事件曝光后,新浪微博短短几天内竟有30多万条相关评论,均认为"法官被视作公平正义的化身,理应成为社会伦理的坚守者、公序良俗的示范者、法律尊严的捍卫者,更应是守法、依法、执法的表率"。而法官知法犯法,更是严重挑战法律底线,"严重败坏司法形象,令法律失尊、令司法蒙羞、令正义受损",因而产生了极为恶劣的影响。③ 这也说明司法"腐败问题是群众最痛恨的问题……腐败危险会是执政党长期面临的最大危险之一……必须始终坚持零容忍态度,依法依纪彻查严处,绝不姑息迁就"④。在提及国家强力机构时,我们还不得不指出,中国人民解放军作为保卫国家不受侵犯、维护各族人民根本利益最可靠的钢铁长城,今天也已不再是一片净土。除了前面多次提到的原总后勤部副部长谷俊山、元中央军委主席徐才厚外,前不久中央军委纪检部门公布的16名军级干部违法违纪被查处的严峻事实告诉我们,腐败是当前人民军队建设的最大祸害之一,不能及时有效地防治腐败,钢铁长城也会毁于一旦,更不可能做到中央军委主席习近平提出的"建设一支听党指挥、能打胜仗、作风优良的人民军队"的强军目标。⑤

---

① 参见《广州"房叔":年老多病请求轻判》,载《青年报》2013年7月27日。
② 尹于世:《拒腐关键靠"法"而非"术"》,载《倡廉文摘》2012年第9期。
③ 参见白龙:《法官形象关涉"法治信仰"》,载《新民晚报》2013年8月7日。
④ 《对知法犯法、顶风作案必须零容忍?》,载《新闻晨报》2013年8月8日第A2版。
⑤ 参见中共中央宣传部:《习近平总书记系列重要讲话读本》,学习出版社、人民出版社2014年版,第132页。

另外,更易引起人们痛恨的是,一些公益性基本建设(项目)领域负责人甚至把寻租、贪腐的魔爪伸向了救灾、扶贫领域。如甘肃省国土资源厅原副厅长张国华在舟曲县遭受特大泥石流灾害后负责重建项目。不久,他的一个经营网络科技公司的老乡张某,为承建其主管的灾后工程向张国华妻子刘某送上 50 万元,结果本不具备施工资质的张某在挂靠外省一家公司后,取得了舟曲县三眼峪沟泥石流灾害综合治理工程排岛渠部分工程。2011 年 3 月,舟曲一家宾馆经理张某也在贿赂张国华 2 万元红包后,得以承包该县寨子沟泥石流灾害治理工程项目部分工程。甘南州一建筑公司董事长余某先后两次给张国华 2 万元现金及 5000 元购物卡,也获得了部分灾后治理项目。2012 年 6 月,张国华因在救灾工程中牟取黑金而落马。① 2013 年 7 月 30 日,内蒙古自治区巴彦淖尔市的两级(市、县、区、旗)扶贫办主任、科长等 10 名扶贫官员因贪污扶贫款,被法院分别判处 11 年至 5 年有期徒刑或缓刑的特大扶贫系列腐败案,更是引发了举国上下的极度震惊。众所周知,扶贫款是国家为了解决贫困群众基本的"衣、食、住、行"而下拨的财政资金,但就是这种"保命钱"甚至"救命钱",却在一些地方也成了被个别干部分而食之的敛财途径。扶贫款"扶倒"十官员,暴露了扶贫款在管理上的制度之弊,因而强化对此类工作的监督、制约和教育也显得尤为重要和迫切。

如何防止"公仆"变"蛀虫","把权力关进制度的笼子"?德国的做法可资借鉴。《学习时报》曾于 2013 年 8 月刊登了一篇介绍德国预防腐败制度的文章称:"德国联邦议会建立了一套岗位风险评估制度——将联邦议会的各个内部职位,按照出现腐败机会和频率的大小,以及有可能产生腐败的工作量占整个工作量的比例,划分等级,超过 50% 的确定为特别风险岗位。德国联邦议会内部共分为 105 个部门,其中评出 7 个部门、200 多个岗位具有较高的腐败风险。这些部门及其岗位的工作人员,在

---

① 参见李婷、李郁军:《"能吃苦"副厅长成了阶下囚》,载《倡廉文摘》2012 年第 9 期。

岗最多不得超过 3 年,以避免其与某些企业或者机构长期联系而建立关系网,滋生以权谋私等腐败。对于风险较高的部门和岗位,对其工作人员进行筛选,就职前进行重点教育和提醒,并重点监督;其工作程序实行严格的标准化,每个步骤都要书面存档,他人可以随时调阅。"另外,德国内政部的《联邦政府关于在联邦行政机构防反腐败行为的条列》之附件中,还将可能发生腐败的迹象概括为中性迹象和报警迹象两类。中性迹象包括:公务员有不合理的高水准生活;对变换职务或者调动工作表现出令人费解的抵制;特别夸奖和照顾一些企业以及获得企业方面的慷慨赞助等现象。报警迹象包括:公务员无视有关规定;不断发生"小过错";做出不同寻常且令人费解的决定等。①

(2) 国企特别是央企领导干部

国有企业特别是中央国有企业是我国公有制经济的主要实现形式,是稳定国民经济、提供国家财政收入、确保国家战略产业与资源安全最重要的经济力量与保障。但在计划经济向市场经济转轨的过程中,特别是上世纪 80 年代价格双轨制时期起,因权力过大和监管不力等多种因素共同作用,国企特别是央企也成了腐败多发易发的重点领域,造成了严重的经济、政治和社会后果。许多案例显示,国有企业腐败的行为主体主要是国企管理人员特别是高层管理人员。"根据最高人民检察院工作报告,我国每年涉及国有企业管理人员腐败的案件,占全年立案查处职务犯罪的24%—30%。1997 年深化国企改革以后的一段时间,国有企业成为腐败的重灾区,每年都有万名左右国有企业工作人员受到立案查处。"②其中,仅近年来影响比较大的就有华润集团董事长宋林、中国出版集团副总裁王俊国,以及中粮、中铁建等央企高管被查案件。另据《新闻晨报》2015年 2 月 8 日披露,去年第三轮中央巡视组总共巡视了包括 8 个央企在内

---

① 参见北顾:《德国如何把权力关进制度的笼子》,载《学习时报》2013 年 8 月 5 日。
② 柏维春、李红权:《国有企业腐败的发生机理与治理对策》,载《河南社会科学》2013 年第 5 期,第 1 页。

的13个单位或部门,其中,除了南方航空尚未发布问题"账单"外,其余中国船舶、中国联通、中国海运、华电集团、东风汽车、神华集团、中石化7个央企,均被指存在关联交易、利益输送等问题。所有已发布"账单"的9个巡视点都有一句共同的"结束语":"巡视组收到反映一些领导人员问题线索,已按有关规定转中央纪委、中央组织部及有关部门处理"。如"多年来,中国海运一些领导人及亲友和特定关系人,围绕航运业务开办关联公司进行利益输送,'靠船吃船'问题突出",还详解了中海运"靠船吃船"的4种具体形态。中石化"不同层级、不同板块经营管理人员,利用掌握的资源和平台,在工程建设、物资供应、油品销售、合资合作、海外经营中搞利益输送和交换;有的领导人员亲属子女违规经商办企业,通过承揽中石化业务、进行关联交易谋利"。问题"账单"还首次对中国海运集团和华神集团分别使用了"吃里扒外""损公肥私"和"牟取黑金""链条式腐败""利益输送""权力庇佑""暴利工程"等新表述,①这也足以说明国企特别是央企腐败已经达到了相当严重的程度。

国有银行、基金、证券、保险等金融机构也是国企的一部分,但由于其实际掌管和经营着事关国家经济命脉的巨额资金,而尚缺乏有效的监管和制约机制,也是腐败的高发之地。据新华社广州2014年7月10日根据广东省纪委官网公布的信息称,广东省金融办原副主任李若虹涉嫌严重违纪,正在接受调查。而在此前,国内金融领域高官、行长也是落马频现,如中国建设银行原行长王雪冰和张恩照、中国银行原副行长赵安歌、中国邮政储蓄银行原行长陶礼明、中国农业银行原副行长杨琨、中国出口信用保险公司原副总经理戴春宁等。北京大学廉政建设研究中心主任李成言认为:"金融领域腐败案件的涉案人员,他们签个字都涉及巨额资金,但却缺乏有效的监管和制约机制。"作为一个特殊的领域,金融领域是腐

---

① 参见《中央巡视组通报中海运等首提"吃里扒外"》,载《新闻晨报》2015年2月8日第A7版。

败的高发领域,必须引起高度重视。① 据《21世纪经济报道》2013年7月30日报道:"5月底江苏吴江3家银行支行行长集体受贿案揭开了基层银行员工与企业灰色交易的冰山一角。"其中行贿受贿的主要做法有:其一是私企老板在贷款审批前后或节日前后送礼(一般喜欢用代币卡),支行行长一级,据说一般起步价2万元;其二是让银行人员去购买比市场价低几万元的房或车,差价由私企老板补上;其三是银行人员以别人名义开餐馆,企业请吃饭时,就指定去该餐馆;还有一种做法是帮人获得贷款,然后收取某个企业的干股。现在企业主比较喜欢用这种方式,因为获得干股的银行人员会长期关照相关企业发展。

除了直接贪污受贿等形式的腐败外,还有一些国企高管通过多种会计手段伪造公务所需,"创造"了名目百出的"职务消费",不落腰包而行腐败之实。据《新民晚报》转引新华社重庆2014年8月21日电报道:陕西有色金属控股集团投资3亿元建设高尔夫球场"秦岭壹号"供企业自用及经营,被国家土地督察责令限期整改;中粮集团公款支付打高尔夫费用,被中纪委通报;深圳个别国企公款购买10余张高尔夫球卡,且将此卡作为班子成员的一种待遇……特别是公务用车和业务招待,占到职务消费的大头。以A股252家北京的国有上市公司为例,仅2012年年报公开的招待费就达65.25亿元;山东省32户省属企业负责人职务消费总额中,近一半为公务用车费用;华润集团70家下属企业超标购车90辆,最高单价超过200万元。更令人瞠目的是,中石化原总经理陈同海的职务消费一度高达每天4万元,以致陈同海案发后,国企高管的职务消费腐败被称为"陈同海漏洞"。此外,还有办公用房面积、设施超标和铺张浪费、在机场设立贵宾厅,以及公款出国出游、违规报销私人包括家属费用、用虚假发票套取"职务包干"额度等。而当中铁建在2012年财报中被爆出超过8亿元招待费并有8人被查处后,有10余家国企在2013年初发布

---

① 参见《金融腐败案为何频查频发》,载《大连日报》2014年7月11日。

的财报中,干脆将招待费"归零"或不再公布这一项目,而打着"其他管理费"名目的开支却明显增长。由此可见,"公务消费"真可谓名目百出,怪像频发,手段隐蔽,危害巨大。为此,2014年8月召开的中央全面深化改革领导小组第四次会议专门强调,"要合理确定并严格规范中央企业负责人履职待遇、业务支出","按照职务设置消费定额并量化到个人的做法必须坚决根除",显示了中央整治国企高管职务消费的决心。①

国企为什么会孕育出无数腐败的"苍蝇"或"老虎"?清华大学经济管理学院教授金占明指出:"愈演愈烈的'国企病',值得人们深思环境与制度背后的问题。"国企利用国家权力直接垄断了公共资源,而利益集团又垄断了国企,成为诱发腐败的最大根源。为此,应针对权力的大小和重要程度,分层分类限制权力,缩减国企在自然资源上的垄断,遏制国企腐败势头的恶化。2012年7月,国务院国资委就曾印发通知,要求中央企业采用定性与定量相结合的方法,根据权利的重要程度、自由裁量权的大小、腐败行为发生的几率及危害程度等因素,定期对收集和排查到的廉洁风险进行评估,合理确定等级,以突出高风险防控,加大源头防范力度。②

(3)学校、医院和科研院所等公立事业单位

《新民晚报》曾在2013年夏刊文指出:"据央视报道,来自福建省漳州市纪委的调查显示,市直区县73家医院百分之百涉嫌医疗腐败,案件涉及全市1088名医务人员、133名行政管理人员。涉嫌医药代表已有57人被抓,目前医生退赃金额已达2049万元。"而造成这种"一地医院尽皆沦陷"的根源是"以药养医规则的存在"。"'以药养医'的本意只是养医院,但口子一开,更多的利益方就会想方设法往里钻,医药购销领域就形成了牢固的利益合谋与联盟。指望医生的高尚医德来抵御无所不在的诱惑,这几乎不可能。"该报还刊文揭露该案落网医生和医学代表的行贿受

---

① 参见《职务消费是个"筐"——聚焦国企高管"部落腰包的腐败"》,载《新民晚报》2014年8月21日第A11版。
② 参见《国资委要求评估央企廉洁风险等级》,载《倡廉文摘》2012年第9期。

贿细节称:他们把医生分成三种类型,即学术型、关系型和资源型,"认钱的谈钱,认学术的就给机会"。前者按开药价值给回扣,后者主要提供讲课、参加高端会议机会,来帮助他们增强影响力,提高知名度。① 不久,该报又曝光了陕西省富平县妇幼保健院3名产科医生涉嫌多起跨省拐卖新生儿案,揭露了这些犯罪分子以"婴儿患有先天性传染病及先天残疾"为由,诱使家属放弃对婴儿的治疗并交由自己处理。然后即以2万元左右的价格卖给拐卖婴儿的犯罪嫌疑人的做法。②

近年来,学校基建、招生、占用教育科研经费、学术造假等也已成为高校腐败的"重灾区"。2013年7月24日,四川组织部宣布免去成都中医药大学党委书记张忠元的书记职务,此前的5月30日,该校校长范昕建及多名中层干部已因涉嫌违纪被纪检部门调查。这些案件均与该校新校区建设等基建腐败相关。同年11月,又发生了中国人民大学招生就业处处长蔡荣生利用自主招生权,通过破格、补录、违规发放研究生学位等方式收受贿赂达数亿元被调查的案件。而随着国家对科技领域投入的不断增加,一些科研院所及其工作人员和科技工作者在项目申报、资金使用、成果鉴定等方面弄虚作假、假公济私的情况时有发生,且呈现出大案、窝案日渐增多的迹象。如中纪委监察部网站的一则消息披露,2012年4月,审计署审计发现有5所大学7名教授弄虚作假套取国家科技重大专项资金2500余万元,其中包括中国农业大学、浙江大学和中国人民大学的知名教授,其中仅浙江大学水环境学院院长陈英旭一人,就通过开具虚假发票、编造虚假合同、编制虚假账目等手段,套取科研经费945万余元。到2014年10月,该案已依法依纪查处了8人。另据《半月谈》一篇报道引用中国科协调查称,科研资金用于项目本身仅占40%左右,③上述

---

① 参见朱慧卿:《葛兰素史克案落网医药代表和医生披露行贿受贿细节:"认钱就谈钱,认学术就给机会!"》,载《新民晚报》2013年7月26日。
② 参见《张医生2.16万元卖掉"先天残疾"新生儿》,载《新民晚报》2013年8月3日。
③ 参见《七教授套取专项资金2500万元被查》,载《青年报》,2014年10月11日第9版;汤嘉琛:《像官场反腐一样治理科研腐败》,载《新民晚报》2014年10月13日第A2版。

事实充分说明,科研领域也像官场、商场一样,存在着不同程度和级别的腐败,也有"苍蝇"和"老虎",有些腐败现象的恶劣程度并不亚于官场腐败。我国现在每年科研经费投入已突破万亿元,而原本应该是科技进步推动力的科研机构及其科研人员的腐败,不仅大量浪费科研经费,恶化高校和科研机构的学术生态,也让人们无比痛惜;而要减少或杜绝这种既直接损伤我国科研创造力,又给"科技强国"、建设"创新型国家"带来很大阻力和"负能量"的腐败现象,除了完善制度,强化监督外,多途径、多形式地开展更有针对性、防范性的宣传教育,无疑也是极为重要和必要的。

新闻媒体在改制后大部分可以归属到公有或私有的企业、事业单位,但由于目前我国大多数电台、电视台和主要报纸及电子网站还不是私营可以随意进入的领域,或者说还具有明显的官方色彩或公共权力特征,因此,出现利用这种带独占性的"话语权"来营私舞弊、谋求利益的腐败分子和"新闻腐败"现象也是可以预见的。另外,以往被揭露的"新闻腐败"现象较多发生在个别记者身上或者某个媒体内的某个部门,现在还呈现出向更大范围和更高层级,特别是网媒扩散的迹象。2013年9月曾有媒体曝光过《新快报》记者陈永洲受人指使、收入钱财而虚假报道所谓中联重科利润虚增、利益输送等被查处的案例。[①] 一年后,又爆出了21世纪传媒有限公司旗下《21世纪经济报道》《21世纪网》《理财周报》涉嫌"利用其在财经界的广泛影响,与上海润言、深圳鑫麒麟等公关公司相互勾结,指使下属媒体记者通过各种途径主动挖掘、采编拟上市公司、上市公司的负面信息,并以发布负面报道为要挟,迫使200多家公司与其签订'合作'协议,收取高额'广告费'"的违法行为。其做法一是通过负面报道逼迫企业支付合作费用,二是收取企业的"保护费",承诺不对其进行负面报道。涉案人员包括21世纪报系总裁兼总编沈颢、副总裁兼总经理陈东阳、副总裁兼财务总监乐兵,《21世纪经济报道》主编刘晖,21世纪网总

---

① 参见《原〈新快报〉记者陈永洲被判刑》,载《新民晚报》2014年10月17日第A12版。

裁刘冬、主编周斌、广告部副总经理莫宝泉,《理财周报》发行人夏日、主编罗光辉、总经理梅波等30余人。①

(4) 行业协会和其他社会团体负责人

近些年来,在各级政府不断加大"去行政化"力度的情况下,长期以来一直属于行政部门下属机构的行业协会、慈善组织等社会组织或学术团体大多已转为半官方性质。但由于这些协会或组织掌握着行业准入、规则制定、检查评比、资助奖励等特权,身份又介乎于官民之间,定位不清,角色模糊,故以往社会上对其关注程度就不像对领导干部那么高,在监督方面社会和舆论也往往因其忽官忽民的身份而难以分辨,从而使之处于左右逢源的有利地位。据《中国经营报》2013年4月15日报道称,在新一届国务院向社会承诺将"减少三分之一以上政府审批事项"后,一些参加两会的代表指出,现在"各种资格资质证书名目繁多、考试多、证书乱、培训乱、资费高"。"在行政体制改革中,政府部分审批权转由一些事业单位和社会组织承接,如行业协会、鉴定评审机构和各类社团,有些组织反而变成了狐假虎威的'二政府'",出现了行政审批权异化的现象。②2013年7月31日《新民晚报》也转引《人民日报》报道称:"国家工商总局日前公布了12起垄断案例,其中9起案件的背后是各地行业协会的'孜孜以求',而涉案领域则包括保险、旅游等与民生息息相关的行业。"③报道还指出:"各地大大小小的行业协会,多少有点行政色彩,当地的'皇亲国戚'在各类协会里体面、清闲地'高就',因此被公众诟病,还戏称行业协会为'二婆婆'。"④事实上,原本属于民间性社团组织的各种学会、协会、研究会和促进会,如今已是干部扎堆、官味十足,有的成为离退休干部

---

① 参见《从"新闻圣徒"走到敲诈勒索——21世纪报系涉嫌严重经济犯罪案件追踪》,载《新民晚报》2014年9月30日第A12版;《原21世纪传媒总裁沈颢等被批捕》,载《青年报》2014年11月21日第A9版。
② 参见《行政审批权异化,腐败的"毒瘤"?》,载《报刊文摘》2013年4月19日第2版。
③ 《行业协会何来垄断权力》,载《新民晚报》2013年7月31日第A7版。
④ 同上。

的权力"缓冲区",有的变为在职干部的权力"延伸带",甚至沦为干部增收的"钱袋子",不当利益的"输送带",违规敛财的"收款机",隐性腐败和"四风"蔓延的"灰色圈"。从2014年下半年起,在按照中央要求开展的清理党政干部在社会组织的兼职工作中,各省、市、自治区和中央部门都排查出大量"两栖干部",少则几百,多则数千。而许多腐败官员,如已被公诉的湖北省原政协副主席陈柏槐、安徽省原副省长倪发科等,都是利用兼任多个社团领导职务捞取好处的典型。① 另据新华社2014年报道称,国家审计署在当年6月对学术性、公益性、非营利性社团中华医学会的审计中发现,该会一年内召开了160个学术会议,共收取医药企业赞助8.2亿元,且巨额赞助费用途不清,既无法说明其去向,也说不清是否在药企之间充当了"掮客"。该会收取赞助的主要名义,就是邀请医院、药企人员参加国内外各种级别的学术会议,参加培训班,以提高知名度,有的甚至靠提供"医生通讯录"来收取费用。②

以原国家名誉主席宋庆龄名字命名的宋庆龄基金会是我国慈善事业的一面旗帜,但自从河南宋基会花巨资所建的"宋庆龄巨幅坐像建拆事件",特别是"郭美美事件"曝光以后,迅速引发了人们对整个国家慈善事业以及各级各类慈善组织、团体和结构的猜疑和不信任,并造成当年全国慈善组织获赠数额明显下降。新华社曾在一篇报道中指出:"由于党政机关、事业单位临退休或已退休的官员大量在慈善组织担任负责人,慈善组织'去行政化'难度仍然很大,已成为国内慈善组织建设的一大难点。"③ 时至今日,虽然郭美美事件已随其本人涉嫌犯罪而逐渐显露出背后的真相,但其留下的阴影并不会很快消失,它将时时提醒我们继续关注各种行业协会和社会团体及其各级工作人员可能发生的腐败问题。

---

① 参见《社团组织领导"扎堆""干部兼职竟无边界》,载《新民晚报》2014年10月14日第A11版。

② 参见《中华医学会被审计出受药企赞助8.2亿元 "灰色生意经"如此难说清?》,载《青年报》2014年10月13日第6版。

③ 《药品进医院的全流程揭秘》,载《报刊文摘》2013年8月2日第3版。

2. 对权力影响较大的其他社会群体

这里所指的对权力影响较大的其他社会群体主要包括领导干部的配偶、子女等亲属以及秘书、司机等身边工作人员。当然,领导亲属及领导身边的工作人员既可能是干部,也可能是普通公民,本来应当按其本人职业或岗位归入其所属群体或阶层的,但由于其身份特殊——出没于领导人身边、影响甚至干预领导手中权力的机会和可能较大,所以我们把他们列为单独的重点研究对象。

(1) 领导亲属和身边工作人员

现实生活中,我们经常可以看到一些领导的配偶、子女及秘书、司机等身边工作人员,倚仗着领导干部的权力,以"二领导"自居,变没权为有权,或狐假虎威、谋取私利的案例。近年来曝光的许多案件也暴露出这样一个事实:落马的领导干部,不少人与配偶、子女、亲戚等共同犯罪,构成了影响极坏的"家族窝案",绝大部分都有"情人""二奶"等生活腐败现象。有些人则是与身边工作人员如司机、秘书等同流合污,以致"秘书"似乎成了一种"高危职业"。有些文学作品甚至直接按官场"潜规则"把领导亲属叫做"内当家",把"一把手"秘书称为"二号首长"。《新京报》曾载文披露,2013年10月,包头市中级人民法院对内蒙古自治区党委政法委原副书记杨汉忠受贿、滥用职权案作出一审判决,判处数罪并罚决定执行死刑,缓期两年执行。检察机关查实,杨汉忠在案发前伙同其亲属、情妇、司机等人,共收受和索要分布于内蒙古、北京、山东、广东、海南5省的房产21处,总价值达2289.2万元。这位被称为"21套房"书记的"房腐官员"之所以在人生的巅峰折戟官场,可以找出很多主客观原因,而那些扮演贪腐代理人和二传手的"身边人",则是让他坠入腐败深渊的推手。事实上,本书前面所例举的几乎所有的贪腐案件中,我们都可以看到涉案贪官与"身边人腐败"共生关系和现象。因此,"查处和防范'身边人腐败',管好领导干部的'身边人',应成为反腐倡廉工作的题中之意。"①

---

① 汤嘉琛:《"21套房"书记警示"身边人腐败"》,载《新京报》2013年10月5日。

这也是胡锦涛在党的十八大报告中强调"各级领导干部特别是高级干部必须自觉遵守廉政准则,严格执行领导干部重大事项报告制度,既严于律己,又加强对亲属和身边工作人员的教育和约束,决不允许搞特权"①的直接原因和重要背景之一。

应该说,领导干部的亲属、子女和身边工作人员成为腐败易发人群不是一个新问题。因此,中央也一直把规范和惩治此类行为作为反腐败的"重点地带"。中纪委监察部廉政理论研究中心调研报告表明,仅从1979年至2011年,共有58次中纪委全会、110余项法律法规及政策涉及防止干部亲属官商利益关联内容,其中1985年颁发的《关于禁止领导干部的子女、配偶经商的决定》、2001年颁发的《关于省、地两级党委、政府主要领导干部配偶、子女经商办企业的具体规定(试行)》、2010年颁布的《中国共产党党员领导干部廉洁从政若干准则》等文件,专门对干部亲属子女经商办企业问题作出规范。但是,为什么这么多的法规还管不住干部亲属子女伸出"谋利之手"呢?南京师范大学政治系教授谢世诚认为,"监管边界、标准模糊以及约束机制不细化、缺乏操作性,是造成法规难以落地的重要原因"。比如,关于"领导干部的配偶、子女不能在该领导管辖的业务范围内从事可能与公共利益发生冲突的经商办企业活动"的规定,就存在如何界定"领导管辖的业务范围"及"与公共利益冲突"两方面的问题。另据2014年中央巡视组第一轮巡视整改通报显示,14个被巡视对象中就有7个地方和单位出现干部亲属、子女违规经商办企业等问题,"半数被巡视对象暴露出领导干部用权力为亲属、子女谋利的问题",这样的结果令人震惊。② 事实上,官员亲缘腐败是一个世界性难题,其根源

---

① 胡锦涛:《坚定不移沿着中国特色社会主义道路前进 为全面建成小康社会而奋斗》,人民出版社2012年版,第106页。
② 参见《今年首轮巡视通报半数单位存在干部亲属子女违规经商现象 中央亮剑直指官员"亲缘腐败"》,载《新民晚报》2014年10月23日第A15版;《老子国内办事儿子境外收钱 中央亮剑官员"亲缘腐败"7个被巡地方现亲属违规经商等问题》,载《青年报》2014年10月23日第A10版。

都和权力过于集中且失去监管监督密切相关。这也是党的十八大至2014年底2年多时间内,受到中央查处的60名省部级高官腐败案,大部分都存在其家属或身边工作人员共同涉案的,连苏荣、薄熙来、周永康、徐才厚等国家级领导人也未能幸免的严重教训。

(2) 未成年人群体

我国《未成年人保护法》指出:"未成年人是指未满十八周岁的公民",其大部分即通常所称的少年或青少年群体。这是我国国民中一个数量极其庞大的群体。该群体的特点是在其尚未成年或未踏入社会前通常与职位、权力无关,自然也不会拥有公共的人、财、物权。因此,讨论腐败问题或研究反腐倡廉、公民廉洁教育似乎不应涉及这个群体。但是,我们不仅要看到现实社会中存在的腐败现象必然会给未成年人带来或多或少的负面影响,使其成长过程中出现可能的扭曲或使之进入歧途,而且要看到,未成年人总会成年,少年也会长成青年并逐步进入中年,随着他们走入社会,踏上工作岗位,其中当然也会有相当部分的人可能进入上面所列的拥有某种公共权力的各类群体,成为上述某阶层中的一部分。因此,反腐败视野下的社会分层和公民廉洁教育也应该高度重视未成年人这一群体。当然,其主题不应直接突出反腐败,而应该按其年龄大小循序渐进地从最基本的伦理道德和社会公德入手,根据其不同年龄和生理心理特点,由低到高依次开展诚实守信、勤俭节约、拾金不昧、热爱劳动、友爱谦让、爱护集体、爱国忠诚、遵纪守法、公民权利义务、反腐倡廉等内容为主题的道德品质教育。学校和家庭不仅要为未成年人传授文化知识和生活常识,而且要教导其明善恶、辩是非,学会如何做人,不断提高自我辨析和独立思考的能力。

3. 在讨论运用与公权力之关系的维度来分析和划分社会阶层时,还有几点必须说明

首先,这种以与公权力之关系来划分社会群体的模式,当然不是本章前半部分所述的一般意义上的社会分层方法,而只是从惩防腐败教育或

反腐倡廉建设角度作出的专门设计,也是为了从宣传教育角度贯彻落实"把权力关进笼子里"的需要。其次,就本书在此提出的与国家党政机关相对应的公务员群体、与国有经济相对应的国企、与事业单位相对应的各类公办教育卫生机构、与公权力关系密切的半官方行业协会,以及与某些手中握有大权的官员具有特殊亲密关系的人群,也只是指该群体中的某些人在某个时间节点上的身份。事实上,具体到某个特定个人,其身份也是会随着时间的推移,或者具体依据及标准的改变而发生变化的:某个人会随着其人生之成败、成长之快慢、发展之顺逆、职务之升降、岗位之进退等,与公权力形成或密或疏、或近或远的关系。但是,不管这些群体或阶层在某个时间有多庞大或具体包括哪些人,这些人群和阶层的客观存在则是一个基本的现象和事实,因而也是值得我们予以高度关注的。

三、预防腐败视角下的社会分层标准及其意义

从上述腐败现象在某些特定社会人群、行业领域和时间节点存在着易发多发现象的分析和判断出发,我们可以进一步提出防治腐败视角下的社会分层标准的必要性和重要性问题。因为只有了解和把握了不同的社会阶层或群体与腐败发生的可能的关系,才能使我们进一步明确并有针对性地开展宣传教育,强化预防职务犯罪和防治腐败工作的理念和举措,使反腐倡廉的工作更加具有实效性。

腐败的核心概念与要害就是滥用公权力谋私营利。孟德斯鸠说过:一切有权力的人都容易滥用权力,久握权力使人腐化。英国历史学家阿克顿勋爵也认为,"权力意味着腐败,绝对的权力意味着绝对的腐败"。腐败几乎伴随公共权力的诞生而诞生,任何时代任何国家,权力腐败无处不在。"社会中的每一个人都担任着许多角色,每个角色都是一个主体,每一个主体都是行使权力的主体。例如,在政治领域,根据人们扮演的不同角色,把权力分为公民的权力、议员或人民代表的权力、部长的权力、总理的权力、总统的权力。在经济领域,根据人们所扮演的不同角色,分为

工人的权力、经理的权力、董事长的权力等等。"①"尽管腐败的形式五花八门,但腐败的实质都是以公权谋获私利,其机理都是由于掌权者迎合私人的利益饥渴,致使 ②既然腐败和公共权力之间必然存在着密切联系,因此,把权力腐败控制在一定范围和程度内,成为反腐败刻不容缓的任务。因而,按照权力主体与公共权力之关系及受监督程度,将扮演不同角色的人进行细化分层,既是反腐败视角下的一种新的社会分层标准,也有助于实现对权力的控制,是防范权力滥用私用的一个思路。

"物以类聚,人以群分"。社会中的成员既以群体的形式从事着共同的生活,又会依不同的条件与标准处于不同的层次。我们可以看一个经典的例子:1942 年 4 月 15 日清晨,世界上最大的豪华客轮、号称不可沉没之船的"泰坦尼克号"在首航途中沉没在冰山林立的北大西洋中。根据此事拍摄的好莱坞电影《泰坦尼号》,就因为再现了这一世界航海史上的传奇性悲剧而风靡全球。根据资料记载,泰坦尼克号沉没历时三个小时。由于救生船只不够,乘客在逃生时恪守了"妇女儿童优先"的社会理念,使得 69% 的妇女和儿童幸免于难,而逃生的男士只有 17%。但人们也注意到,住在头等舱的都是有钱人,住在二等舱的主要是中产阶级职员和商人,住在三等甚至更低舱位的主要是移民美国的普通人和贫穷移民。如果按各舱位来计算逃生率,头等舱是 60%,二等舱是 44%,三等舱及以下是 26%,且头等舱男士的逃生率比三等舱儿童还要高。以上材料中,坐在不同等级的船舱体现着乘客在社会中的不同的阶级和阶层,他们在生死关头获得坐救生船获救的机会上是不平等的。由此可见,社会各阶级、阶层对相对稀缺的社会价值物在占有量、获得机会和满足需求的程度上存在着差异性。在现实社会中,从反腐败的视角出发,根据社会成员所占有的公共权力大小和多寡,将社会成员划分为不同层次并作出区别处置或对待,对提高反腐倡廉建设的针对性、有效性具有特别重要的理论与现

---

① 周传蛟、李宏宇:《权力的分类》,载《学术交流》2002 年第 3 期。
② 周雪梅、程倩:《权力分类视角中的腐败治理》,载《探索》2005 年第 5 期。

实意义。这种意义主要体现在:(1)可以更准确地揭示现实生活中的腐败本质与特点;(2)可以进一步突出惩防腐败的重点对象;(3)增强反腐败体制机制建设和政策举措的针对性;(4)进一步明确各级专门机构和全社会制约监督的集中点或聚焦点;(5)明确并强化反腐败教育的重点和难点;(6)有利于根据不同对象采取多形式、多途径的宣传教育,等等。

第三章 反腐败视野下的公民廉洁教育

  据香港出版的《广角镜》杂志最近载文披露,中纪委书记王岐山曾在全国政协常委会上指出,反腐要讲"不敢""不能""不想"。随着中纪委不断强化对各地各部门贯彻落实中央"八项规定"为核心的作风建设,并不断派出巡视组对中央部委(包括纪委系统)、省市自治区及央企、高校等进行全面、系统的检查,以及全党全国范围开展的反"四风"、查违规、查"三公经费"使用情况等的"组合拳",两年内共查处了几十只"大老虎、中老虎、小老虎乃至苍蝇",包括前政法委书记周永康、前军委副主席徐才厚等几十名省部级干部和大型国企负责人(其中,仅2014年就查处违规违纪问题7.7万起,处理党员干部10.1万人,其中给予党纪政纪处分3万余人;截至2014年底,全国各级纪检监察机关立案39.8万件,结案39.1万件,给予党纪政纪处分41.4万人,涉嫌犯罪被移送司法机关处理2.16万人。另外,还清理党政领导干部在企业兼职6.3万人次,其中省部级干部229人次;清理清退"吃空饷"162629人;查实并调整了3200余名副处级以上"裸官"的岗位;在领导干部个人有关事项报告抽查核实工作中,中组部抽查核实中管干部、省级后备干部1550名,各地各单位抽查核实厅局级、县处级领导干部60170名;查处在公务活动和节日期间赠送、接受礼品、礼金和各种有价证券、支付凭证等问题1.3万多起、4024人)。① 这一雷霆万钧的"打虎灭蝇"行动已起到了很大的震慑作用,在"不敢"这

---

① 参见《全面从严治党 严字重千钧》,载《人民日报》2015年3月3日第12版。

一层面初见成效。该文指出,王岐山还对怎样确保党员干部"不敢腐、不能腐、不想腐"的"三不"理论作了解释:虽然通过大规模反腐行动已经让许多官员"不敢贪",但是我们还应该借鉴香港和新加坡让官员"不能贪"的经验,最终做到让官员"不想贪"。现在,大规模的反腐高压行动使党员干部不敢贪腐只是治标,是为治本争取时间,并为将来的制度性反腐败开拓空间,最终目标就是要建立起强有力的监督制衡机制,就是说要从制度上创新,确保官员们即使想腐败也做不到,真正做到把权力关进制度的笼子里。反腐和作风建设永远在路上。①

就本书研究的公民廉洁教育而言,我们也可以从已有成效的视角来理解王岐山的上述谈话:中央在大规模的"打虎灭蝇"、惩治腐败过程中出台的一系列法律法规,一方面迫使一些贪腐分子不敢轻举妄动,有所收敛,同时也在编织和构建把权力关进笼子、使腐败分子不能贪的监督制约制度和机制,包括增强、调整中央纪委和各级纪委力量、强化各级纪委的垂直领导、明确党委和纪委各自的职责、提升法院独立办案的层级、升格反贪的行政级别,以及越来越制度化、有针对的巡视和检查等。这种大规模的查处和惩治腐败行动,本身也是一种声势浩大的对全党和全社会的反腐败集中宣传和警示教育。这种教育目前所起到的作用虽然主要还是高压或震慑性的,目前的主要成效还是形成"不敢"的政治生态和社会氛围,未必能完全解决"不想"的问题,但客观上也为进一步推出和拓展更多路径、形式和角度,形成更加全面完善的系统教育而争取时间、奠定基础。因此,可以说这也是一种从根本上解决"不敢、不能、不想"问题的综合性举措,是实现政治清明、政府清正、干部清廉的"三清"目标的必要和重要的一步。

---

① 参见柳素唯:《王岐山反腐五年以后》,载《广角镜》第 505 期,第 10 页。

第一节　社会分层背景下的公民廉洁教育问题

中共中央《建立健全惩治和预防腐败体系实施纲要》（以下简称《实施纲要》）明确提出，要"深化警示教育，深刻剖析违纪违法案件发生的原因，分类分层次开展教育"。2012年11月，中央纪委在向党的十八大所作的工作报告中，又根据十八大关于"加强反腐倡廉教育和廉政文化建设"的要求，提出了"深化示范教育、警示教育、岗位廉政教育，建立健全分层分类指导的施教机制，着力增强教育的针对性和实效性"的工作部署，实际指出了针对不同的教育对象开展分层分类廉洁教育的必要性，以及分层分类指导的施教机制与增强教育针对性和实效性的关系。

一、分层分类实施廉洁教育的必要性

《实施纲要》及中央纪委在向党的十八大所作的工作报告中"关于建立健全分层分类指导的施教机制"的部署，既是对我国当前的社会分层现状，特别是客观存在的一部分可能利用公权力搞腐败的特殊群体开展有针对性的教育的要求，也是适应教育活动本身的内在分层的需求。

1. 社会分层现状对教育的要求

社会分层是一个客观的存在，社会各阶层或群体与公共权力有着或疏或密、或远或近的关系也是现实和必然。要解决因为制度缺失、监督不力等原因引发的腐败问题，除了不断健全和完善制度，拓展监督渠道，强化监管监督甚至加大打击腐败的力度以外，当然也离不开反腐倡廉的正反两方面的宣传与教育。正如本章一开始所指出的，党的十八大以来中央在集中力量强化对贪腐案件的查处、警示的同时，也颁发了一系列党内规章、条例和国家的法律、法令，但目前所起到的作用主要还限于高压性或震慑性的，其主要成效还是形成"不敢贪"的政治生态和社会氛围，并期望继续形成"不能贪"的体制机制和制度规则，而要进一步解决"不想贪"的问题,就必须在此基础上,进一步拓展和完善多路径、多角度、多形式、多层面的宣传和教育,使得反腐倡廉教育既有普及性和普适性的形式和内容,而且也有更具针对性、有效性的方法和指向,形成更加全面完善的包括学校教育在内的系统的教育体系和机制。

中国共产党历来强调廉洁教育,改革开放以来,特别是党的十七大、十八大以来更是日益把反腐倡廉工作视为关系执政党生死存亡的严峻斗争和历史任务。那么,在社会结构转变和经济体制转轨的情况下,在我国社会分层状况发生了重大变化、阶层划分日渐复杂化的条件下,特别是由于制度不全、监督乏力、教育滞后而比较普遍地出现以权谋私、贪污腐败现象的情况下,花大力气研究它给廉洁教育工作带来的巨大冲击和挑战,思考当今的公民廉洁教育如何适应我国社会阶层结构分化的特点和趋势,以及如何从根本上解决前文所指出的那些腐败易发多发人群"前腐后继"、腐败滋长蔓延的现象,不仅关系到公民廉洁教育实效性的发挥,关系到社会的和谐稳定及国家的长治久安,同时也关系到中国共产党执政的合法性,关系到新时期党能否继续保持先进性的问题。

在计划经济时代,我国是城乡二元的社会结构,通过户籍管理、社会保障等一系列的制度设置,把全体公民分为城市居民和农村社员两大部分,这种单一的所有制和简单的社会分层情况,加上收入分配上差异甚少的"大锅饭",既使人们的社会角色不易发生大的变动,社会流动十分困难而稀少,也使得各阶层内部成员的经济、政治状态乃至思想状态长期保持类同,这不但使社会管理变得粗放简单,而且给"学雷锋""学习焦裕禄"等为标志的服务人民、廉洁从政等教育活动的开展提供了十分有利的政治生态和社会环境。党的十一届三中全会以后,随着改革开放的不断深入,经济和社会的迅速发展,我国的社会分层结构发生了巨大的变化,不仅工人、农民和知识分子三大社会阶层内部出现了重大分化,而且在这些基本社会阶层以外又分化出了大量的新兴阶层,原来的城乡二元结构也演变为多元的社会结构;一些阶层被逐渐边缘化,一些阶层则走到了社会活动的前台,还延伸、扩展出了一些过渡性阶层和交叉性阶层。在这种情况下,传统的"两个阶级、一个阶层"的表述,已经无法完整、准确地概括当前的社会阶层结构的状况了,我国理论界也根据这种新的社会分层状况作出了新的分析和表述。如前面提到的陆学艺及其研究小组就提出了"五个等级,十大阶层"的分层观点和方法。我们且不论这些新的社会分层理论或模型是否正确或准确,但从中都可以看出当前我国的社会阶层正在向多元化、复杂化方向发展。作为社会和谐稳定、经济发展有力的保障,以及团结、凝聚党心民心重要环节的公民廉洁教育工作,也必须适应这种社会分层变化的新形势、新变化和新情况,必须重视社会分层多元化背景下的公民廉洁教育问题。这不仅是为了应对当前干部队伍中腐败易发多发、滋长蔓延的严峻现实,也是为了协调好社会各阶层的关系,提高党的执政能力和干部队伍素质,继续保持党的先进性和党的政治优势,实现政治清明、政府清正、干部清廉的"三清"目标的必要前提和根本保证。否则,我们就不可能巩固和发展国家现代化和全面建设小康社会的阶级基础,也不可能保持党长期执政的政治合法性及党在长期的革命、建设和改革过程中,好不容易建立起来的对全国各族人民及社会各阶层人群的感召力、凝聚力和影响力。

2. 教育内在的分层实施要求

在社会分层背景下,教育会影响人们的财富、声望、权力等,并使之构成不同的社会阶级和阶层。另一方面,教育随人类社会的形成而产生,并受到诸多社会因素的影响,在教育机会均等的条件下,由于家庭出身等方面的不同,个人可能在教育机会的获得上出现差异,进而形成社会成员的教育分层。在原始社会,由于部落成员学习生存知识和技能的需要产生了有目的的教育。当时虽然没有专门的场所和专职人员,多数的教育活动也是分散进行的,然而由于男女在生理、体质上的差异,接受的教育也有所不同。在奴隶社会,由于生产发展和剩余产品的出现,阶级随之产生,继而演变为阶级分化,并在此基础上出现了教育分化,形成了最早的教育分层——受教育是奴隶主阶级的特权，其目的是培养未来的统治阶级，而奴隶等被压迫、被剥削的阶级几乎享受不到教育机会。进入封建社会以后，教育在不同人群中的等级性进一步加剧。虽然此后由于经济发展和科举制度产生，为社会提供了更多的教育资源，并使下层阶级也能获得受教育的机会，但不同阶层在教育资源的占有和所受教育的质量等方面仍然存在着显著的差异。1905年科举制的废除，为实施新教育和教育普及扫除了制度上的障碍。"五四"运动以后，平民教育思想得到广泛传播，人们的民主意识开始觉醒，教育分层思想受到猛烈抨击，教育不公状况也得到一定改观。进入南京国民政府时期以后，《中华民国宪法》对教育权利和义务作了较为详细的规定，教育分层思想得到进一步遏制。中华人民共和国成立以后，随着教育体制的不断进步和完善，我国原有的教育分层现象受到了前所未有的冲击，普通民众受教育的权力和机会也有了进一步改善。改革开放以后，随着政治、经济、文化和社会各项事业的迅猛发展，国家的财力、物力不断充实，党和政府对教育更加重视，对教育的投入也逐步加大，并在法律和制度上确立和保障了人民受教育的机会和受教育的权利，我国教育的分层现象或者说教育不公现象也有了很大的改观。

当然，这种改观或改善，还远未达到理想状态。教育分层观念虽已逐渐淡出人们的头脑，但无可讳言的是，教育不公的现象至今仍然存在，并在很大程度上影响着社会的公平正义和和谐进步。因此，在教育分层和教育不公状况依然存在的情况下，深入研究社会分层背景下的教育问题，对于遏制教育分层现象的扭曲与恶化，对于在不同阶层间开展因人、因地和因时的"因材施教"，对于促进教育发展和社会进步无疑都有着重要的现实意义。从现实出发，从社会不同阶层的差异出发，根据不同阶层的实际情况以及思想、智力、心理发展特点和教学规律，创造出适合各阶层特质的教育模式，正是现有条件和当前形势下，通过教育促进社会和谐发展的基本路径。在中华民族发展的历史上，许多思想家、教育家早就针对社会分层背景下的教育问题提出了不少创见,并成为中华民族优秀教育思想的遗产,至今仍有很大的借鉴意义。如孔子首创的"因人而异,因材施教"的教育原则,墨子关于"量力"的教育方法,孟轲主张的"教亦多术",柳宗元关于教育应按照个人身心发展及年龄和心理特征采取不同的教学方法的思想,以及王夫之关于教师应根据受教育者的实际状况进行有针对性的施教即"应人而进"的意见等等。可以说,他们都从不同角度提出了不少十分可贵的分层教育的思想,并成为我国传统文化中的瑰宝。当今社会,由于政治、经济、文化条件千差万别,地区之间、城乡之间、各级各类教育之间存在着某种失衡,社会分层现象在任何国家都是难以避免的。在这样的社会背景下,继承传统文化中分层教育的思想,深入研究社会分层状况,在此基础上根据不同社会阶层的特点、差异而区别对待、因材施教进行分层教育的重要意义就不言而喻了。

同样,就本书研究的社会分层视域下的公民廉洁教育问题而言,在客观存在的社会分层,即社会各个群体对社会政治、经济、文化等公共资源的占有尚不平衡、尚不均等的情况下,社会各阶级阶层必然会在公共权力的掌控、利用甚至占有方面出现巨大的差异。因此,我们如果只对社会各阶级阶层进行无区分和无差别的廉洁教育,那就容易在普通民众中产生"干部腐败,群众吃药"的疑虑、误解和不满,就会使这项本该获得民众拥护的伟大工程迷失其工作重点和主要对象,进而可能使反腐败斗争及反腐倡廉教育,得不到广大人民群众的理解、支持而难以形成应有的政治氛围和社会基础。

二、分层分类实施廉洁教育的可行性

"廉洁发展"才能可持续发展。从局部看,腐败的泛滥必然会破坏发展的环境,扭曲发展的目的,吞噬发展的成果;从全局看,腐败则会践踏社会规则,破坏公平正义,败坏社会风气,损害党的形象,割裂党群关系,对发展的负面效应难以估量。要实现廉洁发展,就必须建立清廉的政治生

态,形成良好的社会风气,而为了营造清廉的政治生态和良好的社会风气,除了必须强化制度建设,从严治权治吏外,还必须惩防并举,惩教结合,把反腐倡廉的宣传教育工作作为长期任务和抓手。只有这样,才能从制度层面、惩戒层面和思想教育层面共同发力,将强化监管监督使人"不能腐"、从严治吏惩腐使人"不敢腐"、加强宣传教育使人"不想腐"有机结合,才能让反腐败斗争更加深入地开展下去,并取得长治久安的实际效果。因此,应根据我国现阶段不同社会群体及其与公共权力的不同关系,根据反腐败斗争主要对象的不同特点,有的放矢、对症下药地实施分层分类的公民廉洁教育,而不是"运动式""一刀切"、千篇一律。他山之石,可以攻玉。世界上有许多国家或地区在开展腐败的综合治理方面已有一些比较成功的做法,我国各地区各部门分层分类实施反腐倡廉教育的实践经验,包括现有各级党校、干校等按干部职级和职业类别开展的分类指导与教育,都值得我们总结和借鉴。

1. 世界各国和地区廉洁教育的启示

反腐败是个世界性的课题。千百年来,世界各国和民族在发展过程中,大多都有过腐败现象和贪腐分子大量发生甚至严重蔓延的情况。腐败就像是社会机体上一颗恶性肿瘤,去之不易,除之难尽,极大地影响和制约着各国经济社会的发展与进步。一般而言,在社会变迁加速,人们的价值观、人生观和思维、行为方式发生剧烈变化,传统道德规范和法律秩序受到强烈冲击,而新的道德规范和法律秩序尚未建立起来的时候,社会道德就会出现混乱与无序。这也是腐败最易发生或集中爆发的阶段。换句话说,腐败多发易发的领域和人群所表现出来的规律和趋势,通常与一国的经济、政治、社会发生的变动息息相关。这种经常发生且又难以杜绝的腐败问题,也使国际社会逐渐领悟到,单靠法律的严惩是无法彻底根除腐败的。于是,"惩防结合""预防为主"的反腐理念也就应运而生,并日益受到各方面的认可和重视。这种兼顾预防和惩处的理念,一方面强调了法律制度建设和监督监管机制建设的基础性作用,着眼于使腐败现象和贪腐分子不易产生或无法蔓延；另一方面也强调要把加强公民廉洁教育、培养各阶层的廉洁从政意识作为反腐倡廉、建设廉洁政治和了解社会的重要前置性举措，并被越来越多的国家和地区视为反腐败斗争的"良药"，许多专家、学者和实际工作者也不约而同地在道德规范教育、法律法规教育、廉政观念教育以及廉洁文化建设等方面进行着多方面的探讨和研究。值得一提的是，2005年我国正式加入的《联合国反腐败公约》，也反映了这种探索的已有成果，值得我们加以重视和认真借鉴。世界各国和地区比较有效的做法，大体上可以归纳为以下几种：

首先，把廉洁教育作为预防腐败的基础性工作。一些国家的廉政状况良好，除了体制、法制、制度等方面比较完善以外，还有一个重要原因，就是较好地发挥了公民廉洁教育在反腐败斗争和反腐倡廉中的基础性作用，廉洁奉公、廉洁从政的理念比较普遍地得到了全社会的认可，并形成了良好的社会氛围和环境。

在公民意识和法治观念比较普及的欧洲，德国政府规定公务员上岗前都须签订"廉政合约"，并在国旗下宣誓以"传统的普鲁士官员的道德标准"自律，做到廉洁奉公，公私分明。法国也把国家公务员作为反腐倡廉教育的主要对象，重视对其进行职业道德、职业操守和从政行为的规范性教育。英国则把"公共生活七原则"，即无私、正直、客观、负责、公开、诚实和发挥典范作用，列为公务员教育中的重要内容和组成部分。在芬兰，儿童在入学以后就开设了社会学课程；进入中学以后则教授各种法律知识，使学生在步入社会前就大体具备了法律法规常识和遵纪守法观念；对于大学毕业生、特别是进入公务员体系的人士，更是通过廉洁从政等专项教育，使之知道接受礼品或请吃的上限是什么："可以接受一杯啤酒和一个三明治，如喝上葡萄酒就危险了"等。

乌拉圭是拉美地区"最清廉"的国家之一。该国文化教育部负责指导各级各类教育机构开设《反腐败法》课程及进行有关公民权利义务和国家机关公务员职责、操守等方面的教育。其中，除了要求各类国家公共部门必须对新聘任的国家公职人员开展职业道德和履职禁忌等知识的教育外,还规定每隔三年必须根据新的形势和法律规范文本,对在职公务员再次进行上述内容的轮训和再教育。在以廉洁著称的澳大利亚新南威尔士,1989年成立的反腐委员会被设定为独立于政府部门的机构,拥有高度独立和重要的权力与权威。该机构的重要职责之一,就是在公共部门和社会团体中开展反腐败教育,同时宣传该委员会的主要任务以及所开展的重大活动与意义。在"透明国际"公布的全球廉洁国家排名中,新加坡是唯一名列前茅的亚洲国家。该国把公民特别是公务员的廉洁信念和操守教育放在突出的位置,通过各种形式宣传廉洁、诚实、秉公守法是为人为政之道,以权谋私、贪污受贿则是不可饶恕的可恶行径。任何政府官员和公务员在任职之际,都必须宣誓遵守相关从政守则和廉洁从政条例,遵守职业道德和国家法律法规,保证严格自律。其教育方法虽说朴实无华,却很有针对性和实效性。

  其次,以反腐倡廉教育促进廉洁意识和社会廉政文化的形成。"礼义廉耻,国之四维,四维不张,国乃灭亡。"一个文明的国家不能没有基本的道德规范和法律制约,作为执政基础的国家公职人员更不能不知廉耻、不懂规矩。良好的道德观念、清廉意识和政治氛围是开展反腐倡廉和公民廉政教育的坚实基础。有了这种基础,就能在全社会造成使腐败现象和贪腐分子"老鼠过街、人人喊打"的态势,也有利于社会廉政文化的培育和形成。一旦廉洁光荣、贪腐可耻的思想扎根于社会,人们的内心世界和社会主流意识都会产生一种正确的荣辱观,人们也会更加注重神圣而崇高的精神目标和心灵追求,对于是非、善恶、美丑也就易于形成清晰和准确的判断,进而树立高度的自觉、自尊和自律意识。关于这一点,廉政文化比较成熟的北欧国家的许多做法值得借鉴。北欧各国普遍认同"文化是制度之母"的理念,因而在反腐倡廉教育中十分重视廉政文化的培育和宣传,许多北欧国家的民众也具有很强的遵纪守法意识和习惯,并进而形成了诚实守信、重视承诺的社会风尚,以及以廉洁为荣、以贪腐为耻的道德氛围。当然,这也是在具备了比较完善的法律制度、比较健全的监管监督体系、比较有效的公民诚信体系的前提下,并通过长期的廉政廉洁教育,才逐步培育起了较高的公民道德水准和社会氛围,并使人们普遍养成了鄙视投机取巧、通过歪门邪道谋取私利的社会风气,推崇通过脚踏实地的创造性劳动去争取财富,通过合法的渠道去获得利益的行为,从而使得贪污受贿、侵吞社会财富等行为如同偷盗抢劫一样,被视为卑鄙肮脏的不义之举而失去生存空间。这种良好的道德水准和社会风气,对北欧国家公务员的廉洁自律有极大的影响力和制约力。

瑞典是一个在透明国际全球清廉指数(清廉指数)排名中廉洁程度很高的国家。由于各种法律制度比较齐备,监督体系比较完善,且社会风气也相当廉洁,因此想通过贪污受贿来发财致富就具有较小的可能性,一旦暴露更会成为受"千夫所指"的丑闻。由于社会已经形成了廉洁的文化氛围,所以反腐败不仅是检察官和法官等司法机构的工作,而且也是全社会都十分关注并参与的公共事务。一名政府官员或公务员如被发现用权力做交易,就将为此付出身败名裂的惨痛的代价。1995年,瑞典前副首相莫娜萨林因为使用公务信用卡购买个人衣物而引起非议,最后被迫辞职就是一个典型的事例。在俄罗斯,由于苏联解体后的政治动荡和"休克疗法"式的大规模私有化过程中的全权交易盛行,贪腐现象至今仍相当严重,引起了广大民众的深恶痛觉,老百姓把政府官员的腐败现象斥为俄罗斯社会的"垃圾和毒瘤"。2006年6月,托姆斯克市一些社会团体、青年组织和新闻媒体,以"托姆斯克州反腐败联盟"名义,发起了"无腐败城市"的宣传活动。许多人在活动期间举办的"社会腐败问题及解决办法"大型研讨会上指出,贪官往往自我标榜"廉洁奉公",而实际上则贪污腐败,所以他们就是一种"社会垃圾"。因此,人们最好用垃圾之类的东西为他们立个碑。这种用垃圾为腐败官员立碑的倡议,既新奇又形象,也给人们留下了深刻印象,于是,这一倡议被评为廉政文化建设的"新创举"。

在东方,也有一些国家通过长期的廉政廉洁教育,形成了较高的公民道德水准、诚信体系和反腐倡廉的良好社会风气。新加坡于1965年8月从马来西亚独立以后,一度贪污腐败现象泛滥,对社会稳定和经济发展造成了很大障碍。为了解决这一问题,新加坡政府在20世纪70年代末发动了自上而下的"文化再生运动",大力宣传以儒家文化为核心的东方价值观,强调以儒教伦理立国,号召人们"明礼义,晓廉耻",树立诚实、正直的道德观念和从政意识,努力在全社会构筑起良好的廉政文化氛围,他们还把"忠孝仁爱礼义廉耻"等"八德"作为新加坡人的具体行为准则,倡导人民把廉洁、诚实、秉公守法当成为人之道,把贪污受贿视为最可恶的行为。其中,廉耻就是指廉洁奉公,反对各种形式的腐败。东亚的日本与韩国也是受儒教文化影响很大的国家。其中,日本以自身独有的方式发展了儒教文化端正人心、教化天下的内涵,形成了一种独特的"耻感文化",把名誉和尊严看得至高无上。其中,把卑劣肮脏的人排斥在纯洁的群体之外,列为日本社会惩处品行不端之人的硬性规则,并使这种"耻辱文化"对贪污腐败等不名誉行为构成巨大的压迫感和威慑力。韩国则比较注重通过廉政历史文化遗迹——首尔景福宫国立民俗博物馆来推广廉政文化。该馆主要展出韩国农民以及王族古代生活的用品及立体景象,通过实物和铜塑来展示40年前韩国人的清贫生活,以激励国民靠诚实守信、秉公守法来勤劳致富。如今,首尔景福宫国立民俗博物馆已成为对公民和青少年进行忆苦思甜和廉政教育的重要场所之一。

最后,以系统的廉政法律体系支撑和推动廉洁教育。当今世界,许多在廉洁文化推广、廉洁意识培育、廉政氛围构建等方面卓有成效的国家,大多建立起了一整套比较健全的防治腐败的法律体系和监管监督制度,并在实践中逐步形成了比较有效的反腐倡廉宣传和教育体系,形成了公民认可度较高的廉洁文化和社会氛围。在新加坡,有关公务员的岗位和工作职责规定得十分详细,使公职人员为人做事有章可循,有法可依,各种法律和规章制度在监督监管方面也是"严"字当头,毫不留情。公职人员哪怕接受一听咖啡、一盒香烟、吃一顿饭都被视为违法违纪,都要受到相应惩罚。新加坡《没收贪污所得利益法》对贪污受贿更是作出严厉的惩罚规定:公职人员贪污受贿一经查实,不仅要处以5年到7年的监禁,还要处以最高10万新元的罚金,并没收无法说明来源的所有财产,同时还要没收本人的公积金和退休金。比如,该国环境发展部前政务部长曾因为接受印尼商人赠送的7张机票,携带家人外出旅游,经查实后不仅被免去公职,还被判刑4年。

在西方国家中,美国是制定防范公职人员犯罪法律较早的国家之一。早在1883年,美国就颁布了《文官制度法》,该法要求政府公务员奉公守法、廉洁自律、不得贪赃枉法、不得以权谋私、不得营私舞弊、不得参加政治捐款等政治性金钱收受活动。美国也非常重视从政道德对防治腐败的重要作用。1992年联邦政府道德署颁布的《行政部门雇员道德行为准则》,在礼品、利益冲突、职权行使、兼职、职外活动等多方面作出了详细规定,集中体现了对从政人员的道德要求和行为规范。在德国,法律对惩治贪污腐败公职人员的规定也很严格。司法机构对利用职务之便牟取私利、受贿的公职人员的惩治规定得非常细,对违法的司法人员的处罚则更加严厉,最长可达15年监禁。法律约束对规范公职人员的行为所起的作用是十分明显的,大多数公职人员在意识深处认为,自觉做到按章办事是自己应尽的义务,做到公私分明则是最基本的职业道德。

2. 现有各级党校等的层级划分与启示

2008年10月,中共中央颁布的《中国共产党党校工作条例》(以下简称《条例》)第13条,对各级党校承担的在职党员领导干部轮训任务作了干部层级上的具体分工。其中规定,中央党校主要承担省部级党员领导干部、正厅局级党员领导干部和县(市)委书记的轮训;省、自治区、直辖市委党校主要承担副厅局级党员领导干部、正县处级党员领导干部和乡(镇)党委书记的轮训;市(地)委党校主要承担副县处级党员领导干部和正乡科级党员领导干部的轮训;县(市)委党校主要承担副乡科级党员领导干部和基层党员干部的轮训。《条例》第14条还对各级党校培训任务作了如下分工：中央党校主要培训厅局级中青年党员领导干部中的省部级后备干部；省、自治区、直辖市委党校主要培训县处级党员领导干部中的厅局级后备干部；市（地）委党校主要培训乡科级党员领导干部中的县处级后备干部等。

为完成所承担的各级党员领导干部及后备干部、理论干部的培训、轮训任务，《条例》第 12 条还规定，各级党校应根据不同的教育对象，设置包括进修班、培训班、专题研讨班和师资培训班等不同类型和层级的班次。各种班次应根据实际需要确定学制和学习时间，并按分类、分层原则设定具体教学内容和课程。比如，第一，应依据培训和轮训两类班次的不同定位及层级区分，设计既有共性又有侧重的各层级相互衔接的教学安排。第二，培训班的教学应按照任职岗位的实际需要，系统安排理论学习、能力培训以及有关内政、外交、国防等知识的学习。第三，轮训班的教学应以培养用所学理论研究重大现实问题、指导工作实践为主。第四，专题研讨班的教学则主要围绕中央重大战略部署和地方党委中心工作来确定相关专题，进行集中学习和研讨。每期培训或轮训班，通常还会安排一定的时间，组织开展一些社会调研和考察活动。

此外，鉴于目前党校和行政学院在教育对象方面的区别，还要求中央、省、地（市）和县等不同层次的党校与行政学院，应按照其教育对象的党、政性质、实际岗位和工作需要确定具体的分层培养目标，以便适应培养对象和目标的层次性和针对性特点。应当说，《中国共产党章程》对党员的标准和要求是统一的，即具有包括各层次党员领导干部在内的所有党员的共性一面，但由于在现实生活中，党员、党员干部特别是领导干部实际所处的岗位、所承担的责任、所必备的条件等均不相同，这就决定了党对不同层级党员的知识、才能和素质等的要求也会有所差异或不同。因此，只有根据具体的教育对象，分层分类地安排他们参加各级党校或行政学院学习、培训，并有针对性地将他们归入不同的班次，组织不同的教育和教学内容，才能适应社会主义现代化建设对各个层次人才和领导干部的不同需要，才能建设一支高素质、有专长的干部队伍。同样，就反腐倡廉专题的教育而言，鉴于腐败就是对公共权力的滥用，我们自然应该区分社会各阶层群体与公权力关系的性质与类别，即他们在公共权力运行中所处的地位或在监督监管中所能发挥的实际作用等情况，开展既有普遍意义的、又有岗位职务针对性的分类分层教育。只有这样，反腐倡廉或廉洁教育才不会停留在普及意义上的泛泛而谈，而是兼具共性与个性的、更具针对性和实效性的"因材施教"。

3. 各地反腐倡廉教育的实践经验

2013年4月，湖南省怀化市麻阳苗族自治县纪委根据上述中央纪委向党的十八大所作报告之精神，制定了《麻阳苗族自治县关于开展"分层施教"廉政教育工作的实施意见》。该意见把全县所有的干部——教育对象分为四级或四类。一是针对副科级及以上领导干部突出搞警示教育（注重反面典型的警醒作用）和主题教育（"三观双品"——权力观、地位观、政绩观和政治品德、道德品行）。二是对各单位的中层干部和重点岗位的党员干部（含基层站所负责人），根据岗位特点，分别对负责人、财、物管理岗位的人员进行风险教育；对担负行政执法和社会管理岗位的人员进行依法行政和规范办事程序教育；对负责重大项目（工程）的管理人员，突出抓好相关党纪条规、法律法规的学习，以着力解决中层实权岗位存在的"中梗阻"。三是对农村乡镇干部着重抓好《农村基层干部廉洁履行职责若干规定（试行）》等政策法规、工作纪律和宗旨意识方面的教育，着力解决漠视群众利益、与民争利及利用职务之便索拿卡要等不正之风。四是对普通党员主要运用谚语、俚语、村规民约和乡村戏剧等形式，以简洁、生动、易记的内容开展廉政文化活动，着力解决意志衰退、纪律涣散、自甘落后以及搞封建迷信活动等方面的问题。该实施意见还列出了八种具体的教育载体和实施形式。其中包括：上岗教育（包括岗前廉政培训、廉政测试和廉政谈话等必修课）；廉政读书（自学基础上，组织学习与岗位职责密切相关的党纪条规、法律法规及《中国共产党党章》《中国共产党纪律处分条例》《中共中央纪委关于严格禁止利用职务上的便利谋取不正当利益的准则》和《行政机关公务员处分条例》等,并要求撰写笔记,交流心得);风险教育(结合岗位实际,组织开展宣讲、座谈和问卷调查等,明确本职岗位的廉政风险,认清腐败危害,预防违纪问题发生等);警示教育(组织收看警示教育片、参观警示教育基地、旁听职务犯罪庭审等);专题教育(每年选一主题,由一把手讲党风廉政的党课、请专家做专题讲座以及征集廉政短信、组织知识竞答、文艺作品创作等);情景教育(组织公职人员针对履职中存在的风险点,设计情景案例,再现廉政风险);述职述廉(定期组织党员干部述职述廉,邀请人大代表、政协委员,以及服务对象——基层群众进行现场质疑和民主评议);谈话教育(任前谈话、提醒谈话、信访谈话、诫勉谈话、专项谈话)等。

　　也有不少地方根据中央的要求和现实生活中"亲缘腐败"多发的现象,把领导干部的家属(多指配偶、子女等直系亲属)作为关注重点和教育对象之一。各地的具体做法各有针对和特点,但大多采取的方法有:组织听取或收看廉政教育报告、参观廉政教育基地、开展警示教育(包括参观监狱、劳改场所等),举行座谈会、交流会等。上海一位长期担任反贪局领导工作的同志曾在一次报告会上指出:鉴于社会上经常发生夫妇或父母子女狼狈为奸、共同腐败的现象和案例,也就突显了做好领导干部家属、特别是配偶的廉洁廉政教育的重要性和必要性。因为在现实生活中,没有任何人比领导干部的亲属、特别是配偶更熟知另一半的长处和弱点,他们不仅更关心领导干部的发展和进步,也对后者思想、行为等的细微变化更为敏感、更具有警觉性。如果他们能保持清醒和廉洁,往往就能及时从蛛丝马迹中察觉异常,其提醒、规劝通常也更有针对性和有效。总之,从各地、各部门的实践经验看,分层分类地实施廉洁教育不仅具有实施的可行性,更具有现实的必要性。无论是按具体对象分层还是按工作岗位、领域和性质分类,大多都能使反腐倡廉和廉洁教育更具针对性,在实践中也往往更易见成效。

三、分类分层实行廉洁教育的意义

在反腐倡廉建设问题上,没有"一劳永逸"或"一方治百病"的"高招"和"灵丹妙药",根据社会各阶层在工作性质、岗位、职务等方面的不同,分类分层地开展内容与形式有差别的廉洁教育,可以说是当前反腐败斗争严峻形势下,提高反腐倡廉教育针对性的有效举措,值得花大力气深入研究和探索践行。

1. 有利于多层次廉洁教育平台的构建

我国社会正处于中外历史上都属罕见的大规模转型期。这个时期中,不仅社会阶级阶层分化日益明显,社会各阶层和各方面的权益调整频繁,而且容易因党纪国法等法律法规体系不够完备,党和国家及人民群众对权力的监管、监督和制约机制的不尽完善而造成腐败易发多发甚至泛滥的情况。在这样的情势下,如何在党内外构建起强有力且更有效的宣传教育平台,用各种方法和手段开展更有针对性的分层分类教育训练),是一个必须直面并大力推进的系统工程。就现实而言,目前的反腐倡廉和公民廉洁教育,总体上还是延续着以往那种通式化、普及化状态,还是较多地着眼于一般意义上的思想品德教育或理想信念教育、警示性教育。应该说,这种教育理念和方法在革命战争年代以及改革开放前的很长时期内,在经济发展水平较低、社会分层比较简单、利益差距不甚明显的条件下,曾经产生过很好的效用,今天当然也有其存在合理性和必要性。但在当前的形势下,也有了进一步改革、探索的必要性,应该依据现实需要克服其过于宽泛、简单、缺乏明确指向的弱点或不足,切实解决其未能突出腐败易发多发的重点领域、重点地区、重点岗位和重点人群——与权力关系最密切、最易于出现以权寻租的重灾区的问题,真正消解群众中存在的"贪官污吏做报告,无辜群众受教育""干部生病,群众吃药"等的疑虑和反感。因此,在普及教育的基础上,借鉴国内外、特别是以往干部教育中的分层分类形式,在反腐败和公民廉洁教育方面,构建起多层次、有差异的廉洁教育体系和实施平台,就显得十分必要和紧迫。

2. 有利于各种形式内容廉洁教育的分类开展

客观而言,当今社会改革、转轨以及利益多元和权力寻租途径众多的状况,也在一定程度上加大了廉洁教育的实施难度。改革开放前,我国社会实行高度的集权化,各级权力基本上是从上到下形成大小不等的逐级分布,加上经济社会总体上处于贫困状态,人们的思想普遍比较单纯,社会风气和道德风尚处于较高水平,信息传播渠道比较单一,各级干部的思想作风也比较端正等,从而使包括领导干部在内的各级公职人员以权谋私的可能、机会与渠道都造成了很大的局限与制约,所以腐败的发生概率和严重程度也都比较有限。也可以说,在当时的情况下,使贪腐分子"不敢腐""不能腐""不想腐"也相对较易实现。改革开放后,随着社会经济结构的急剧变化,社会主义市场经济构建过程中的"双轨"并存,各种资源获得途径的增多,尤其是权力结构的分散化、专业化和专门化,以及社会阶层及其利益和诉求的多样化,都使得根据不同社会阶层的差异性、特别是其与权力关系的紧密程度,开展分类分层、具有阶层特色廉洁教育的工作显得更为必要和重要。在今天的形势下,可以根据公务员和党员干部的职级设计不同内容和要求的多层次教育——一般情况下干部职级越高,其拥有的权力包括自由裁量权往往越大,通常也更难监督和制约,而一旦发生贪腐案件,其影响也特别巨大和恶劣,所以必须将其列为重点对象加强教育。也可以根据同级公务员或领导干部所处的具体行业和岗位特点,安排更多的专项或专业教育——这里主要考虑到即使是同级干部,由于其所处的行业领域或具体岗位的实际权限有大有小,通常分管紧缺资源的行业或岗位会有较多的寻租可能和贪腐机会,而其中涉及某些专业技术要求的岗位,如主管政策制定、财会审计、工程检验、项目评审以及教学科研等的领导干部,更因其需要较高的专业知识或技术含量,使得缺乏这方面专门知识和技能的人很难对其进行监管和监督,事实上这也是腐败较易发生且较难发现的地方。仅以每年春天经常可以听到的关于

"两会"代表反映各种会议报告写的过于复杂和晦涩,往往听不太懂,故也难以评价和监督等言论为例,这里面既有报告应尽可能写得简洁易懂——把专业和高深的内容讲得通俗化、口语化的问题,同时也给代表们提出了提高本身专业知识和能力方面的要求。总而言之,在新的形势下,针对社会不同阶层及其与权力之关系,以及发生贪腐行为的可能性开展深入细致的研究,分门别类地根据各阶层人群的实际需要,开展多层次、多形式教育,将有利于提高反腐倡廉和公民廉洁教育的针对性和实效性。

3. 有利于在基层开展廉洁教育

随着改革开放的不断推进和社会主义市场经济的发展,社会结构发生了改变,公民的生活方式、思想文化等方面也都发生了深刻变化。其中,一个重大的转变就是越来越多的公民从原来党政工团组织齐备的各类"单位",转入了这些组织不太齐全的各种民营、外资、合资等企业,开始从"单位人"逐步转为"社会人",这就使得原先由"单位"承担的宣传教育功能失去了依托和平台,使包括公民廉洁教育在内的教育机制呈现出缺位或松散的状态。由于基层廉洁教育的缺位以及各种权全、权钱、权色交易的社会"潜规则"盛行,也使得相当一部分公民对腐败现象习以为常,使社会难以形成反腐倡廉的政治生态和文化氛围,在某些腐败现象严重的地方和领域,这种"潜规则"甚至渗透到了社会和公民的日常生活中,人们视各种不正常的"潜规则"为社会"常态",对腐败现象及其产生的社会因素漠然视之,甚至出现了"笑贫不笑贪""笑廉羡腐"等有悖于社会正义和公民道德良知的异化现象。这种社会良知的异化现象和基层廉洁教育的缺位状态,也给当前的党风廉政建设、公民廉洁教育带来了严峻挑战,从而要求我们在深入研究社会分层状况和趋势基础上,根据各阶层群众的身份差异及观念认知上的特点和个性,探索一种适应新形势的廉洁教育新模式、新平台、新路径,以便有针对性地开展积极有效的社会主义核心价值观的宣传和教育。

很显然,在当前社会分层日益明显的条件下,开展基层群众性的廉洁教育活动中，社区就成了一个重要的领域和阵地。因为尽管现在一个公民的工作单位或场所出现了多元、多样、多变甚至未必固定于一处、一地、一个"单位"，但他必定还会生活在某个特定的社区里。在这种情况下，充分利用社区的宣传教育机构、文体活动场所和学习宣传橱窗等各种资源，整合社区拥有的人才资源或引进社会专门机构，广泛开展以社区为平台的公民廉洁教育，就可以弥补上述因"单位"多样化而造成的遗缺和不足，便于我们更好地结合社区居民的构成特点，以及由这一特点所决定的重点开展宣传教育。除了及时传达、宣传党和政府反腐倡廉的文件、部署、指示、要求等外，也可以通过现有的传媒或党务政务公开平台等，宣传党风廉政的优秀人物及其事迹，或对腐败现象和腐败分子实行曝光或警示性教育，还可以利用社区的公示机制，进行有关干部的选拔公示、人大政协代表推选乃至入党公示、评优公示等，从而逐步强化公民对党和政府工作的评介、建议和监督意识。总之，深入研究社会分层及各阶层群众对腐败问题的态度和认知特点，在社区等社会基层因地制宜地以各种手段向基层民众广泛开展多层面、多形式的反腐倡廉教育，既符合社会分层大背景下的公民廉洁教育的特点与趋势，也是积极探索并扩大廉洁教育路径和形式，增强宣传教育的覆盖面、渗透力、亲和力，在全社会营造"以廉为荣、以贪为耻"的"崇廉反腐"政治生态、道德氛围的迫切需要，是党风廉政建设和社会廉政文化建设的一项重要工作。

4. 有利于在企业中开展廉洁教育

腐败问题的历史性、复杂性决定了廉洁教育工作的长期性和艰巨性。有关社会分层的研究表明，随着我国经济转轨、转型规模和速度的不断加大，以及私营企业主阶层、个体工商户和个体劳动者阶层、自由职业人员等新社会阶层的不断出现，许多公有或私营工商企业、特别是带垄断性的国有企业中，也经常爆发出钱权交易等的腐败现象和贪污行贿等腐败分子，这也突显了对各类企业的干部职工开展廉洁教育的重要性和必要性。但是，长期以来，我国的廉洁教育主要还是着重于政治思想领域，广大干部群众的绝大部分注意力也主要集中在防治公职人员或各级干部特别是领导干部身上,而比较轻视或忽视如何结合企业反腐败的特点和重点来开展广泛的廉洁教育。久而久之,企业领域的廉洁教育问题也就成为党风廉政建设和反腐倡廉教育中的一个薄弱环节。很显然,如果我们继续轻视或忽视企业中的廉洁教育问题,不采取积极措施弥补这种不应有的缺位和乏力,那么全社会的反腐倡廉教育就会因企业廉洁教育薄弱而失去一个重要的支点和不可或缺的阵地。因此,大力加强企业领域的廉洁教育,推动企业党风廉政建设和反腐败斗争的深入开展,巩固党在工人阶级和社会主义建设者、特别是劳动群众中的执政基础,不仅是时代和形势发展的需要,也是企业自身合法生存、持续发展的必然选择。如前所述,我国目前正处于经济改革和社会转型的重要时期,构建和谐社会的目标也离不开每个企业的努力,而要在企业建立起和谐的内部关系,就要加大对企业内部各个阶层群体的反腐倡廉教育。针对企业特别是国企中的不同阶层开展廉洁教育,既有助于构建和谐的企业、企社、企政关系,也是实现开展政治、经济、文化、社会和环境"五大文明"建设,实现全面小康社会任务中的重要一环。具体来说,首先,要加大对企业领导干部尤其是大型国企领导干部的反腐倡廉教育力度,增强企业各级领导干部的勤政廉政和服务群众的意识,使之不断增强为民、廉洁、负责、守法观念和自觉自律精神,同时教育和指导广大职工加强对企业领导干部执行法律法规和廉洁自律要求的情况检查与监督,进而形成有自己企业特色的竞争理念和廉洁文化氛围,在公平、公正、公开的基础上形成强大的凝聚力和向心力,使全体干部职工团结合作,充分发挥积极性、主动性和创造性,为国家经济和社会进步以及企业自身的健康发展营造必要的条件和环境。其次,要针对企业中其他员工、尤其是权力较大岗位人员开展遵法、护法、守法和廉洁自律方面的宣传教育,使各级员工不但自己能确立良好的职业道德,同时提高法治意识和参与经营管理的能力,强化对腐败行为的监督防范意识,使广大职工群众真正做到并有效行使民主管理和民主监督的权利和义务。最后,要大力推进以"守法""诚信"为核心的企业廉洁文化建设。企业廉洁文化是企业自身发展的需要,也是提升企业核心竞争力的客观要求,是现代企业不可或缺的一种"软实力"。作为社会主义市场经济的主体,获取经济效益最大化当然是企业生存的基础性条件和重要经营目标之一,但市场经济是建立在守法、诚信基础上的竞争性经济。不守法和无诚信的企业既不可能长期生存,也难于获得持续稳定的发展。企业廉洁文化建设不仅有利于净化企业的治理环境,巩固和扩展其成长壮大的空间,还有助于提升企业的形象,形成企业的核心竞争力,从而使之获取更大的社会声誉和更多的实际利益。在科学技术和传媒资讯高度发达的今天,我们很难想象那些领导干部违纪违法、侵占国家或集体资产,谋取不正当利益的企业,或者毫无社会责任和道德良知的企业能够长期生存、甚至发展壮大——它或许能够得逞于一时一地,但最终总会在真相败落后身败名裂,不仅自身不能生存与发展,还会使国家、集体和干部员工都蒙受损失,付出巨大的代价。关于这一点,我们不难从前些年发生的"苏丹红""三聚氰胺""瘦肉精""地沟油"等食品安全事件不仅导致成千上万的群众成为食品安全犯罪的受害者,同时也导致许多食品生产企业、尤其是食品出口企业陷入质量安全信任危机的教训中得到证明。当然,除了食品行业或企业外,其他行业或企业也同样面临着这方面的严峻考验。总之,在企业领域开展廉洁教育是一项长期而艰巨的任务,需要在加强对该领域公私企业领导干部、管理人员以及全体员工等不同社会阶层研究的基础上,在社会各界的监管督促和企业自身的努力下,积极探索企业反腐倡廉教育和廉洁文化建设,使守法、诚信的理念真正成为企业全体干部员工的根本信念和立身之本、发展之途,同时也为整个国家反腐倡廉政治生态的构建及全社会廉洁文化和氛围的形成奠定扎实的基础。

5. 有利于在各级各类学校开展廉洁教育

笔者其实并不主张在中学以下学校中直接进行腐败与反腐败教育。主要理由是,直接对小学生讲述这种政治意味很浓且相对复杂的理论、概念或问题,往往很难获得正面或预期的效果。少年儿童的认知更多是靠直觉,通常比较简单和感性,就像有首儿歌中所唱的那样:"如果你是爱我,就抱抱我,如果你是爱我,就亲亲我"。因此,我们在对他们进行廉洁教育时,尤其应当注意方式方法,在课堂或课外直接讲腐败和反腐败问题,其中过多的腐败案例和阴暗色彩,容易对他们稚嫩纯洁的心灵带来不良刺激和负面影响,弄不好反而可能产生对国家社会的恐惧心态或失望心理。因此,对于少年儿童来说,廉洁教育的内容应该从树立诚实、守纪、友爱、节俭等意识着手,从小培养不撒谎、不自私、守纪律、勤劳、节俭以及爱国、爱家、爱集体、爱同伴等的习惯,自幼养成良好的道德品行和社会公德。事实证明,这种做法在古今中外都是十分重视且比较有效的。我国现在实行的义务教育是九年制,鉴于许多青少年初中毕业后就可能直接走上社会,所以学校中的反腐倡廉或廉洁教育的重点实施时间和对象,可以而且应该放在中学及其以上层面。另外,从我国法律上把正常情况下年满十八周岁作为公民的年龄条件看,其适龄对象主要是指高中生和大学生,也就是说,进入高中类学校的学生可以视为"预备公民",我们应该而且可以对这部分学生在一般意义的廉洁教育基础上,进一步开展关于腐败和反腐败斗争教育。从年龄上说,进入大学的学生大部分都已经年满十八岁,基本就属于"正式"的公民阶层了,这时就可以更直接地涉及腐败现象和腐败案例的内容。而鉴于在校大学生一般还不是真正意义上的"社会人",所以我们在研究和设计对他们开展反腐倡廉和公民廉洁教育时,也可以将其视为一个特殊群体,在方法和手段上与其他"社会人"有所区别。至于各级各类学校的教职员工、管理人员,尤其是干部和领导干部,当然就是学校反腐倡廉的重点教育对象或群体。总而言之,在各级各类学校开展反腐倡廉和公民廉洁教育,无论就对象还是内容而言,都应该根据实际情况和需要,分级分层逐步深入并分类实施和推进。

前面我们曾指出社会分层就是按照一定的标准,将人们区分为高低不同的序列或层次,也强调它体现和反映了财富、收入、声望,包括接受教育机会等社会资源在不同的社会群体中的占有状况。那么,尽可能让受教育者、尤其是有机会获得高等教育的人们,在学校里接受基本的道德规范教育,从小树立牢固的公平公正、仁爱正义和法治廉洁观念和意识,也就显得十分必要和重要。强调社会分层的研究,便于我们根据不同的对象所拥有的社会资源、所扮演的社会角色及获得的社会待遇,在大中学校有针对性地开展廉洁教育。因为事实上大中学校、特别是高校中存在处于不同位置、不同社会角色的群体,既有可塑性较强的接受教育的学生群体,又有承担高校教育教学工作、传播文化知识的教师群体,还有从事管理工作的具有一定权力资源的干部,他们所具有的文化素养、所承担的社会责任各不相同,而社会分层的研究针对他们各自的具体情况开展廉洁教育,可以在明确各个群体廉洁教育目标的前提下,开展分层次、分类别的廉洁教育。即根据这些学校的领导层和管理者,以及教师和学生,按其所有的文化素养、承担的社会责任不同,采取不同的教育模式和方法,"因材施教"地实施廉洁教育。

具体地说,对于这些大中学校的领导干部,要规范其从政行为,促进管理者廉洁执政,着眼于防范腐败行为。对于高校管理者自身,还应加强廉洁从政的知识学习。通过进行全面的廉洁知识学习,提高理论水平,在正确的权力观、利益观的指导下,增强执政为民、清正廉洁、敬业奉献的理念。"学高为师,身正为范",学生对教师尊重的唯一源泉在于教师的德和才。教师是学校教育、教学工作的具体实施者,教师的廉洁从教会对学生起到典范作用,他们自身的道德品格对学生的世界观、人生观与价值观的形成有很大影响。因此,对于高校教师群体的廉洁教育,要加强师德师风建设,力行廉洁从教,防止学术腐败,防止学术浮躁,杜绝教学和学术违规行为。当前,在大中学校、特别是高校教师中,仍然存在为师不尊、为师无德的行为,以及在教育教学工作过程中的急功近利,甚至以权谋私的行为,部分教师中也存在缺乏社会责任心和敬业奉献精神的现象,强化廉洁从教教育,对于遏制和杜绝这种不良现象也有很好的预防作用。对于各级各类学校学生的廉洁教育,则要根据不同层次学生的实际情况,注重培养学生的道德素养、思想品格和优良学风,引导其形成以爱国敬业、正直诚信、勤奋好学、遵纪友善、勤劳节俭为基本内容的人生观、价值观,克服部分学生中一定程度存在的学习无目标、上进无动力,无事顾自己、有事讲利益,甚至考试作弊、论文抄袭等消极思想和颓废现象,并在长期潜移默化的廉洁教育过程中,形成廉洁奉公意识,增强预防腐败的免疫力,并为将来走向社会、走上工作岗位后,如何遵纪守法、廉洁从业、自觉抵制各种腐败思想的侵袭奠定基础。在大学生群体中开展廉洁教育,尤其应该通过多种方式、多种途径、多种手段,利用多种载体,丰富教育内容。要大力塑造校园廉洁文化、打造校园清廉氛围,让廉洁意识融入校园的方方面面,可以通过创办网页、专刊征文等活动,让学生在无形中接受廉洁教育。还可以用现实社会中正反两方面的典型事例来教育学生,促使他们形成廉洁诚信、严于律己、敬业奉献的良好品质。还应该结合家庭教育、社会教育等形式帮助学生群体廉洁修身,以达到良好的廉洁教育效果。总之,在各级各类学校开展廉洁教育要深入学校每一个群体,教育的内容和形式要讲求实效,根据不同对象确定不同的教育目标和方法,使之乐于接受与自己的社会角色相适应的廉洁文化教育。同时,要在深入研究学校各群体分层状况的基础上,建构多层次、多格局的廉洁教育体系,从整体上推进学校的廉政文化建设,使干部、师生等不同群体通过廉洁教育,达到以德修身的效果。

第二节 强化重点领域和人群的反腐倡廉教育

反腐拒腐,应当惩防结合。而无论是惩还是防,都可以看成是一种教育,也应当以教育为先导。因此,深入开展反腐倡廉教育,是有效开展反腐败斗争的重要环节,是预防和惩治腐败的一项基础性的工作。然而,由于一些主、客观方面因素的影响和制约,当前我国的反腐倡廉教育仍然存在一些薄弱的环节和值得引起重视的问题,这也使得预期的教育效果很难充分体现出来。因此,深入分析我国反腐倡廉和公民廉洁教育工作中存在的突出问题,提出切实可行的解决方案,对促进反腐败斗争取得更大的进展,真正形成"不敢腐、不能腐、不想腐"的政治生态和社会环境有着极其重要的作用和意义。

一、当前反腐倡廉和公民廉洁教育存在的问题与困境

对于当前反腐倡廉和公民廉洁教育中存在的问题与困境,理论和学术界已经有不少比较深刻的研究和认识,归纳起来主要有以下几个方面:

一是较为普遍地存在着浮夸的形式主义倾向。有些地方特别是基层单位对反腐倡廉和公民廉洁教育并不重视,看不到它的重要性和必要性,认为这种教育主要是针对国家工作人员或者干部群体的。尤其对公民廉洁教育而言,一般上面没有或很难下达硬指标,所以下面也就只要按照上级布置开会讲一下,报告请一个,在形式上搞上一两个所谓的"亮点"就行了,既不愿意为此多花时间和精力,也不想根据本单位、本地区实际情况进行开创性工作和实践。所以只是大会小会照本宣科,教育方式简单划一。有的更是满足于叫响口号,翻新标语,习惯于搞运动式反腐活动,看上去轰轰烈烈,上呼下应,但最终的成效却只是停留在一系列汇报总结、简报材料或一份份经验体会式的报告上。

二是教学内容千篇一律,各种典型雷同乏味。有的一味拔高正面典型,脱离现实生活和实际可能,使听众感觉他们似乎是不食人间烟火的"高大全",并不真实可信。有的也到监狱、看守所寻觅极端的反面典型,但又使大多数人觉得离自己太远,起不到应有的警示和震撼作用。更为常见的做法是教育过程和形式不注意层次性、针对性,宽泛笼统的说教多,有实际针对性的分层分类教育少,无法做到因材施教或对症下药,故其感化力、渗透力、震慑力也通常较弱。

三是教育方式和路径陈旧呆板,跟不上现代科学技术、特别是信息网络的发展进程。不管是什么地区、单位和对象,忽视因岗施教、因人施教,一概搞领导讲、请报告、学文件、读报纸、看视频、记笔记,然后要求每个人写心得、谈体会,陷入了程序化的千人一面、千篇一律、枯燥单一的灌输式教育方式,既缺少联系实际,又不注意生动活泼,所以不能起到潜移默化、润物无声的效果,费时不少,收效甚微。久而久之反而引起抵触和反感。

四是受教育对象存在着较大的局限性。"善禁者,先禁其身而后人","为政清廉才能取信于民,秉公用权才能赢得人心"。反腐倡廉教育对象主要以党政机关、事业单位和国有企业的党员干部为主,但并非只是局限于对他们进行教育,而与广大人民群众毫无关系。人民群众不但是反腐倡廉建设和反腐败斗争的坚定支持者、拥护者,也是反腐倡廉建设和反腐败斗争的参与者和监督者,还是反腐倡廉政治生态和廉政文化及社会氛围的建设者和主力军。没有最广大人民群众的积极参与和关心,反腐倡廉也好,反腐败斗争也罢,就只能是纸上谈兵,必然会毫无成效,空谈误国。

五是对各种疑虑和杂音噪音的教育批评仍较乏力。反腐倡廉是我们党和政府的一贯主张和立场,在革命、建设和改革的各个历史时期,我们党也一直对可能出现的腐败问题保持着高度的警惕,尤其是党的十八大以来,党中央强力反腐,狠招迭出,得到了广大党员干部和全国人民的衷心拥护和欢迎,也获得了国际舆论的较好评介,这对于在国内外进一步树立中国共产党和中国政府的良好形象起到了巨大作用。但是我们也必须清醒地看到,自从1993年党中央提出反腐败斗争形势严峻并部署开展反腐败斗争以来,中央对反腐败形势一直沿用着"依然严峻"的判断。与此同时,境内外也有一些心有疑虑或别有用心的人,则相继产生或鼓吹着所谓中共反腐败只是搞个运动刮阵风、反腐败导致广大干部无所适从"为官不为"、反腐败影响和制约了经济发展、反腐败是"权力斗争的工具"等言论。对于这些干部群众中存在的疑惑顾虑或杂音噪音,我们有些党政机关和宣传教育部门缺乏应有的警觉,政治定力不足,应对不够及时,效果也不理想。

　　自从 2002 年党的十六大提出"大规模培训干部,大幅度提高干部素质"以来,我们党和国家的干部教育培训工作明显加大了力度,也为建设高素质干部人才队伍、推动经济社会又好又快发展提供了组织上和人才上的基本保障。与此同时,我国的干部教育培训机构也得到很大发展和进步。就国家层面而言,除了原有的中央党校、国家行政学院以外,还先后增设了中国浦东干部学院、井冈山干部学院、延安干部学院及大连高级经理学院。一些中直部门(含大型中央企业)和各个省份,也在原来党校的基础上创办了干部学院和各种教育培训基地,还设有不同级别的以教育培训民主党派干部为主要任务的社会主义学院。据统计称,目前全国县级以上的干部教育培训机构已近 4600 个,每年培训的干部更是多达 1600 万人次以上。其中,有些层次较高、规模较大的党校、干校等培训机构还与国内外著名高校和廉政研究及执行机构合作办学,甚至把学员送到美、英、法、新加坡和我国香港特别行政区进行学习、研修,包括挂职锻炼和实习。但是,我们仍应该看到,在这种培训机构和干部教育快速发展的同时,主要在中直部门和省级以下的机构和培训,也出现了缺乏统筹性、针对性、实效性的问题。有的甚至把它作为给干部提供的一种出国机会。其主要表现有:首先是各级各类干部教育培训机构基本是各有隶属,条块分割,大家都只管自己计划与实施,缺少一个有机的层级管理系统;其次是各个机构只在自己所管的一块自行其是、各自为阵,相互之间的协作交流和信息沟通并不畅通,往往导致多头招生,重复办学;再次是一些干部教育培训机构片面追求培训人数,而对培训质量和教育实效却关心不够,有的因为培训和经费直接挂钩,为了创收而盲目争抢生源,甚至把主要精力和教学培训资源放在计划外培训上;最后是各级各类培训机构的教学内容"大小一个样,上下一般粗",在培训方式上也是大同小异,少有创新,等等。为此,时任中央政治局常委、中央书记处书记和国家副主席的习近平曾在 2010 年 12 月召开的全国组织部长会议上指出:"干部教育培训中还存在统筹性、针对性、实效性不够的问题。主要是:有的干部一年参加不止一次培训,重复培训、多头培训现象仍然存在,有些干部却多年得不到培训;对中高级干部抓得紧,基层干部往往缺少培训机会。"①就本书研究的廉洁教育而言,除习近平所指出的以上问题外,还表现在各级各类培训机构大多还是按照传统和习惯,比较注重理论学习、社会的热点问题宣讲和国内外形势政策等方面的宣传和教育,而很少在做培训计划时,就把反腐倡廉的内容列入学习教育的主题或专题。

"物必先腐,而后虫生",腐败事关人心向背,关乎党和国家的生死存亡。十一届三中全会以后,党中央在彻底否定"文革",开始拨乱反正的同时,还果断地把党和国家的中心工作转到经济建设上来,并坚定地宣布:只要不发生大规模的外敌入侵,我们就要坚定不移地始终扭住这一中心不放。这已被实践证明是完全正确的。我们认为,就全党全国一切工作而言,反腐倡廉及廉政文化教育自然谈不上是"中心",但从工作关乎党执政的合理合法性,以及反腐败斗争的成败关系到党和国家生死存亡的角度而言,这种斗争和教育则是事关"中心",并与抓这个"中心"的工作紧密相关的。因此,从我国反腐败斗争的现实需要和长期目标出发,从反腐倡廉和公民廉洁教育这一惩治和预防腐败的基础性手段着眼,只有花大力气构建并夯实面向全体公民而又突出重点的、有区别分层次的教育基础,才能把这一事关全局、事关"中心"的大事办对办好,这就需要我们不断根据反腐败斗争的形势,努力探索宣传教育的新理念和新思路,不断提高反腐倡廉建设和公民廉洁教育、廉政文化建设的针对性和实效性。要做到这一点,必须树立和坚持以下基本理念和做法:

(1)加强对反腐倡廉和公民廉洁教育、廉政文化建设的顶层设计。治国必先治党,治党务必从严。中国共产党是执政党,党的领导是中国特色社会主义最本质的特征,也是做好党和国家各项工作的根本保证。同

---

① 肖小华:《试论干部培训教育的统筹性》,载《干部教育与管理》2012年第11期。

样,由于腐败问题事关全局,事关党和国家的生死存亡,所以反腐倡廉和公民廉洁教育、廉政文化建设也需要由中央确定战略战术,通观全局,顶层设计。如可以由中央、中纪委或其下属的专门机构来主抓这项工作,并根据反腐败斗争的形势和中央的战略部署,对各级各类培训机构和不同层级的对象,设定相应的基本目标和要求,及时发布指导性教育大纲和实施办法。

(2)把廉洁教育和廉政文化建设列入公民教育、特别是党员和干部教育的整个体系和培训计划之中,努力使之系统化、制度化和规范化,形成反腐倡廉和公民廉洁教育、廉政文化建设的长效机制。

(3)根据教育对象的职业身份、工作性质、岗位层次和工作实际,以及与公权力之关系等开展分层分类的"从政用权"的应知应会教育。如对处级以上干部特别是"一把手",在目前各方面监管监督比较薄弱的体制机制下,要着重权力观、地位观、利益观以及政绩观教育;对那些在人财物关系密切的"高风险"岗位任职的干部,要开展"手莫伸,伸手必被捉"的"慎独"教育;对临近退职退休的领导干部开展"慎终"教育,引导他们站好最后一班岗,克服"末班车"捞一把的"59岁"现象;对任职不久的年轻干部,开展"慎始"教育和岗位职责培训,使他们跨好从无权到有权这道坎;对工程技术、财务会计、项目审批等专业知识和技能型较强的人群,也可以根据需要另行设立专业性法律法规、行业规范等方面的反腐防变教育内容。

(4)丰富学习教育培训的内容。如反腐败斗争的严峻形势及腐败现象的阶段性特点和发展趋势;中央及相关部门反腐败斗争的最新指示、具体部署及预防、惩处、打击腐败的党纪法规与具体要求、实施政策;不同时期腐败易发多发的重点领域和重点人群;搞腐败的必然代价及对个人、家庭、子女可能带来的负面影响;各方面加强监管监督、防治腐败的对策举措和揭发举报贪腐分子和现象的路径,等等。

(5) 拓宽反腐倡廉教育和廉政文化建设的方法和载体。应根据不同对象和目标要求开展多种形式的教育。如可以综合运用讲学授课式、专题报告式、学习文件式、案情研讨式、案例分析式、典型示范式以及现场教育式——参观廉政教育基地、各种廉政展览和监狱看守所;到法庭旁观庭审、听在押人员现身说法、参与网上论坛等。

(6) 有计划地建设、完善各级各类廉政教育基地。可以在革命纪念地、纪念馆、烈士陵园和监狱、看守所、劳改场所以及现有廉洁教育场馆的基础上,进一步构建和完善有层次的网格化的廉洁教育和廉政文化教育基地。当前尤其可以以纪检监察、审计检察和司法系统的网站、网页为主体,有计划地建设和构建面向全社会和全体公民的廉洁教育网络。

二、强化重点领域和人群反腐倡廉教育的必要性

中共中央关于《建立健全教育、制度、监督并重的惩治和预防腐败体系实施纲要》的文件中指出:"反腐倡廉教育要以领导干部为重点","把反腐倡廉教育贯穿于领导干部的培养、选拔、管理、使用等各个方面,坚持教育与管理、自律与他律相结合,督促领导干部加强党性修养,廉洁自律"[1]。同时,要求纵向到底,横向到边,把全覆盖教育发展为各司其职、区别对待的有针对性的教育,从"普遍撒网"变成"重点捞鱼"。可以说,《实施纲要》抓住了新形势下分层分类实施反腐倡廉教育的关键。

反腐倡廉教育为什么坚持以领导干部为重点?湖南省委副书记孙载夫曾在 2005 年第 5 期《中国党政干部论坛》发文指出:各级领导干部既是受教育者,也是教育者,其所处的重要地位决定了反腐倡廉教育必须坚持以他们为重点。从执政规律看,领导干部是各级领导班子的重要成员,是我们党治国理政的骨干和中坚力量,能不能做到廉洁从政、执政为民,将直接影响到党的执政能力的提高。从所处的地位和作用看,领导干部居

---

[1] 转引自新华网:http://news.xinhuanet.com/newscenter/2005-01/16/content_2467898_1.htm,2015 年 1 月 8 日访问。

于领导地位,职务越高,其言行的影响力越大。从权力的监督制约规律看,重点抓好领导干部的反腐倡廉教育,是遏制和减少权力腐败的重要环节。从反腐倡廉教育工作规律看,抓住了领导干部这个关键,让其首先受到教育,不仅可以产生示范作用,使他们受教育的行为和效果影响广大党员干部,而且有利于他们更好地组织开展反腐倡廉教育,使反腐倡廉教育更有力和更有效。① 另外,从我们近年来查处的违纪违法案件看,在土地管理、工程建设、各种资源开发、产权转让、政府采购等重点领域,行政审批权、资源配置权、行政执法权一直相对集中,并对经济社会发展具有巨大影响,这些领域和相关部门的干部、特别是领导班子和主要领导干部,也已经成为一些不法分子不择手段、不计成本地搞权钱交易、权色交易拉拢腐蚀的对象。党的十七届四中全会《中共中央关于加强和改进新形势下党的建设若干重大问题的决定》要求:"深化重要领域和关键环节改革,最大限度减少体制障碍和制度漏洞,完善防治腐败体制机制,提高反腐倡廉制度化、法制化水平。"②党的十八大报告也着重指出:要"深化重点领域和关键环节改革,健全反腐败法律制度,防控廉政风险,防止利益冲突,更加科学有效地防治腐败"③。同时,强调对这些重点领域和重点对象,要加强宣传教育,完善法规法纪,加强监督管理,多措并举,构建惩防体系,推进反腐倡廉建设深入开展。

总之,加强重点领域、重点人群的腐败预防工作是全面构建惩防体系、推进反腐倡廉斗争和廉政文化建设的重要任务,是保持党的先进性和纯洁性,提高党的凝聚力和号召力,巩固党的执政基础和政治合法性,提高党员干部联系群众和依法执政的能力与水平,从而领导全国各族人民,促进经济社会又好又快发展,早日实现"两个一百年"奋斗目标和中华民

---

① 参见孙载夫:《坚持以领导干部为重点抓好反腐倡廉教育》,载《中国党政干部论坛》2005 年第 5 期。
② 转引自新华网:http://news.xinhuanet.com/politics/2009-09/27/content_12118429_11.htm,2015 年 1 月 8 日访问。
③ 同上。

族伟大复兴的"中国梦"的根本保障。在反腐倡廉和公民廉洁教育工作中,我们必须突出重点防控领域和关键风险点,切实做到有点有面、有主有次,既顾及对全体公民特别是干部队伍进行普遍性的教育,又能抓住腐败易发多发的难点和重点,从实际出发,以点带面,以核心带全局,以干部带群众,形成纵向到底,横向到边,全覆盖的教育体系,整合党内党外和全社会合力来有效地预防和控制廉政风险。据马小宁在《党课参考》2011年第3期专文介绍,近年来,美国联邦调查局将反腐行动放在三个重点领域:一是边境腐败,主要是防止毒品、非法移民及大规模杀伤性武器流入美国。二是官员利用自然灾害国家援助资金中饱私囊。如2005年8月,卡特里娜飓风灾难发生后,联邦政府投入数十亿美元用于新奥尔良及墨西哥湾地区重建,并及时成立卡特里那飓风反欺诈工作组,调查并起诉与贪污灾难救济款相关的官员犯罪行为。三是经济刺激计划中的欺诈行为。国际金融危机爆发后,美国联邦调查局将防范的重点放在7870亿美元经济刺激计划资金的滥用上,对交通、基建、公立学校、能源与环境、住房等关乎资金流向的主要领域重点监督。① 可以说,这种在不同时期,根据腐败现象的具体特点和发展趋向来确定反腐败斗争重点的思路和做法,也是在反腐败问题上较有成效的世界各国的共同经验,显然也值得我们认真地进行学习和借鉴。

---

① 参见马小宁:《美国反腐:重点打击三大领域腐败》,载《党课参考》2011年第3期。

第四章　社会分层视域下公民廉洁教育的挑战与契机

　　社会分层与公民廉洁教育有着密切的关系。社会分层是廉洁教育所面临的社会群体结构的现实环境，也是我们开展廉洁教育的具体公民阶层的分化实际。一方面，社会阶级阶层的分化状况影响着公民廉洁教育的分层分类实施；另一方面，这种教育的实际效果也会影响到不同社会群体对于反腐败斗争、廉洁文化和政治生态建设的感受与态度，并受到后者的制约。特别是党的十八大以来，中央彰显反腐决心，利剑出鞘，"打虎灭蝇"，持续发力，反腐败斗争和党风廉政建设取得明显的阶段性成果，既推动了党风政风转变，提振了全党反腐败的信心和决心，广大党员干部也从纯洁党的队伍，巩固党的执政地位以及国家长治久安、社会和谐稳定出发，积极地参与与配合，在很大程度上提高了党和政府的威信，赢得了社会各阶层群众的信任和拥护。但无须讳言，社会上依然有人心存顾虑，或感受到了巨大压力和冲击，有些人甚至出于自身利益和考虑，依然对这场斗争持有保留、怀疑甚至反对的心态。因此，也出现了一些与广大干部群众欢呼赞誉、积极参与的姿态不太和谐、乃至有明显冲突的"杂音"："有的认为反腐是刮一阵风，搞一段时间就会过去；有的认为反腐应该适可而止，否则无限制查下去，会打击面过大，影响了党和政府的形象，影响干部队伍的稳定和干事创业的劲头；有的认为反腐会影响经济发展，导致消费需求萎缩，甚至把当前经济下行与强力反腐直接挂钩；有的认为反腐会让干部变得缩手缩脚,明哲保身,等等。"①境外的一些反对势力、极右人士和不负责任的传媒,甚至把我国的反腐败及"打虎灭蝇"行动,视为权力斗争、派系倾轧或权力交替时期的"党同伐异"现象。针对这些情况,习近平总书记鲜明指出:"不反腐败确实要亡党,真反腐败就能清除党机体上的毒瘤,就能增强党自我净化、自我完善、自我革新、自我提高能力,就能进一步密切党同人民群众的血肉联系,我们党就会更加坚强。"②但上述这些担心、疑虑甚至反对声音的存在,乃至存在一定市场和影响的状况,既给我们的深入开展反腐败斗争,以及本书所研究的反腐倡廉与公民廉洁教育、社会廉洁文化建设提供了现实的切入点和重要的历史契机,也提出了严峻的挑战。

第一节 当前我国公民对廉洁教育认识的现状

众所周知,廉洁政治和廉洁文化建设需要社会各方面和各阶层人民群众的大力支持与配合,也只有获得全国人民的普遍认同与参与,方可能取得实际和持久的效果,才能真正做到"把权力关进制度的笼子里"。对全体公民、特别是党员干部进行廉洁教育,使社会各阶层和领导干部具有抵御利益诱惑、抵制权力腐败的免疫力,培育良好的廉洁从业、从政的思想和道德基础,并逐步转化为自觉的廉政行为,是目前世界各国普遍且较有成效的做法。但受到主、客观因素的影响,当前我国公民对廉洁教育重要性和必要性的认识,还有不少不尽如人意之处。

一、对开展公民廉洁教育的重要性认识不足

1992年2月17日,意大利米兰一家物业管理公司向米兰检察院揭发,巴基纳养老院院长马里奥·基耶萨,利用续签合同向承包人索取了

---

① 江金权:《形成从严治党新常态》,载《党建研究》2014年第12期,第7页。
② 同上书,第7—8页。

10%的回扣。经过检察官安东尼奥·迪彼得罗周密调查确认,马里奥·基耶萨因索贿受贿被捕,并由此揭开了意大利历史上反贪运动——"净手运动"的序幕。法官在该案调查中还发现,企业家、政治家和官僚之间存在着一个极为庞大的交易网,政府官员通过招标向中标者索取回扣,而企业家为了能中标也情愿支付回扣,并且向各党各派输送政治献金和物质资助,整个政党体制都在靠"回扣"滋养着。在"净手运动"中,检察官前后共发出4600份拘押令和25000份司法调查通知,8名前总理受到牵连(5名遭到起诉,3名被判有罪),10多名前政府部长和近1/3的两院议员被控涉案,超过12000人受到调查,约5000名商人和政治人物被捕。在仅仅一年的时间内,共清查出行贿受贿1500多亿里拉(约1亿美元)的赃款,逮捕了1000多名政治家、大老板和政府官员。"米兰丑闻案"被曝光后,透明国际意大利分会开展了一项名为"腐败代价"的研究项目。该研究在分析腐败成因后发现,很多意大利人认为腐败只与公共部门、政客们和企业有关,而与他们自己的个人生活没有什么关系。其结论是,普通公民对腐败行为的容忍,乃是米兰腐败案产生的一个根本原因。[①] 同样,在我国社会中,也有不少人既对腐败现象和腐败分子深恶痛绝,同时又认为腐败是权力的附属品,在目前的社会状态下难以彻底根除,因此搞反腐倡廉教育和公民廉洁教育也只能是一阵风,并无太大的实际意义。

中国社会科学院社会科学研究所"社会指标"课题组曾与国家统计局合作,专门就各阶层群众对于当前社会生活、政治生活中较突出和急需解决的问题的态度,在6个省的大、中、小城市对1.2万名群众进行了一次与廉洁问题有关的问卷调查。调查对象包括企业、医院、科研机构、学校、党政机关等单位的工人、售货员、专业技术人员、企业政工干部及事业单位干部等不同人员。调查共回收有效问卷9939份,有效回收率为

[①] 参见透明国际编:《全球青少年廉洁教育概览》,清华大学公共管理学院廉政与治理研究中心译,中国方正出版社2007年版,第27页。

83%。在这 9939 人中,体力劳动者占 36%,脑力劳动者占 64%,党员占 46%,团员占 20%。调查结果显示,在与腐败有关的 6 个大问题中,被调查者普遍认为保持党政机关的廉洁是现阶段党的建设中一个极为重要而紧迫的问题,必须从严惩治腐败现象和贪腐分子,整顿党纪党风,因为保持党政机关的廉洁是关系党和国家生死存亡的重大问题。其中,有 46.1% 的群众认为国家机关工作人员贪污受贿是当前的突出问题;有 63% 的群众把政治生活中存在的党风不正现象列为当前急需解决的问题,位居第一。有些群众还在调查问卷中指出:"目前有的县级以下行政管理部门贪污受贿非常严重","有的执法人员见钱眼开,道德标准低下"。也有群众担心"党风如此下去,党的性质就会改变"。还有群众对如何解决这些问题提出建议:"要有切实可行的措施,把邪气压下去,把正气扶上来"。广州"社情民意中心"也曾在 2006 年就政府形象问题对 500 位市民作了一次书面的民意调查,该问卷罗列了理想政府的五个要素,要求市民选择出第一重要的是什么,统计结果如下表所示:

制定决策、政策的水平高	44.7%
保持自身廉洁	27.8%
联系群众、工作作风民主	18.7%
各项实际工作取得的成效	9.6%
工作效率高	4.7%

该问卷中涉及的群众对政府评价的项目还显示,改革开放以来,市民对我国政府的评价比过去"更高了"的占 45.4%,比过去"高一些"的占 44.9%。其中,涉及居民对政府是否满意的主要评判标准,更是集中在能否"科学决策"与"保持廉洁"这两大项。在对调查问卷进行分析时还发现,那些选择对政府评价不高或态度有所保留的人,主要就是不满政府机关及官员在廉洁问题上的表现。

与此同时,也有不少人认为,当前腐败问题层出不穷与体制机制及法律法规的不健全有关,只要制度与法规健全,并能有效发挥强制性惩处作用,就会使腐败分子无空可钻,使之不能贪、不敢贪;想通过反腐倡廉和廉洁教育使人"不想贪",那是不符合人的贪欲本性的,因而也是不现实的。所以,这些人就对反腐败斗争及反腐倡廉教育持"事不关己"的态度。有的人甚至认为,老百姓仇恨腐败主要是因为自己没条件或没机会腐败,一旦手中有了权也会跟着搞腐败,等等。这种看法显然具有片面性,也是过于悲观和消极的。腐败现象的发生和蔓延自然是与权力过于集中且缺乏有力的监督、制约机制直接相关,制度健全了,监督跟上去了,腐败现象就会失去滋生和蔓延的土壤和环境,至少会受到明显的制约和遏制。但无数事实也证明,单纯依靠制度防范或一味凭借严惩酷处,并不能完全、彻底地遏制腐败的发生和滋长。培根在《习惯论》中写道:"思想决定行为;行为决定习惯;习惯决定性格;性格决定命运。"当今世界,腐败依然是一个全球性难题,那些强调法治、严以治吏的国家也未能彻底消除腐败之痛或根治腐败之疫,一般也不是因为其法律还不够严,惩处还不够狠,而往往是在解决人心或权利的贪欲上还找不到更有效的办法。因为制度、法律在很大程度上是通过调整人的外在行为发生作用的,并无法从根本上影响和决定人的思想意识和人生观、价值观。更何况制度也好,法规也罢,它的制定和执行都离不开活生生的人,面对复杂的环境和众多的诱惑,人们的思想觉悟和自警自律常常具有决定性意义和作用。廉洁作为一种社会道德规范和精神信念,作为一种人生观和价值观的体现,并不是与生俱来、一成不变的。教育、特别是有针对性的、能深入人心的廉洁教育,依然是促使人们洁身自好、廉洁奉公、自觉遵守职业伦理和从政道德的重要内因,也是帮助人们有效抵御物质贪欲和利益诱惑不可或缺的精神因素与思想条件,经常在无形之中发挥着制度、法律等强制性外力所难以替代的特殊作用。

二、对廉洁教育对象的认识存在误区

我国公民对广泛开展廉洁教育的认识与评价存在的问题,不仅表现在对廉洁教育的重要性认识不足,还表现在对廉洁教育对象的认识上存在误区。典型的观点即认为腐败只是发生在各级党政机关、事业单位和国企等领域干部官员身上的事情,总之,是有权力者或与权力关系密切者的事,与普通老百姓并无多大关系。现在搞反腐倡廉教育、特别是公民廉洁教育,无非是拿干部身上发生的问题来教育群众,是"当官的生病,而让老百姓吃药"。

2010年,江苏省教育纪工委廉政研究课题组曾选取省内20多所不同层次与类型的高校,就廉洁教育的现状——从廉洁教育的基本概念到接受廉洁教育的对象,从廉洁教育的形式与内容到接受廉洁教育的渠道和途径等问题发放了10000多份问卷进行调研。每所高校平均发放调查问卷600多份,共有12508名师生参加了此项调查,问卷平均收回率为99.3%。其中,参与调查的学生10508人(男生5359人,女生5149人;专科生、本科生和研究生各为3573人、6515人和420人,涉及大学一年级2365人、二年级2110人、三年级1275人、四年级658人、五年级104人),其中,77.6%是共青团员;教师2000人(男性1118人,女性882人,包括328位处级以上领导干部,406位科级领导干部;共产党员1546人,民主党派400人,共青团员和群众412人)。师生在回答"需要接受廉洁教育的主要对象"一题时,比较集中的选择是"有权力者",包括42.5%的教师和33.3%的学生。该课题组在对调查所得各种信息与数据进行统计处理、分析后得出,部分师生对高校廉洁教育主要对象的认识上存在误区,对廉洁教育的重点尚未达成共识。

另据《中国纪检监察报》文章称,山东省济南市教育部门计划在小学五年级、初中一年级、高中二年级以及大中专学校开设廉洁教育课,要求每学年上足18课时。针对这一做法,一时间众说纷纭。一些家长甚至认为,对中小学生进行廉洁教育是搞错了对象。教育部门则认为,防止贪腐对国家和民族都举足轻重,廉洁教育能培养良好的道德准则,对国家的未来善莫大焉。该文作者认为,中小学开设廉洁教育课并不是"找错对象",而是找准了对象。廉洁不仅仅是权力人士的专利,不只是大人的事,青少年也要讲廉洁,更要从小培养廉洁意识。廉洁教育进课堂非常及时、非常必要,济南市的这一做法是廉洁教育从娃娃抓起的具体实践。①《无锡日报》也曾刊文指出,廉政文化进校园,引起很多人的不解。有家长疑问:"接受廉洁教育的主体应该是手中握有一定权力的'大人物',小孩子没权没势的,想不廉洁也没那条件。要搞廉洁教育应从大人身上想办法,而不是从小孩身上做文章。"有学生也认为廉政教育离自己太远:"廉政教育跟我关系不大吧,腐败现象我们又管不了。我们除了上课、考试、做作业,仅有的空闲时间就看电视或打游戏了,哪有可能自身腐败呀?"但也有一些人认为:廉洁教育应该走进校园。一位小学班主任感慨,现在的孩子"机灵"得很,有的学生会让家长给老师送礼,以此弄个"一官半职"做做;有的学生会在竞选班干部或推荐三好学生前,私底下给同学一点好处,以此"笼络"人心。她说,孩子的阅历浅,还处于被引导阶段,更容易受一些社会不良风气的影响,所以廉洁教育进学校很有必要,能让他们从小树立正确的是非观念,增强抵御能力。②

廉洁教育要从青少年抓起,究竟是不是合理、合不合时宜? 一时间众说纷纭。"支持者认为,针对青少年不同年龄阶段的不同心理特征,进行有针对性的廉洁教育,使之循序渐进养成诚实守信、祛恶向善、热心公益的健康人格,是德育教育的重要部分,非常必要而且及时。从现代心理学的角度看,成长环境的影响在人格养成期是相当明显的。一个孩子,无论见到什么,不起贪求之心,不生占便宜之念,才会养成大公无私的品性。"可是反对的声音似乎更强烈:"将成人世界缺失正确规则的现实拿到讲台上跟孩子说,对于成人来说也是一种考验。这是所谓'大人生病让孩子吃药'的悖论。如果社会上发现什么问题都要从孩子抓起,教育又怎能承受

---

① 参见白峰:《廉洁教育进课堂并非"找错对象"》,载《中国纪检监察报》2011 年 9 月 14 日。

② 参见倪蔚薇:《廉洁教育,离学生有多远?》,载《无锡日报》2007 年 1 月 22 日。

得起八面袭来的沉重?"①

笔者在前面曾经谈到,我们并不赞同直截了当地对少年儿童开展反腐败的宣传与教育,主要是鉴于少年儿童等未成年人的认知和接受程度与成年人的不同或差异,但并不意味着笔者否认廉洁教育是一个面向全民的教育。为了防止和反对"有权力者"滥用权力,以人民赋予的权力谋求私利,固然应该对他们进行廉洁教育,但作为一种做人的基本道德品行和社会公德共识,廉洁宣传和教育也应该有区别、有针对性地深入到包括少年儿童在内的全体人民中间,这不仅是因为权力的制约和监督需要全民的关心和参与,还因为社会伦理和道德规范的培育需要从小抓起,廉洁政治和廉洁文化的建设需要全民参与,廉洁氛围和廉洁环境的营造也离不开包括党员干部在内的各阶层民众的齐心协力。但是,群众中客观存在的对于廉洁教育对象的误解和认识差距,无疑会在一定程度上影响到全社会反腐倡廉和公民廉洁教育工作的开展及最终成效,必须加以认真研究和妥善处理。

三、影响公民对廉洁教育重要性认识的因素

影响公民对廉洁教育重要性认识的因素既有客观的,也有主观的,广泛涉及经济、政治、历史、文化和社会等各个方面。在这里,笔者试就以下几个影响最大、最深,涉及面最广的重要因素——社会经济因素、历史文化因素和政治制度因素等进行逐一分析和阐述。

1. 社会经济的急剧变化是造成我国对于开展公民廉洁教育产生认识模糊的重要因素之一

改革开放以来,在我国社会主义市场经济体制的构建与发展过程中,原有的传统自然经济结构和长期计划经济背景下形成的相对简洁单纯的社会关系和思想观念也受到了很大的冲击。我国经济社会翻天覆地的急

---

① 赵涛:《廉洁教育:能否播下一颗清廉的"种子"》,载《中国社会报》2007年11月5日。

剧发展与变化,使得人们的社会分层和相互关系日益复杂化,人生态度和价值判断及价值取向也日趋多元化,这种接踵而来的与人们的生存、生活状态密切关联的巨变,自然也不能不对各阶层群众的世界观、人生观、价值观和荣辱观形成巨大的冲击,构成不容忽视的影响。在遵循利益最大化的市场经济条件下,人们在经济活动中追求个体物质利益的价值取向,也日益获得道德伦理的宽容和认可,尤其是在物质文明和精神文明一手硬、一手软、"教育"一手相对软弱甚至缺失的情况下,人们开始视金钱为社会交往和交换关系中最重要的媒介或"润滑剂",而忽视了以社会主义道德为基础的核心价值观的引领作用。在这种重利轻义的社会氛围中,市场经济下的"逐利"特性和倾向,就会潜移默化地侵袭和腐蚀一些法律意识和道德观念薄弱的人们,使之将金钱当做唯一的崇拜对象,将唯利是图作为人生的信仰和追求,而在市场经济体制构建过程中的新旧体制机制转换时出现的暂时缺位和交接失范,如新旧政策方针的共存和价格双轨制,必要的监督监管机构和制度的软弱、缺失等情况,也使得一些掌握公共权力和资源的国家公职人员,特别是身居要职的领导干部,在市场经济逐利特性的冲击和影响下忘乎其职,迷失其本,逐步滋长了拜金主义、官僚主义、享乐主义和极端个人主义等不良意识,进而导致了以权谋私,权权、钱权、权色交换等贪腐现象的滋生和蔓延。这种混杂的经济环境和"言必谈利"的社会氛围,又会不断激起社会各阶层民众对物欲利益的无尽渴求和舍命追逐,并对公共领域当权者的拜金行为和寻租现象等"潜规则"产生"包容"心理和"羡慕"情绪,甚至形成不问来由、只顾结果的"以富为荣""笑贫不笑娼"的社会风气。总之,在市场经济负面作用的冲击影响下,既容易出现公权力的蜕变和腐败行为,也容易出现公民轻视廉洁教育的情况。

2. 长期封建制度和社会历史中积淀的消极因素也是公民对于开展廉洁教育产生认识困境的重要因素

我国历史和传统文化中既有舍生取义、克己奉公等积极、进步的优良风尚,也受到"等级制""官本位"等"人治"观念的严重影响。"官本位"思想是封建集权制和官僚制在观念形态上的主观反映,即一切以官为本,把做官当做人生最高的价值来追求,用官职作为标准来评价人生价值的大小,评判一个人的地位和作用的落后思想。在中国几千年的封建社会里,贪官污吏数不胜数,尤其是到了每个封建王朝的末期,往往发展到无官不贪、无吏不污的地步,没有出现过真正清廉的政治和清正的政府。这也与君主专权、官本位的历史传统以及对于廉洁奉公的认识存在先天不足不无关系。

首先,封建独裁制度造成了"廉洁奉公""反腐倡廉"自身的局限性。拥有绝对权力和滥用权力是封建君主共同的特征,在封建帝王看来,所谓"奉公",就是服从帝王,忠于朝廷。根据"权力导致腐败,绝对的权力导致绝对的腐败"这一定律,封建帝王是国家的最高主宰,不但拥有绝对的权力,而且不受任何监督和制约。在这种制度下,他们是以个人的权力是否受到威胁,统治阶级的利益是否受到损害,来作为判断是非曲直或某个言论行为是应予以鼓励、表彰、倡导,还是应予以反对、制止或惩处的衡量标准的。因此,在封建社会里,所谓的"反腐败"常常会变成政治斗争和权力倾轧的工具:有利于自身统治和独裁时就反,不利于时就不反,甚至放任自流。反腐败从来不是目的,只是手段,这也决定了封建社会的反腐败只能是局部的、暂时的,具体指向也是非常功利的。其次,封建帝王所倡导的廉洁文化往往是流于形式的官样文章,在荣辱廉耻问题上也偏重于表面形式。历朝历代的帝王都尽情挥舞廉洁奉公、反对腐败的旗帜。在历史著作和文艺小说中,均有引不胜引的关于反腐倡廉的话语和警句,如"大吏廉洁,小吏则自然效法","官能清则冤抑渐消,吏能廉则风俗自厚","官若忠廉,则贤才向用,功绩获彰,庶务皆得其理,天下何患不治?""故牧民者,秉义逐利,廉俭是先"等。但在封建帝王拥有绝对权力的社会结构中,实际的政治运作与封建朝廷制定的惩腐反贪措施、法律措施经常是背道而驰的,一些正直清廉的官员在这样的政治环境和氛围中,往往不被社会所容，不受时世所纳，成为孤家寡人或政治流星。最后，作为中国封建社会主流意识形态的儒家思想所强调的"礼治""德治"和"人治"，事实上并不利于廉洁官僚制度的建立和完善。儒家继承和发展了西周以来"明德慎刑"的思想，提出并重视"礼治""德治"和"人治"的观念，强调"为国以礼""为政以德"和"为政在人"。历朝历代虽然都在如何治理国家、惩治贪污腐败的问题上制定了不少法律法规和监督监察制度，但这些以"三纲五常"等基本"礼仪"为核心制定的法律制度，其总的指导思想和实施目标是主张和维护封建等级制度，是非错对皆由衙门或官员判定，对于其他士农工商等社会阶层则要求严格遵守，不得僭越违抗；其强调的"德治"也只是注重统治者个人的德行和示范作用，对布衣子民只是要求唯唯诺诺、遵循服从。其主张"以德服人"的"德治"思想也是将立法、行政和司法权力都集中于君主及达官显贵身上，往往导致封建君主及其亲信官僚个人的智能、品德与权威凌驾于法律和制度之上，最终必然导致"人治"的结果；而儒家思想希望建立的以家庭为本位、以伦理为中心、以等级为教化的"礼治"思想，实际上是将家长定为家庭或家族中的"君主"，根本不给、也不容其他家庭成员有抗衡、反对的资格和机会，这同样不利于对官吏、尊长实行监管监督机制，不利于形成将反腐倡廉制度化、法制化的社会生态环境。所以，在儒家主流意识形态的影响下，是很难真正建立起反腐倡廉的制度和机制的，同样也很难形成现代意义上的真正的清廉政治、廉洁文化及社会环境。

3. 传统文化中的"中庸"和"明哲保身"以及"人情社会"的习俗也不利于反腐倡廉及廉洁文化的发育、形成

漫长的封建社会和官僚体制留下的封建传统思想和社会人情习俗，已牢固地植根于中华民族的血脉里，积淀于民众的性格中。中国人历来深受"中庸"思想的影响，并以"执两用中""过犹不及"为传统美德。为人处事讲究不偏不倚，忌讳旗帜鲜明，排斥言辞锋利。这种"中庸之道"渗透到政治"潜规则"和社会文化中，就成为公民漠视腐败、轻视廉洁教育

的原因之一。即使在当今社会,许多公民仍把稳健持重看得过重,将善于"隐忍不发"和"明哲保身"作为言论行为的座右铭,对于身边发生的违法乱纪行为和贪官污吏,只要"事不关己",就会"高高挂起",熟视无睹,还往往美其名曰"小不忍则乱大谋"。就像许多著述在分析贪腐现象之所以难以清除的原因时指出的那样,相比于西方国家和公民社会更注重公平正义、法治规范的情况,中国社会历来更讲究"人情世故""轻法重义",这也是关羽、秦琼、宋江等封建官吏、江湖好汉,虽然也有徇私枉法,包庇"人犯"的行为,却因为"讲义气""为朋友两肋插刀"而广受民间推崇、赞誉的社会原因之一。在这样的"人情社会"里,亲朋之间即便是违法的相助,也会被视为"仗义"的"英雄",反之则被认为"无情无义",甚至被斥为叛徒、宵小而为亲朋乃至社会所不容。这种无原则的"人情世故"如果渗透到整个社会的机体,显然不利于反腐倡廉政治生态和社会环境的形成和发展,也不利于公民廉洁教育的开展与深入。还应当指出的是,中国传统文化中的"官本位"思想至今仍有很大影响,这也是影响反腐倡廉和廉洁文化扎根民众的一大障碍。正如江泽民同志所说的:"在很大程度上源于我国封建社会形成的'官本位'意识。所谓'官本位',就是以官为本,一切为了做官,有了官位就什么东西都有了,'一人得道,鸡犬升天'。这种'官本位'意识,流传了几千年,至今在我国社会生活中仍然有着很深的影响。一些共产党员和党的领导干部,也自觉不自觉地做了这种'官本位'意识的俘虏。"[①]在"官本位"这种封建制度和意识习惯的影响下,不仅部分当权者淡化了为人民服务的意识,颠倒了与人民群众的真实关系,并且也在群众中造成了"唯上""畏官",对以权谋私的贪腐现象和腐败分子"敢怒不敢言""避之唯恐不及"的不良风气。总之,对于传统文化中合理合法的有益精髓,我们当然要继承、发扬,而对于其腐朽落后的糟粕部分,特别是容易导致公民漠视反腐倡廉建设、廉洁文化培育和廉洁教育开展

---

① 《江泽民文选》第三卷,人民出版社 2006 年版,第 133 页。

的负面因素,则应努力教育和动员全社会加以识别和清除。今天,在党和国家大力倡导和建设政治清明、政府清正、官员清廉"三清"目标的新形势下,我们必须清醒地认识到传统廉洁文化本身包含的局限性,吸取历史的经验教训,实现反腐方式的现代性转变,真正以民主代替专权,以法治代替人治,把道德教化作为倡导廉洁的重要手段,使人民群众对贪腐现象"过街老鼠,人人喊打",使之失去立足之地。

4. 相关制度负面的不完善不仅是我国公务员队伍建设中的明显缺憾,还是造成公民对廉洁教育不关心、不重视的要因之一

这种缺憾首先表现在现有公务员制度方面。我国的国家公务员制度建立时间较晚,有关公务员的道德规范主要是在继承新中国成立初期对干部的基本道德要求基础上逐步发展起来的,既缺乏系统性、完整性,也很少将它上升到法治化制度层面。这种公务员制度和相关法律规范的不系统、不成熟,也是造成干部群众对廉政问题及公民廉洁教育不够重视的重要原因。其次是反映在监管监督机制的不健全。新中国成立后,特别是改革开放以来,我国逐步建立起了包括党内监督、行政监督、人大监督乃至群众和媒体监督等包含多种主体的全方位监督体系,但在浓厚的"官本位"氛围下,我国的监督机制在很长时期内,主要还是侧重于体制内的、特别是自上而下的监管,而忽视和轻视自下而上的社会化的监督。问题是,如果没有来自权力结构内部的监督和社会监督的有机结合,不充分发挥公众和媒体的监督作用,必然会影响监督机制应有的系统性和完整性,从而使监督的效果大打折扣,甚至名存实亡,这就势必影响人民群众对这种监督体系及其效果的评价和信服度。从近些年已经查处的公职人员贪腐案例看,许多贪官污吏正是被媒体披露或群众举报才被绳之以法的,媒体和公众等体制外监督的威力可见一斑。可以说,以往那种社会化监督仍处于不够规范、公众监督路径较窄、受保护程度较低并很难真正发挥作用的状态,这也是造成监督机制不健全的要因之一,而这种监督体制的不健全,又在很大程度上造成了公民对反腐倡廉建设及廉洁教育的冷淡态

度。与这种制度与机制的不完善相关的另一方面问题是,作为各种国家公共资源的实际支配者,国家公职人员、特别是居于"关键少数"领导干部,客观上又与该层级以外的普通公民存在着权限与信息的不对称,这种不对称又在很大程度上剥夺了公众的知情权和参与权,使手中有权的公职人员很容易欺上瞒下,搞"暗箱操作",最终导致普通民众难以实行监督权利。因此,制度不健全造成的公民不愿监督和难以监督也是我国公民漠视廉洁教育的主要原因。只有建立一个多元多层的监管监督机制,并形成系统、协调的内外合力——尤其是强化社会监督功能和力度,才有可能比较有效地遏制各种腐败现象的发生和发展,进而改变公民对反腐倡廉建设及廉洁教育的冷漠态度。最后,法制建设与纪律规范还有待进一步完善。党纪国法对规范各级公职人员的言行有着强制性的约束作用,既是保证他们遵纪懂法、恪守职业道德的最具震慑力的手段,也是加强公职人员道德建设和行为规范的法律依据和制度保障。当前,我国已经制定了包括《国家公务员暂行条例》《国家公务员行为规范》《公务员法》在内的多部法律法规与纪律准则。这些法律准则虽然为公务员制度的规范化提供了法律依据,但还没有形成规范公务员道德的专门系统的法律法规。这种制度上的不完善,必然带来大量的监管漏洞与制约缺位,导致不透明、不规范行为的普遍存在与不断滋生,一些丧失职业道德意识或自觉自律观念不强的公职人员甚至领导干部,也往往容易在各种利欲的诱惑面前丧失底线,利用人民赋予的职权谋私取利。因此,有关公务员廉洁从政的法律法规体系的缺失或不够完善,尤其是社会分层背景下缺乏与对社会各阶层开展廉洁教育相应的硬性规范,不仅不利于对公职人员开展有效的廉洁从政教育,也会在很大程度上影响公民廉洁教育的普遍推行和实际效果。此外,值得一提的是,我国目前还没有形成专门系统的、上下结合的廉洁教育的组织和机构——既没有专门的公务员廉洁教育机构,也没有专门针对其他社会阶层和公民群体的廉洁教育机构的情况,也是导致公民权利义务观念不清、监督和参与意识不强以及轻视廉教育的重要因素之一。

第二节　社会阶层分化对公民廉洁教育的挑战

当前我国社会分层的变化与重构,各阶层在经济、政治和社会地位上的分化,社会分化所导致的相应群体的形成与日益扩大的思想观念、生活方式及行为习惯等的差异,都表明社会资源和利益的分配与再分配出现了前所未有的巨大改变,它在一定程度上引发了各种社会问题,加大了社会矛盾与冲突发生的概率。中国共产党作为国家的执政党,作为中国特色社会主义现代化的领导者和先进文化的倡导者和引领者,自然不能回避这些矛盾和问题所带来的巨大挑战,必须及时有效地攻克、解决新形势下公民廉洁教育所面临的各种难题。

一、主流意识形态影响的弱化倾向

早在中国共产党成立前夕的1920年11月,毛泽东在给新民学会会员罗章龙的信中指出,要改造中国固然需要有大批刻苦励志的"人",尤其要有一种大家共同信守的"主义"。"主义譬如一面旗子,旗子立起来了,大家才有所指望,才知所趋赴。"新中国成立后,党和国家确立了意识形态领域中马克思主义的指导地位,运用马克思主义基本原理指导社会主义改造和建设并取得了重大成就。"文革"以后又开辟和发展了中国特色社会主义道路以及有中国特色的马克思主义理论体系。然而,改革开放以来,伴随着经济社会的迅猛发展及社会阶级阶层的剧烈分化和社会的利益格局的显著变化,人们思想活动的独立性、选择性、多边性、差异性也明显增强,在各种思潮、文化、价值观的屡屡交锋中,主流意识形态受到前所未有的冲击,一定相当程度上出现了被淡化、弱化的徵状和倾向。

有研究者曾对造成这种情况的原因作过认真梳理和分析:一是利益的重新分配导致低收入社会阶层对主流意识形态的信任危机。随着市场经济的发展,计划经济体制下人们对国家直接的利益依赖关系被打破,过去处于相同地位和生活状态的人,今天或许因为种种因素或机遇而跻身高低不同的阶层中,相互之间的差距和待遇日益突显。低收入阶层在困难面前心态开始失衡,并对社会现状和主流意识形态产生距离感和信任危机。二是政治诉求得不到满足导致新兴阶层对主流意识形态的质疑。改革开放以来,我国出现了一些新的社会阶层,他们在不断发展、壮大的过程中形成了越来越多政治、经济等方面的利益诉求,并要求党和国家从制度上对此给予承认和保障。一旦得不到呼应和满足,就容易产生不满或猜疑甚至反弹。这也是近年来许多社会群体事件超出经济和社会范围、日益具有明显政治倾向性的重要原因之一。三是文化多元和价值多元导致社会各阶层对主流意识形态认同度降低。市场经济主体的多元化导致人们价值观念的多元化,使人不再盲目地信仰某种意识形态。市场经济的趋利性,使人们更多地关注自身的利益,并根据自己的利益来选择和评判意识形态。再加上一些主流意识形态缺乏直面现实问题的勇气和自觉性,不能真切地解读民间的文化和生活诉求,这也导致主流意识形态的凝聚力和影响力降低,从而引起社会矛盾和冲突,引起人们对主流意识形态合法性的怀疑。① 近日,有学者在分析产生这种现象的时代背景时指出:"中国已进入公权力日益成为'靶子'和'出气筒'的时代,因为中国公众心态已从感恩心理转变为纳税人心态,后者的最大特点就是优越感与权利感并存,这很容易表现为社会批评,特别是对权力的批评,而进入信息时代以后,网络也为大众批评提供了平台,同时放大了批评声音。"②

二、价值多元下的核心价值观重构要求

新中国成立以后,党和政府通过一系列群众运动和社会改造,包括对

---

① 参见赵晓乐:《阶层分化背景下社会主义主流意识形态建构》,载《黑河学刊》2013年第10期。

② 公方彬:《对立性批评使我们思考》,载《环球时报》2015年1月6日第14版。

唯利是图、不劳而获现象,恶霸、流氓及黄、赌、毒、娼的打击,在继承中华民族优良传统风俗的基础上,形成了社会认同度很高的价值观:诚实守信、遵纪守法、勤俭节约、劳动光荣、爱护公物、公私分明、团结友爱、尊敬师长、爱国爱民等等。随着60年代学习雷锋、王杰、焦裕禄和掏粪工人时传祥等众多劳动模范活动的开展,中华大地迅速形成和展现了全心全意为人民服务、先人后已、大公无私、拾金不昧、爱岗敬业、爱党爱国等价值观念和社会风尚,国家繁荣进步,社会和谐稳定,人际关系和睦,整个中国呈现出人人敬业乐群、社会欣欣向荣的崭新面貌。客观地说,在"文革"以前占主导地位的价值观中,虽然也有诸如"大公无私""平均主义"等一些现在看来"共产主义"色彩较浓的、过于超前和理想化的成分,但从总体上看,绝大部分还是符合中华传统美德、适应群众诉求、符合时代发展趋势的。但是,由于"文化大革命"的破坏和冲击,加之改革开放以后某些政策的失误、思想教育的弱化、价值导向的混乱等原因,我们在经济社会发展取得了举世瞩目的成就、人民生活普遍改善的同时,也与人们期望相悖地出现了贫富差距迅速扩大、社会阶层急剧分化,甚至"一切向钱看""以富为荣、轻视劳动""人不为己天诛地灭""有权不用枉做官""以权寻租""老实人等于无用""笑贫不笑娼"等一度销声匿迹的丑恶观念和不良风气,这些低俗观念死灰复燃,沉渣泛起,似乎占据了社会的主导地位。再加上普遍存在的官僚主义、跑官卖官、贪污受贿、权钱、权色交易等贪腐现象,不断暴露的大案、窝案,尤其是发生在群众身边的铺张浪费、损公肥私、骄奢淫逸等贪腐之风蔓延的状况,将理想和现实间的巨大反差明显地突显于人民群众面前,不仅影响着人们的世界观、人生观、价值观和荣辱观,更在很大程度上冲击着社会的公平正义和道德良知,使中华民族的传统美德和优良社会风尚受到冲击乃至颠覆,也使原有的社会核心价值观体系和主流意识形态出现了被软化、弱化和退化的趋势。正是针对这种道德失范、观念失神、社会失情的状况,党中央一再强调要在大力推进物质文明发展的同时,注重精神文明、社会文明、政治文明乃至生态文明的建设,号召全党全国各族人民一起重构和树立以富强民主文明和谐、自由平等公正法治、爱国敬业诚信友善为基本内容的社会主义核心价值观,这项目标和任务显然是十分重要、紧迫和艰巨的。

三、社会不公问题下的腐败发展势头

改革开放以来,我国社会阶级阶层的严重分化日益成为影响社会发展的基本变量。现阶段我国社会分层已经引发了许多问题,如城乡差距、地区差距、行业差距等,体现了社会各阶层之间在户籍、迁移、阶层流动、收入分配以及教育、医疗、社会保障等资源占有方面的过大差距,并已在很大程度上威胁着社会的公平正义,造成了很多问题、矛盾和冲突。阶层严重分化且阶层流动不畅,不仅抑制了社会活力,影响了社会和谐稳定,导致矛盾频发,它也隐藏着产生腐败现象的社会结构性诱因。贪腐现象严重,必然损害党的形象,社会正义不张,必然影响政府信誉,这些问题不解决,也会严重干扰和影响反腐倡廉和公民廉洁教育的开展和效果。《华东政法大学学报》2013年第6期,刊登了李翔撰写的《反腐败的中国社会语境探析——以我国市民社会阶层分化为视角》,分析了当前社会阶层矛盾分化中的主要腐败诱因。文章指出,第一,阶层差距过大造成某些公职人员的财富观发生异化。我国当前所面临的阶层分化以及随之产生的社会矛盾和冲突,在腐败动机和腐败环境或条件这两个层面上,一定程度上都为贪腐活动提供了机会,或者说是埋下了诱因。由于种种原因,我国高速增长的经济成果不仅未能比较公平地被全社会共享,而且出现了大部分成果集中于极少数人手中的倾向。根据相关统计,我国国家公务人员工资收入仅处于社会中等收入水平,其距高收入阶层还存在较大差距。在悬殊的贫富差距面前,一些公职人员很容易患上"红眼病"。此外,随着市场经济的发展,商品价值的观念也开始影响公职人员的价值观、财富观。在党政机关中,原有的道德观念与价值标准被打破,人们越来越用商品经济的眼光去看待政治权力的问题,权力商品化、市场化、私有化的观念越来越成为党政机关工作人员的办事准则。为实现财富的迅速增长，部分公职人员开始"不安于现状"，寻求快速"致富"的道路。第二，社会流动滞涩造成既得利益群体腐化堕落。社会各阶层间流动不畅，社会阶层结构相对固化，使得整个社会缺乏公平竞争机制。这就为既得利益群体巩固其经济地位的暗箱操作留下了充足的空间。在当前我国金字塔型的社会结构中，处于上层的既得利益群体自我封闭，在决策过程中倾向于维护其自身利益，而广大的产业工人和农业劳动者处于社会结构的底层，在收入分配和资产拥有量方面处于绝对劣势，他们的合法利益和政治诉求长期得不到重视。社会结构的封闭，导致了权威信息的缺失和信息沟通不畅等问题。又由于我国政治体制改革相对滞后，使一些传统的社会基础阶层地位不断下降，比如产业工人阶层地位下降，政治参与热情不高。与此同时，一些新社会阶层的政治地位并没有与其经济地位的提升同步进行，导致一些人甚至通过非法手段（比如极个别私营企业主的贿选）来提升自己的政治地位。因此，既得利益阶层与利益相对受损阶层之间矛盾的存在，一方面使得权力的运行得不到有效监督，另一方面，在涉及自身利益事项时，为了办事便利，处于社会结构底层的人们，有时又不得不选择向权力腐败妥协，这客观上使腐败现象更为严重。第三，权力配置失衡及不当运用促发腐败行为。社会管理阶层掌握着分配社会资源、生产资料和公共资产的权力，而这种资源配置的权力和优势，又直接关系着利益的分配和改革成果的分享。虽然国家减少了直接经营权，却又在相当程度上增加了对社会经济活动的管理权，同时缺乏严密完善的监管监督机制。因此，管理收费、有偿服务，甚至"以权寻租"，也就成了国家机关出现大量腐败现象及"大案""窝案"的根源。[①] 上述文章的论述和分析，虽说还有进一步拓展和深入的余地，但总体上还是比较精准和到位的。

[①] 参见李翔：《反腐败的中国社会语境探析——以我国市民社会阶层分化为视角》，载《华东政法大学学报》2013年第6期。

四、开展公民廉洁教育的难度增大

按照马克思主义的阶级定义和阶级划分标准以及社会学传统的社会分层方法,我国改革开放前的社会阶层可划分为工人阶级、农民阶级和知识分子阶层这两个阶级和一个阶层。改革开放以来,工人和农民仍是我国社会的两大基本阶层,但这两个阶层内部却发生了显著的变化。因社会经济结构显著变化,单一的公有制转变为以公有制为主体,多种经济成份共存的多元所有制形式,社会经济结构的转变,使工人阶层内部发生了分化,公有制单位的就业人数日益减少,非公有制单位的就业人数逐年增多。在新的形势下,工人阶级内部分化出企业家阶层、管理者阶层、普通工人阶层、低收入职工阶层等。农民阶层也发生了较大变化,有承包集体耕地、以农业劳动为主的农村农业劳动者,也有成为有农民身份的工人,农民阶级内部的划分就有农业劳动者阶层、农雇工阶层、农民工阶层、农村社会管理者阶层等。当前,我国知识分子内部也可以划分为管理者、传播知识劳动者、青年学生三个阶层。此外,在新的历史条件下,新的社会阶层不断出现,包括私营企业主阶层、个体工商户和个体劳动者阶层、自由职业人员等。每一种类型的社会阶层都是一个利益群体,不同的利益群体之间无论在经济利益、社会地位和利益特点方面,还是在归属感和认同感方面都存在着差异与矛盾,而且同一阶层内部也会有矛盾和冲突。

改革开放后,随着所有制结构的变化和产业结构的调整,原先"两个阶级、一个阶层"的社会结构发生了变化,私有阶层随着非公经济的恢复和发展不断壮大,这极大地改变了原有的社会阶层结构。虽然市场经济体制的确立解除了体制机制上的众多束缚,促使人们开拓思路,解放思想禁锢,树立与社会主义市场经济相适应的竞争意识、效率意识,也使人们创新创业的积极性、自主性和开拓性大大增强,但市场经济本身也是一把双刃剑,市场经济体制的建立和利益格局的重新调整也使得部分党员和党员干部的价值观念、利益诉求发生了变化,加上其队伍规模的不断扩大及来源和成分的多样化、复杂化,也使得传统的廉洁教育显得跟不上形势,提高教育有效性的难度大大加深。与此同时,在市场经济体制下出现的不正之风、贪污腐败、行业垄断等现象,又进一步加大或放大了市场经济的负面作用和影响,从而使面向干部群众的廉洁教育均受到了严峻的挑战。阶层的分化唤醒了人们的独立意识、自主意识,人们越来越根据自己的利益得失评价周围的一切,不再是被动地接受教育。在市场经济条件下,一些领导干部受到的诱惑越来越多,马克思主义理想信念和廉洁奉公、为人民服务等的观念开始淡化甚至被抛弃,在社会阶层的流动中,他们由理想主义转向现实主义,只关注自我价值的实现而忽视社会价值的实现,在丧失社会责任感和正义感的同时,拜金主义、享乐主义、个人主义至上的思想却不断滋长,道德滑坡乃至堕落现象开始蔓延。

另外,社会分层扩大了贫富差距。据测算,我国居民收入的基尼系数已达 0.45 左右,这表明我国居民间的收入差距已经达到了比较严重的程度。贫富差距的扩大促使不同阶层间的利益冲突加剧,各个阶级、阶层存在着"一定程度的不平等",这种不平等不仅影响社会稳定,制约社会发展,也使开展公民廉洁教育增加了难度。一些中下阶层开始对社会流动机制的公正性产生质疑,政治参与热情和质量下降。近些年的调查统计均表明,我国社会的绝大部分阶层都把腐败和不公问题列为影响社会稳定的最为严重和直接的选项,广大人民群众对腐败或"因权力造成的不公平"的反应最为强烈。先富起来的群体中一部分人靠钻体制缝隙,靠偷税漏税、侵吞国有资产等各种非法手段而暴富的现象,在很大程度上加大了中下阶层对社会的不满,他们政治参与热情明显降低,甚至有一些人产生了对社会和政治的冷漠和仇视情绪。这对于我们在这些阶层中开展公民廉洁教育,无疑又是一个严峻的挑战和值得深入研究的课题。还要指出的是,随着"单位人"向"社会人"转变,各阶层人员的流动性与职业的变动变得更加频繁,公民廉洁教育的对象及其特点、诉求等也日趋复杂。加之廉洁教育体制机制方面的不健全等多种因素,都形成了现阶段开展廉洁教育的新背景和新挑战。总之,在当前的形势下,新的社会分层状况对我们开展公民廉洁教育提出了更多、更高和更细的要求,使得我们难以再用同一种尺度、同一方法和形式在当今思想观念、价值取向日趋多元的各个利益群体中开展教育。面对多元化的社会分层,廉洁教育也必须关注不同阶层的特特性和差异性,在坚持社会主义核心价值体系的前提下,切实推动具有阶层特色的教育,这也是对我们党的执政能力与水平,对广大干部素质和领导能力与水平的新要求、新考验。

第三节 社会阶层分化与公民廉洁教育的契机

任何事物都具有两面性,所以我们必须一分为二地看问题。我们既要看到我国社会阶层分化对开展公民廉洁教育带来的严峻挑战,也应看到社会阶层分化给公民廉洁教育带来的新条件和新机遇。

一、中央领导对廉洁教育的日益重视

马克思主义认为,社会是人的社会,社会的人是具有阶级属性的。社会最本质的问题就是构建和谐的人际关系,大而言之是构建和谐的阶层关系,其核心就是构建和谐的领导者与被领导者的关系。作为马克思主义政党,中国共产党自诞生以来,就一直积极倡导清廉精神,重视加强对社会各阶层群众、特别是党员领导干部的艰苦奋斗与廉洁奉公教育。我们党从中外数千年政权更替和自身长期奋斗的历史经验和教训中充分认识到:"纵观千古存亡局,尽在朝中任佞贤。"就像2013年1月习近平总书记在中央纪委第二次全体会议上所指出的那样:"中国历史上因为统治集团严重腐败导致人亡政息的例子比比皆是,当今世界上由于执政党腐化堕落、严重脱离群众导致失去政权的例子也不胜枚举。"[①]因此,也把加强

---

① 参见《〈习近平关于党风廉政建设和反腐败斗争论述摘编〉出版发行,许多论述第一次公开发表》,载《新闻晨报》2015年1月12日第A2版。

廉洁廉政教育视为党的先进性建设的基本和本质的要求。改革开放以后，随着国内外形势的变化和对外交往的扩大，邓小平多次告诫全党要注意对党员干部加强反腐倡廉教育。1981年召开的党的十一届六中全会通过的《关于建国以来党的若干历史问题的决议》中指出："思想政治工作是经济工作和其他一切工作的生命线"①，再次提出了思想政治工作的重要地位。在1985年召开的党的全国代表会议上，邓小平在讲话中强调"改善社会风气要从教育入手"。1989年，他又在会见李政道时明确指出："我们要反对腐败，搞廉洁政治。不是搞一天两天、一月两月，整个改革开放过程中都要反对腐败。"②邓小平还认为，腐败的根源首先是体制，再就是廉政教育工作的薄弱，他强调党一定要坚持"两个文明"一起抓的方针，一靠理想、二靠纪律，要通过教育和法制来保持党的廉洁本质。进入90年代以后，党中央继承发展了邓小平关于新时期的党风廉政建设的理论与实践，创造性地提出了"三个代表"重要思想，强化了党的自身建设工作，进一步为深入开展党风廉政建设和反腐败斗争指明了目标和方向。在这一时期中，党中央高度重视改革开放和社会主义现代化建设中的廉洁教育问题，先后在干部中开展了"三讲"以及全党学习"三个代表"重要思想的活动，强调"坚决反对和防止腐败，是全党一项重大的政治任务。不坚决惩治腐败，党同人民群众的血肉联系就会受到严重损害，党的执政地位就有丧失的危险，党就有可能走向自我毁灭。"③党的十六大以来，胡锦涛也在多次重要讲话中指出，我们党的干部、特别是党的高级干部，要切实做到"为民、务实、清廉"。他强调："进一步加大预防腐败的工作力度，必须继续在加强教育上下功夫，使领导干部自觉拒腐防变，带头廉洁自律；继续在完善制度上下功夫，推进反腐倡廉工作的制度化、法制化，发挥法规制度的规范和保障作用；继续在强化监督上下功夫，保证把

---

① 《十一届三中全会以来重要文献选读（上）》，人民出版社1987年版，第337页。
② 《邓小平文选》第三卷，人民出版社1993年版，第327页。
③ 《十六大以来重要文献选编（上）》，中央文献出版社2005年版，第42页。

人民赋予的权力用来为人民谋利益;继续以改革统揽预防腐败的各项工作,通过深化改革、创新体制,从源头上预防和解决腐败问题。"①胡锦涛又在党的十七大报告中要求全党把反腐倡廉建设放在更加突出的位置,并首次提出要大力加强廉政文化建设。他还在十一届全国人大第一次会议闭幕会上的讲话中指出:要坚持清正廉洁,始终保持不骄不躁、艰苦奋斗的作风,自觉树立社会主义荣辱观,正确使用手中的权力,诚心诚意接受人民监督,严于律己、廉洁奉公,兢兢业业、干干净净为国家和人民工作。要求领导干部要干干净净干事。不久,又在《中共中央关于在全党开展以实践"三个代表"重要思想为主要内容的保持共产党员先进性教育活动的意见》中再一次强调:这次开展先进性教育活动的目标要求是"党员全心全意为人民服务的宗旨观念进一步增强,作风进一步改进,组织群众、宣传群众、教育群众、服务群众的本领进一步提高,党群、干群关系进一步密切,真正做到为民、务实、清廉"。②进入新世纪以后,胡锦涛又根据我国社会发展状况和人们思想的深刻变动,基于各种思想、文化及观念激烈碰撞、交锋的时代特征,提出了以"八荣八耻"为主要内容的社会主义荣辱观,以此作为全国各族人民最基本的道德规范和行为模式,列为人们在社会生活中判断是非、善恶、美丑、荣辱的基本准则和价值导向,其中也体现了对党员特别是各级领导干部以社会主义荣辱观引领社会道德风尚,自觉抵制各种错误和腐朽思想侵蚀的希望和要求。2010年秋,习近平也在中央党校开学典礼上强调,要树立新的三观即正确的"世界观、权力观、事业观"。他强调三观的核心是权力观,马克思主义权力观就是权为民所赋,权为民所用。领导干部除了当好人民的公仆外没有任何特权。只有做到了这一点,权力才能规范运作,干部才能真正"当好人民公仆"。

---

① 《十六大以来重要文献选编(中)》,中央文献出版社2006年版,第600页。
② 同上书,第416页。

二、反腐风暴营造了良好的教育环境

党的十八大以来,党中央重拳出击,持续加大对党员干部的廉政规范、监督和查处。根据建设社会主义现代化法治国家的目标和要求,党中央一再强调要依法治国,从严治吏,依法治腐,要依靠全党全国人民共同努力,尽早形成"三清"的政治局面,并通过体制机制改革和持之以恒的反腐败斗争,真正做到"把权力关进制度的笼子里",从根本上遏制腐败的发生与蔓延;从颁布八项规定、以反对"四风"为"切入口和动员令",盯紧时间节点严查违纪违规现象,到声势浩大、力度空前的"打虎、灭蝇、猎狐"连环出击,掀起了雷霆万钧的反腐风暴;从改革纪检、监察、审计和司法体制,切实整顿各级反腐机构、强化监管合力,到加大常规巡视和专项巡视的作用,构建制度化巡视体制,再到运用新媒体、新技术发动群众参与监督,强化监督制约机制等。通过集中宣传反腐和查处各种贪腐现象,既彰显了中央"有腐必反,有贪必肃"的意志和决心,正如王岐山所说的那样初步形成了"不敢腐"的氛围,并为继续营造"不能腐、不想腐"的政治环境奠定了基础。应该说,这种力度空前的持续反腐治腐,既在很大程度上遏制了腐败的发生和蔓延,加快了对发生在群众身边的不正之风和腐败问题的解决,也让人民群众切身感受到了反腐败的实际成效,因此得到了全党及全国民众的积极响应、衷心拥护和大力配合,同样也为我们开展公民廉洁教育奠定了很好的群众基础,营造了空前有利的政治环境和社会氛围。

党风决定民风,党风正则民心顺。邓小平同志曾指出:"为了促进社会风气的进步,首先必须搞好党风,特别是要求党的各级领导同志以身作则。党是整个社会的表率,党的各级领导同志又是全党的表率。"[①]廉洁教育既是一项基础性工程,又是加强党的建设的必要举措。中国共产党

---

① 《邓小平文选》第二卷,人民出版社1994年版,第177页。

曾在执政初期就严肃处置了刘青山、张子善的贪腐案件,改革开放以后也依法依纪处理了陈希同、胡长清、成克杰、陈良宇等一批高官的贪腐行为,还相继制定了比较完备的廉政立法,包括《国家公务员暂行条例》《中央纪律检查委员会关于共产党员违反社会主义道德党纪处分的若干规定》《国务院关于国家行政机关及其工作人员在国内公务活动中不得赠送和接受礼品的规定》等。2007年5月底,中央还创新体制机制、加强制度建设,正式批准设立了国家预防腐败局,强化了对腐败现象和贪腐分子的监管打击力度;教育部发出的《关于在大中小学全面开展廉洁教育的意见》,要求"从2007年起,在全国大中小学校开展廉洁教育",并制定了《高等学校廉洁文化教程》。《建立健全惩治和预防腐败体系2008—2012年工作规划》也强调要按照《关于在大中小学全面开展廉洁教育的意见》,在学校德育教育中开展廉洁教育。此外,还以法律、政策、道德、宗教、舆论相结合的手段,着力构建权力约束机制,以形成有力、有效的权力制约体系。党的十八大报告在客观分析当前反腐败斗争形势的基础上,进一步提出要"依法治腐",强调党风廉政建设和反腐败工作必须始终保持党同人民群众的血肉联系;必须坚定不移地反对腐败;必须严明党的纪律。还要深化在重点领域和关键环节的改革,健全反腐败法律制度,在更加科学有效地防治腐败的同时,加强反腐倡廉教育和廉政文化建设。十八大以后更是重拳出击,形成"打虎灭蝇"的暴风骤雨,从制度建设、作风建设和思想建设等方面,大力加强党员领导干部的廉洁教育,创新了廉政廉洁建设的手段和路径。这不仅对党员干部养成廉洁奉公的意识和品行发挥了警醒作用,也为全社会培育廉洁精神、开展廉洁教育奠定了良好基础。

三、传统廉洁文化历史遗产的继承

我国有着悠久的廉洁教育传统,在几千年的历史长河中,历代都有一些比较开明的君主及其辅臣十分重视强调"吏"的道德品质,把"以廉为本"视为官德的基本规范,称之为"仕者之德""人生大纲",并将官员道德规范纳入法律框架,来对官员的德行进行有效监督。历代也有许多政治家、思想家、教育家,乃至布衣百姓提出了廉洁廉政方面的格言警句,如"君为轻、民为贵""当官要为民做主""以廉为本""从严治吏",重视官员道德教化的思想等。这些重视廉洁教育的传统,在今天不仅仍有很大的影响,也体现了中华民族传统中廉洁文化和廉洁教育思想的精华,作为一种历史文化积淀,这更是一种文化宝藏和精神财富,给今天我们开展反腐倡廉和公民廉洁教育奠定了深厚的基础和底蕴,尤其在陶冶官员的思想品行,培育高尚的道德情操以及改善和教化社会风气等方面,都具有值得借鉴和肯定的地方。

早在夏朝就有所谓"夙夜惟寅,直哉惟清"的政治清廉思想。到西周时,统治阶层接受了夏商两代后期由于官吏失德而亡国的教训,在选拔官吏时特别强调道德品行,把廉洁作为选拔官吏的重要标准。春秋时期,管仲则把"礼、义、廉、耻"视为治国的"四维",强调"四维不张,国乃灭亡"。齐国宰相晏婴也有"廉者,政之本也"的论断。秦朝除了在《秦律》中规定了"五善"与"五失"的职官管理制度外,也十分注重官吏的道德素质。汉朝则在以"四科取士"为主的选官标准中首先强调:"德行高妙,志节清白",十分注重"质朴、敦厚、逊让、节俭"的"光禄四行"。唐朝对吏的"四善"考绩标准则强调:"一曰德义有闻,二曰清慎明著,三曰公平可称,四曰恪勤匪懈。"唐以后的宋、元、明、清各朝在职官管理制度方面也都十分注重官员是否清廉,并重视对官吏的廉洁教育。宋代著名清官包拯则概括道:"廉者,政之本也,民之表也;贪者,政之祸也,民之贼也。"清朝皇帝康熙在《清圣祖实录》中则以"大臣为小臣之表率,京官为外吏之观型。大法则小廉,源清则流洁,此从来不易之理。大臣果能精白乃心,格遵法纪,勤修职业,公而忘私,小臣自有顾畏,不敢妄行",对大臣作出遵守法纪、廉洁从政方面的要求。当然,这些统治者之所以注重官吏的道德品行,强调廉政的重要性,并注意对官员进行廉洁教育,是因为他们大多知道"水能载舟,亦能覆舟"的道理,明白官吏的严重腐败必然导致人亡政息,而吏治廉洁、政治清明既是其维护统治和国家长治久安的需要,也是赢得民心、稳定社会的重要举措。因此,为了克服官吏贪腐的弊端,统治者不仅强调从严治吏,强调以廉制贪,更制定了许多惩贪与奖廉相结合的制度规范,同时也很注重从道德品行方面来考察和约束官员,并对官员进行为官清正、廉洁从政的教育。

我国古代许多思想家、教育家也对廉政作了多方面的论述,如"廉者常乐无求""廉士不辱名""喻大利而不易其义,可谓廉""廉者不以富贵而忘其辱""廉者,民之表也"。其中比较系统提出廉洁教育思想的是以孔孟为代表的儒家。儒家学派提出并全面论述了"为政以德"的思想。孔子说过:"政者正也。其身正,不令而行;其身不正,虽令不从。"孔子认为,统治者首先必须"自身正",起表率作用,而后才能去要求百姓。孟子认为,"民为贵,社稷次之,君为轻",把孔子"爱人""惠民"的思想,提高到比"君"还要高贵的位置,他强调统治者"与民偕乐,故能乐也"。孟子"以民为本"的思想进一步明确了为官应廉洁为民。在民间,也历来就有着浓重的"清官"情结。老百姓无不痛恨杨国忠、严嵩、秦桧、和珅等贪官污吏,不仅在戏曲小说中极力丑化之,甚至让他们的塑像永远跪对精忠之士,并受万众唾骂,而对西门豹、狄仁杰、包拯、岳飞、海瑞等文武"清官"则十分尊敬推崇,不仅誉之为"青天",而且为他们建庙立寺、塑像涂金、顶礼膜拜。这种"以廉为荣,以贪为耻"的廉洁文化和传统不仅一代代传承,而且在新的时代背景下不断得到传扬。可以说,我国几千年历史中沉淀的廉洁文化作为培育人们道德修养的源泉,作为弘扬社会正气的根基,正是中国共产党先进性建设的思想条件和理论源泉之一。

习近平曾在2014年1月召开的中共十八届四中全会第二次全体会议上指出:"腐败问题与政治问题往往是相伴而生的。"[①]我国传统的廉洁

---

① 《〈习近平关于党风廉政建设和反腐败斗争论述摘编〉出版发行,许多论述第一次公开发表》,载《新闻晨报》2015年1月12日第A2版。

教育中也有将道德与政治相提并论这一显著特点。古人说:"德,国家之基也。"治民先治吏,只有道德高尚的人,才能成为合格的政治统治者,才能施仁政,关心和体谅百姓,从而取得百姓的信任和拥护,才能获得百姓的尊敬和追随,由此提出了官员要有更高的道德标准和要求,廉洁就是对官员道德的一个重要要求。我国古代的廉洁教育有效地把治国平天下与修身齐家结合起来,在一定程度上遏制了封建专制制度的恶性发展,在官员个体人格塑造中起到了重要作用,在廉洁教育的影响下,出现了清廉守正、率先垂范、谦逊不骄的清官。另一方面,提高官员的道德素质、官吏自我修养的廉洁教育还能使各级官吏在具体施政过程中以德行政,这同时对普通百姓也起到了道德教化和告诫的作用。

中华民族在长期的历史发展中逐渐形成的思想文化传统,已稳固地植根于民族性格中,积淀在民族血脉里。可以说,清廉精神是中华优秀传统文化的核心组成部分。当代,传统文化依然发挥着深刻而持久的作用。弘扬廉洁文化也是党进行先进文化和精神文明建设的重要手段。在进行公民廉洁教育的宣传和研究时,就不能割断这种历史的渊源,抛弃这种传统和文化的底蕴,而要从历史唯物主义和辩证唯物主义相结合的角度来审视我国廉洁教育的传统和文化,从中吸取有益成分,借鉴有益经验。当然,这种古代的传统政治理念和廉洁廉政文化也有两重性,精华与糟粕并存、真理与谬误混杂,今天,我们在借鉴传统文化时,就要去其糟粕,取其精华,克服唯权、唯上等缺陷,根据社会分层的具体情况进行科学有效的廉洁教育。

四、中共廉政建设历史经验的借鉴

中国共产党自成立伊始就非常注意加强自身建设,也十分重视对党员干部进行廉洁奉公、不图私利的教育,并通过党内组织制度建设和设立法规的形式,不断同违纪现象和贪腐分子进行坚决斗争。

1. 建党初期和土地革命战争时期的廉洁教育

中国共产党第二次全国代表大会通过的《关于共产党的组织章程决议案》就强调党内必须有严密的、高度集中的、有纪律的组织和训练，会议制定的《中国共产党章程》也对党员条件、党的各级组织建设和党的纪律作了具体规定。在实际工作中，党的各级组织也坚持实行严格的纪律，严肃查处违反纪律、不符合标准的党员。如陈公博和周佛海都是在建党早期做出过贡献并被选为一大代表的著名人士，但不久都因为支持陈炯明炮轰总统府，以及投靠国民党等严重违纪问题而被清除出党。在大革命高潮的 1926 年 8 月，中共中央还针对党员干部中出现的贪腐现象发出了《关于坚决清洗贪污腐败分子的通知》，继而又在 1927 年 5 月召开的中共五大上设立了专门负责纪律检查的中央监察委员会。1929 年底，毛泽东在古田召开的红四军第九次党的代表大会决议案中，针对党内存在的各种错误思想提出了以思想教育为主的应对措施。1931 年 11 月成立的中华苏维埃共和国临时中央政府，也在成立一年后的 1932 年 12 月，专门颁发了《关于惩治贪污浪费行为》《怎样检举贪污浪费》等文件，以立法的形式确立了反对贪污腐败，倡导廉洁自律的方针，并明确规定对贪污公款 500 元以上者处以死刑。尤其在走向成熟的抗日战争时期，以及中华人民共和国成立以后，中国共产党更是重视廉政建设，坚定不移地把清正廉洁作为马克思主义政党区别于其他政党的重要标志。这些加强廉政廉洁教育的举措，也为今天的反腐败斗争和反腐倡廉教育提供了宝贵经验。

2. 抗日战争时期廉政建设的历史经验

抗战时期中共面对着复杂的局面和严峻形势：根据地所处的政治环境、经济条件、自然环境极端险恶，国民党在对共产党进行封锁的同时，更以高官厚禄引诱我们队伍中的一些意志薄弱者，使我们面临党员干部被腐蚀的危险。如不进行廉政建设、加强廉洁教育，将会危及根据地政权的巩固、发展并会被人民群众所抛弃。为此，中央对各根据地的廉洁廉政教育给予了高度重视，采取了一系列行之有效的措施。其中，华中抗日根据地的廉洁教育形成了比较系统的做法。首先,通过颁布训令和加强立法开展廉政建设和廉洁教育。1940年8月23日,新四军江北指挥部发出《关于开展反贪污腐化反投降主义的倾向的训令》,指出:"对于已经发现的贪污腐化,加以克服、教育与争取,尽量把他们挽救过来。"1941年12月,淮北苏皖边区参议会通过了《淮北苏皖边区保障人权财产权及保护工商业条例》,强调:"军政人员违反本条例之规定,侵害人权者,被侵略人及亲朋提出控告,按情节轻重依法治罪。"1942年3月,淮北苏皖边区也公布了《惩治贪污暂行条例》。1944年1月,淮北区党委作出《关于开展节约运动反对腐败浪费的决定》指出:"这种严重的现象如不及时克服,必然影响我们的党,腐蚀我们的政权,腐蚀我们的军队和群众团体,必然影响我们的财粮支付,必然影响我们同广大群众的关系,必然要极大危害我们的事业。"同年,苏中行政公署颁布了《苏中区惩治贪污暂行条例》。其他抗日根据地也相继颁布了《淮海区惩治贪污条例》《修正淮海区惩治贪污暂行条例》《浙东行政区惩治贪污条例》等多项条例。其次,设立由人民选举产生的参议会来加强对各级政府行政机关、司法机关以及驻军人员的监督。如《苏南行政区各级参政会组织条例》就规定,参政会可以监督检查同级政府对参政会决议的执行情况,可以随时向同级政府提出建议与批评,对现任行政人员贪污舞弊渎职的行为进行检查弹劾。最后,建立了严格的审计制度来防止和杜绝贪污浪费。如中共在华中抗日根据地就曾制定和颁布过一系列有关审计的法规制度,并严格审查金库收支和税率执行情况。这一措施在当时一方面起到了揭露财政收支中的舞弊行为,对审查中发现的不合法收支和贪污浪费等行为予以严厉惩处的作用,同时也发挥了纯洁党的队伍、维护政府清廉形象的积极作用。

此外,党深知教育与唤起民众的重要性,也十分注重加强人民群众和舆论对政府和公职人员的监督,依靠群众和民主的力量来保证党的纯洁性。党在根据地创办的200多种报刊杂志的任务之一,就是开展舆论监督和对党员干部及群众进行廉洁教育。1941年12月25日,《淮海报》发表《反对贪污腐化》的社论就指出,要克服贪污腐败,首先应从政治上加强自我教育。这些报刊杂志在坚持正面宣传的同时,也揭露了腐败现象和腐败分子,宣传了反腐败斗争,发挥了教育广大干部群众,保证政府清正廉洁的作用。最后,中国共产党还通过全党整风来加强对党员特别是领导干部的廉洁教育。抗日战争爆发以后,党的坚决抗日主张和抗日民族统一战线凝聚了全国各族人民,党的队伍也吸收了一大批农民和小资产阶级,许多非无产阶级思想被带进党内,这就为党内错误思想和贪腐现象的滋长提供了土壤。面对这种情况,中共于1941年底在延安开展了全党范围的整风运动。毛泽东在整风开始时即强调:"共产党是为民族、为人民谋利益的政党,它本身决无私利可图。它应该受人民的监督,而决不应该违背人民的意旨。"①通过这次延续多年的整风,使广大干部在思想上有了很大进步,党内团结进一步巩固,勤政廉洁也成为中国共产党区别于国民党的主要特征和优点之一。就像毛泽东在《论联合政府》中所指出的那样:"利用抗战发国难财,官吏即商人,贪污成风,廉耻扫地,这是国民党区域的特色之一。艰苦奋斗,以身作则,工作之外,还要生产,奖励廉洁,禁绝贪污,这是中国解放区的特色之一。"②总之,中共在局部执政中的廉政建设及对社会各阶层开展的廉洁教育,不仅提升了广大党员干部的廉洁意识,巩固了党的领导地位,而且十分有效地防止了贪污腐败现象的发生,也对广大群众思想觉悟的提高,参政议政和监督能力的提高起到了重要作用,并且对我们今天在社会各阶层中开展有效的廉洁教育也有重要的借鉴意义。

3. 新中国成立初期中共廉政建设的历史经验

腐败是一个长期的历史现象。反腐败也是一场艰巨、复杂,必须长期坚持的严峻斗争。坚持廉洁、反对腐败不仅是我们党处于被围剿、受压制的革命战争年代积极吸引和动员群众、抵御和战胜敌人、争取新民主主义

---

① 《毛泽东选集》第三卷,人民出版社1991年版,第809页。
② 同上书,第1048页。

革命胜利的成功法宝,也是中国共产党成为全国范围的执政党之后,继续坚持全心全意为人民服务宗旨,保持廉洁本质和昂扬斗志,受到人民群众拥护和信赖的基本前提,是团结和带领全国各族人民奋发图强,建设自由民主繁荣昌盛的社会主义新中国的有力武器。正是看到了这一点,毛泽东在新中国建立前夕召开的党的七届二中全会上告诫全党:"因为胜利,党内的骄傲情绪,以功臣自居的情绪,停顿起来不求进步的情绪,贪图享乐不愿再过艰苦生活的情绪,可能生长。因为胜利,人民感谢我们,资产阶级也会出来捧场。敌人的武力是不能征服我们的,这点已经得到证明了。资产阶级的捧场则可能征服我们队伍中的意志薄弱者。"[①]中国的革命是伟大的,但革命以后的路程更长,工作更伟大,更艰苦,并向全党提出了"务必使同志们继续地保持谦虚、谨慎、不骄、不躁的作风,务必使同志们继续地保持艰苦奋斗的作风"的重要思想,[②]为党的思想、作风和廉政建设提供了强有力的思想武器。新中国成立以后,党中央在积极倡导坚持艰苦奋斗优良传统,加强党和政府廉政建设的同时,还针对党内出现的居功自傲、不求进步乃至贪污腐败、追求享乐等现象,在全国范围内开展了一系列反腐败斗争,其中规模较大、影响较广的就有新中国成立初期的整风运动、"三反""五反"运动和60年代中期的"四清"运动。尽管"三反""五反"运动和"四清"运动在开展过程中均发生过程度不同的失误和偏差,但我们仍不能否认其在严惩贪污腐败、保持政府和官员廉洁自律上取得的良好效果。这种廉政建设的宝贵经验,对于我们在新的历史条件下开展公民廉洁教育依然有着重要的借鉴作用。

我们党之所以要在新中国成立初期开展这些反腐败的群众运动,原因在于:首先,当时发生的腐败现象,已给原本脆弱的国家经济造成了严重损伤。如在"三反""五反"运动中就发现,党政机关的一部分工作人员不同程度地出现了贪污、浪费和官僚主义倾向,其中有不少人在不法厂商

---

① 《十六大以来重要文献选编(上)》,中央文献出版社2005年版,第78页。
② 参见《毛泽东选集》第四卷,人民出版社1991年版,第1438页

的利色勾引下，出卖国家经济情报，为他们违法经营、投机倒把、扰乱金融、盗骗国家资产提供帮助和便利，这些行为严重损害了国家财产的安全，影响了经济金融的稳定，危及到国民经济的恢复和国家政权的正常运行。毛泽东为此提出"应把反贪污、反浪费、反官僚主义的斗争看作如同镇压反革命的斗争一样的重要，一样的发动广大群众包括民主党派及社会各界人士去进行，一样的大张旗鼓去进行，一样的首长负责，亲自动手，号召坦白和检举，轻者批评教育，重者撤职、惩办、判处徒刑（劳动改造）直至枪毙一批最严重的贪污犯，才能解决问题"①。此外，60年代初，我国农村出现的不少生产队长账目不清现象，以及部分干部身上发生的多吃多占、贪污盗窃、投机倒把等行为，不仅造成了农业生产恢复和发展困难，还导致了部分农村经济社会秩序混乱的情况。其次，这些腐败现象也给党的形象带来严重损害。如当时原天津地委书记刘青山、张子善带头贪污巨款的行为，已造成天津地区"上下左右之间公行贿赂，到处拉人下水，恶风所及，邪气上升"，不仅使当地财政蒙受损失，还严重损害了党和政府的清廉形象。尤其是在广大民众正艰难地承受着经济困难的痛苦、配合党和政府艰苦奋斗共渡难关的情况下，党的高级干部中出现这种以权谋私、贪污受贿的贪腐现象，必然会引发人民群众的反感，如任其发展更会引起群众对我党的不满情绪，如果不能很好地加以克服，将使我党严重地脱离群众。同时，这种腐败现象还"为反革命分子造成极大的空隙"：有些把持地方工商业联合会、同业公会的资产阶级分子就借此向共产党进行有计划的进攻。在这种形势下，为了党和国家的事业，为了社会主义的胜利，就不能不开展反腐败斗争，这些斗争已成为事关国家兴衰和社会主义事业成败的重大问题。腐败是执政党中容易发生且关系到自身生死存亡的重大问题。1951年底，毛泽东就多次强调："反贪污、反浪费一事是全党一件大事"，"我们需要来一次全党的大清理，彻底揭露一切大中小

---

① 《毛泽东文集》第六卷，人民出版社1999年版，第191页。

贪污事件"。毛泽东还在有关逮捕大贪污犯刘青山、张子善的报告中批示:"必须严重地注意干部被资产阶级腐蚀发生严重贪污行为这一事实,注意发现、揭露和惩处,并当作一场大斗争来处理。"①历史已证明并将继续证明:权力是腐败的诱发剂,不受监管的权力产生腐败的几率更大。各级党政机关及其公职人员的清正廉洁,是社会主义事业顺利发展并不断取得胜利的首要前提,也是党在群众中始终具有感召力、凝聚力的基本条件。如果处于执政地位的共产党对腐败现象听之任之,或不能有效地治庸治腐,对腐败现象开展坚决斗争和及时处置,以建立公平公正的社会环境,腐败现象就会像癌症一样不断蔓延,从而"使我们党、政、军、民的干部,逐渐被腐蚀,因而脱离实际、脱离群众,直至脱离革命"。这就是党必须始终坚持并大力开展反腐败斗争的根本原因,反腐斗争"不是一个普通的问题,而是关系于革命成败,关系于全党、全军、全体政府工作人员和全体人民的根本大问题"②。

在以往的反腐治腐斗争中,党和政府还探索出一些有效的举措,积累了不少成功的经验。如鉴于腐败现象的顽固性和反腐败斗争的艰巨性,我们党十分重视普遍动员群众,注重形成强大的舆论攻势和震慑力。正如邓小平所说的:"一九五二年杀了两个人,一个刘青山,一个张子善,起了很大的作用。现在只杀两个起不了那么大作用了,要多杀几个,这才能真正表现我们的决心。"③虽然我们现在已不主张,也不提倡为此搞大规模的群众运动,但号召人民群众起来参与反腐败斗争,帮助党和政府"彻底揭露一切大中小贪污事件"还是题中应有之义。没有广大党员和民众的参与、支持,反腐败斗争就会失去群众基础,难以形成必要的氛围和气势。又如,把党内反腐败斗争和社会上的惩治腐败结合起来,使反腐败在党内党外互相呼应,密切配合。党内或干部中的腐败往往与社会上的腐败现象具有共生共存关系,许多党员干部的贪腐行为都与其他社会腐朽

---

① 《毛泽东文集》第六卷,人民出版社1999年版,第190页。
② 《建国以来重要文献选编》第三册,中央文献出版社1992年版,第26页。
③ 《邓小平文选》第三卷,人民出版社1993年版,第153页。

势力的利色引诱、拉拢瓦解有着直接关系,或者说正是无法抵御"糖衣炮弹"攻击的结果。再如,反腐败斗争要有领导、有步骤、讲政策、讲法治,要惩防结合,重在预防,在形成声势和震慑的同时,必须注意依纪依法惩办贪腐分子,明确处理方针、量刑标准及核准权限,尤其要注重形成反腐败的长效机制和制度体系,使广大干部群众都受到教育,而不能"运动来了一阵风",随意搞"矫枉过正",更不能任意扩大打击面。此外,还要重视在党内和全国人民中持续开展反腐倡廉教育。反腐败是一项关系党和国家生死存亡,关系全国各阶层民众切身利益的艰巨、复杂和长期的斗争。如果不在包括干部群众在内的全体公民中深入持久地进行廉洁教育,让大家不仅深知腐败之罪,深恶贪腐之害,而且树立与腐败现象和贪腐分子斗争的意志与信心,掌握揭露和制止腐败的方法与技能,腐败现象即使在集中打击下受到暂时遏制,主要土壤还在,那么一旦风头过去就可能再次死灰复燃,重新滋生蔓延。因此,加强思想政治教育和反腐倡廉教育,是反腐败强大、持久的精神动力。在当年的"三反"运动中,中央也明确指出:"三反运动对于全国人民来说是一次最深刻、最生动的教育。"运动中结合各单位实际和党员干部的具体情况,采取轮训或业余训练的方法,开展党员标准的学习和整党建党工作,以及一些地方在"四清"运动中"采用结合本社和本队的革命斗争历史、土地改革历史、集体化的历史",来加强廉洁教育的做法也是值得我们借鉴的。

改革开放以来,"从严治党"贯穿中国特色反腐倡廉建设这条主线,中国特色的反腐历程大致可分为从严肃党风党纪、狠抓经济犯罪、惩治贪污受贿、法律制度反腐,到标本兼治、综合治理、惩防并举、全面推进,再到以人为本、用实际成效取信于民的不断深入八个阶段;反腐工作也经历了一个由自我预防——重在惩治——环境预防——惩防并举——重在预防——全面防腐——为民反腐的探索过程。① 坚决惩治和有效预防腐败

---

① 参见李梅敬:《改革开放以来中国特色反腐倡廉体系的建设历程》,载《上海党史与党建》2012 年第 3 期。

是党的一项重大政治任务,改革开放以来,我们党一直把反腐败作为关系党和国家生死存亡的大事来抓,惩治腐败的力度不断加强。2012 年 5 月 15 日,监察部网站发布的国家预防腐败局副局长崔海容在香港廉政公署第五届国际会议上的发言指出:"1982 年至 2011 年 30 年中,因违犯党纪政纪受到处分的党政人员达 420 万余人,其中省部级官员 465 人;因贪腐被追究司法责任的省部级官员 90 余人。"①其中包括被执行死刑的原全国人大副委员长成克杰、原江西省副省长胡长清、原安徽省副省长王怀忠、原国家食药监局局长郑筱萸等。另外,"仅 2003 年到 2011 年的 9 年中,因贪腐被移送司法机关的有 42000 余人,如原中共上海市委书记陈良宇等"②。党的十八大以来,受到查处的党员干部更是超过了 10 万人,省部级以上高官 60 多名,其中也包括前面多次提及的薄熙来、苏荣、徐才厚、周永康等在中央及地方位高权重的超级"大老虎"。

总之,新中国成立以来,中国共产党作为执政党,坚持反腐倡廉,积极开展反腐败斗争和对干部群众的廉洁教育,在以艰苦朴素、清正廉洁的优良作风赢得广大民众支持和拥戴的同时,也为今天的反腐败斗争和反腐倡廉教育及廉政文化建设提供了宝贵经验。

五、社会阶层分化给廉洁教育提供了新的社会条件

从廉洁教育的角度看,改革开放以来特别是在新知识、新技术、新文化迅速扩张时期的中国社会分层,也在一定程度上给开展公民廉洁教育提供了不同于以往的有利条件。首先,我国社会的这种分层分化,是在公民整体学历、文化水平和认知能力乃至理论素养普遍提高的条件下发生的,这种知识水平和能力的提高,为人们全面准确地认识和理解党的路

---

① 转引自人民网:http://politics.people.com.cn/GB/shizheng/252/2183/3002/17896747.html,2015 年 3 月 31 日访问。
② 《30 年间 90 余名省部级官员被追责——国家预防腐败局副局长崔海容介绍反腐工作》,载《新民晚报》2012 年 5 月 16 日。

线、方针、政策,支持和实践改革开放的大政方针,以及深刻理解开展反腐倡廉和公民廉洁教育的重要性、必要性方面,都提供了较好的社会基础。其次,我国社会的这种阶层分化,又是在经历过多次社会挫折,人们普遍受到正反两方面经验和教训之教育的情况下发生的,正如毛泽东曾经指出的:"错误和挫折教训了我们,使我们比较地聪明起来了"①。在这种情况下,人们对腐败现象发生的原因和恶果等都会有比较清醒的认识与判断,其警惕、反对和抵制腐败的意识与决心较强,这就为在公民中开展廉洁教育提供了较好的认识基础。再次,这种社会分层是在社会中又出现了许多新的矛盾的形势下发生的,不仅包括人民群众日益增长的物质文化需要同落后的社会生产力之间这一主要社会矛盾,还有诸如城乡、地域、行业发展不平衡所造成的贫富差距与矛盾等,人民普遍相信:既然党能够在改革开放后短短的几十年中实现社会生产力的迅速提高,使社会持续稳定发展,人民的生活水平普遍改善,就能对党和政府制止和杜绝腐败现象产生信心和信任,这也是我们开展公民廉洁教育必不可少的社会心理基础。值得强调的是,改革开放以前僵化的人事制度、户籍制度等作为一种身份壁垒阻碍着社会各阶层之间的自由流动。改革开放以来,特别是社会主义市场经济体制建立以来,人们对于某一固定单位体制的依赖性大大减小,阶层间的流动大大加快,人们可以根据自己的优势和兴趣,相对自由地选择职业。"社会分层所推动的由'身份社会'向'契约社会'转型的直接结果就是公民人性的解放和个性的张扬",也有利于廉洁教育的实施和开展。最后,在传统的经济体制下,社会成员虽然都被纳入政治生活的轨道,但在高度集权的政治模式下,自主性难以在政治生活中完全释放。转型期的社会分层则打破了这一状况,随着各阶层独立意识的日益增强和潜在利益要求的不断清晰化,各阶层都期盼能获得更多的自主表达意见和实现各自意志的机会。尤其是在信息网络等新媒体高度

---

① 《毛泽东选集》第四卷,人民出版社1991年版,第1480页。

发达的今天,这方面的机会和路径更加多样、多元、多层,这在客观上利于锻造社会成员独立的政治人格,增强其参政议政的意识,有利于形成宽松、民主的社会政治环境,自然也对廉洁教育的推进提供了较好的社会条件。

第五章　社会分层与反腐倡廉公民廉洁教育路径

廉洁是指向社会公共利益和正义价值的一种道德情操，以及据此产生的道德行为和状态。作为一种道德规范和操守，它主要是针对已经拥有或有机会接近各种组织资源的公民，特别是掌握和行使公共权力的公务人员提出的；作为廉政的内在条件和根本保证，它是贪腐的对立面。其内涵包括：公利至上、公平正直、公开透明、遵纪守法和具有政治修养等。所谓廉洁教育，就是通过开展廉洁奉公的教育，来营造奉公守法、诚实守信的社会氛围，以达到规范和约束个体行为的目的。廉洁的内涵决定了公民廉洁教育的目标与方向，使受教育者趋向注重公利、讲求公正、乐意公开、自觉守法并具有较高的政治修养；也决定了推进公民廉洁教育的具体方法和路径。

第一节　确立公民廉洁教育的分层理念与教育体系

中医讲究因人处方，对症下药，认为辨证施治才能救死扶伤。我们在开展公民廉洁教育的时候，也应该"因材施教"，确立社会分层理念，根据教育对象的实际情况，构建多层次、多路径的公民廉洁教育体系，因人、因职、因岗、因时、因需地开展切合具体对象实际和需求的廉洁教育。这实际上也体现了既从根本上抓惩治腐败，又从源头上抓预防腐败的高度统一。

一、确立公民廉洁教育分层理念的必要性

腐败现象发生的背景和原因多种多样。有源自制度方面的、经济方面的因素,也有社会环境和传统文化等方面的因素。孔子曰:"中人以上,可以语上也,中人以下,不可以语上也。"意思是说,中等才智以上的人,可以与他讲形上之道;中等才智以下的人,不可以与他讲形上之道。这一观点虽然存在将社会各个群体分层分等的等级观念,但其中所阐发的对受教育者要因人而异、区别施教的思想,还是有其合理性和实际意义的。在公民廉洁教育中确立分层理念,针对不同的社会群体因不同因素影响可能引发的腐败,采取有针对性的分层教育模式,将有利于提高廉洁教育的有效性和科学水平。

1. 解决制度中存在的弊端要求确立公民廉洁教育分层理念

新中国确立的社会主义制度极大地解放了我国社会的生产力,这一点已经为新中国成立 60 多年,特别是改革开放 30 多年来的历史所证明。以公有制为主体的、人民民主专政的、各尽所能按劳分配的社会主义基本制度,毋庸置疑是有利于调动和激发我国各阶层群众生产积极性的,是推动了我国经济发展、社会进步和人民生活改善的,因而也是符合全国各族人民根本利益和意愿的。但由于我国的社会主义制度脱胎于经济基础非常贫弱的、受封建传统和意识影响巨大的、民主法治观念相当淡薄的半殖民地半封建社会,早期又在很大程度上照搬照抄了苏联的集权模式等,因此,在相当长一个时期里我们的许多制度还很不系统、很不完善,也存在着不少制度上的缺陷和漏洞,这就使得各种形式的腐败,在条件成熟后得以乘虚而入,甚至发展蔓延。具体地说,就政治、经济体制和制度、机制而言,也存在着缺乏完善的权力制约机制并容易使腐败现象和腐败分子有机可乘的各方面问题,特别是对掌握计划、审批、分配、评判和执法等权力的部门、单位或个人之权力缺乏制约或制约不力,以及缺乏现代化国家社会管理中十分重要而有效的权力分解、权力监督、集体决策、权责相符和

干部选拔任用、升降轮换等方面的科学制约机制,这就使相当一部分的权力主体实际上处于无监督、无制衡的"任性"状态。就形式而言,我国目前的监督机构虽然不少,甚至可以说该有的基本都有了,但实际上有些制度还不配套,难以形成系统合力;有些机制软弱乏力,监管不到位,甚至形同虚设;有的监督监管体制亟待强化或理顺。比如说,按党章规定,党委既要受上级纪委监督,又要受同级纪委监督,但实际上上级纪委对下情不甚了解,同级纪委又很难监督同级党委特别是"一把手",所以形成了"上级监督太远,同级监督太软""看得见的管不了,管得了的看不见"的局面。又比如说,我国宪法和许多法律法规都要求各级政府及公职人员必须接受公民、社会、民主党派及舆论传媒的监督,但实际上这种监督常常因为党务政务的不透明、不公开和群众缺乏知情权、质询权而很难实施和实现,其作用也就非常有限。再比如说,许多地方在房地产开发时,项目的立项与否、土地批与不批、地价的高与低等许多方面均由某些政府部门和少数官员决策、决定,既不公示,也无合理有效的监督机制和路径,这必然给掌握实际权力者提供了很多权力寻租、营私舞弊的腐败条件和机会。要杜绝这种腐败的条件和行为,就要从制度上依法构建配套的监督监管机制,既要限制相关职权部门和审批者的权力,限制其任意解释和处置的权力,也要通过规范土地市场运作和相应的决策程序,努力做到公开、公示,引入科学的监督机制、公正的评判机制和严厉的追责机制,否则就无法有效防止腐败行为的发生甚至蔓延。

首先,当前我国存在的各种腐败现象,在很大程度上都与政府机构官员或公务人员选拔任用方面的制度缺陷和不完善有关,也可以说,现行的"官吏"制度还存在一些诱发腐败的因素。按照现代国家民主管理和市场经济机会均等竞争的原则,客观上要求领导干部的产生也要实行"招、考、选、聘"相结合的民主公开的用人制度,但目前我国各级领导干部大多还是实行组织考察、上级任命的选拔方法,基本上还停留在官举官、官管官,而不是民选官、民管官,有些地区试行的基层村乡级"直选",也在相当程度上受到上级干预、金钱贿选和家族势力等复杂因素的影响,其结果就导致官员只对上级负责而不对人民负责,或只为自己和助选势力谋利而不顾广大群众的利益,久而久之就会使阿谀奉迎、溜须拍马、媚上欺下、营私舞弊、贪赃枉法等庸俗的政治风气及社会"潜规则"流行蔓延,而跑官要官、买官卖官、权钱交易、权色交易就是其直接后果和最丑陋的表现形式之一,也是官场腐败难以根治的根本原因所在。

其次,政府权力过大特别是政府官员干预市场经济的权能过大,也是导致腐败现象频繁发生的主要根源之一。现代法治社会要求把政府的权力规范和限制在一定范围之内。现代政治体制也涉及政府与社会、政府与经济部门之间的关系,以及政府机构人员的调整、权力的变更和转移、权力主体行为的规范等许多方面。资本主义制度诞生以来的历史已经证明,由于市场经济不可避免地会因为资本的逐利本性而具有一定的盲目性和自发性等缺陷,不可能解决所有诸如垄断、收入分配不均等方面的问题,在许多情况下还会导致市场指挥的失效或部分失效的情况,这时就往往需要政府采取行政措施来干预经济,弥补市场自发调节失灵带来的社会经济失序。因此,科学而有效的政府干预,如通过税制税率的调整调节、资源财富的分配转移等来规范和引导经济行为,有利于重构市场体系,为经济发展创造公平公正的竞争环境和经营秩序,防止某些利益集团形成垄断或违法谋取不正当利益的行为发生等。但是,这种政府在特定情况下的干预行为必须是有限度和受制约的,如果把特殊情况下政府干预经济的权力绝对化,尤其是让某些部门和官员的权力无限化,就会因权力的过于集中和无节制而导致滥用职权、以权谋私、以权寻租——权权、权钱、权色交易等腐败现象。这也是党的十八届三中全会通过的《中共中央关于全面深化改革若干重大问题的决定》之所以把深化干部人事制度和行政执法体制改革,强化权力运行机制和监督体系,全面正确履行政府职能,建立公平开放透明的市场规则,让市场在资源配置中起决定性作用,以促进社会公平正义、增进人民福祉等设定为改革任务和目标的社会背景和现实需要。

此外,目前我国政治制度的不完善还体现在社会主义法制的不健全。在新中国成立后相当长的一个时期内——至少是在"文革"结束前的几十年里,由于长期战争环境的影响,习惯于集中统一和"长官意志"办事,也由于历史传统中缺乏民主观念,从上到下普遍存在的法治观念淡薄、依法执政意识不强等多方面的原因,我国的法律制度和法律法规建设长期处于缺位和滞后状态,甚至连国家立法和最高权力机构人大也在相当程度上成为有职无权的"橡皮图章"。由此导致的问题,除了必然出现的有法不依、执法不严外,许多更是与无法可依、无章可循存在着直接的关系。改革开放以来,党和政府吸取了忽视法制建设的经验教训,在不断加强人大自身建设的同时,强化立法工作和法律体系建设,到目前已基本构建起了完整的国家法律制度体系,人们的法制意识大大增强,从而也为依法治国、依法行政奠定了扎实的基础,但毋容讳言,我国公民包括一些国家公职人员法制意识不强、法律观念淡薄的情况依然相当严重,仍然普遍地存在着有法不依、违法不究、执法不严或"长官"干涉执法、下面选择性执法,甚至个别官员法外徇私、贪赃枉法、目无法律、无法无天的丑恶现象。

当然,任何制度的建立与健全都是一个过程,并将随着社会进步、时代发展不断完善。认识到现实中上述制度上的不完善,既激励我们从客观实际出发,加强立法和释法,完善法制体系,严格监管执法,即有目的、有针对性地教育国家公职人员特别是各级官员和干部要学法、遵法、守法、护法,提高严格依法执政的观念与能力,同时也要求我们花大力气在人民群众中普及法律知识,强化法治观念,学会依法监督,提高依法质询、追究的能力与水平。也就是说,要根据社会分层背景下各社会阶层不同的地位、职位和岗位的特性与特点,通过有普及、有重点、有区别的分层分类的法治与廉洁教育,来构建覆盖全体公民或党员全民参与的反腐倡廉体系与机制,着力形成各尽所能、各司其职、上下结合、内外共建的防治腐败的政治生态与社会氛围,真正形成全民参与、干群互动的良性形态,即在大力锻造一批信念坚定、道德高尚、作风正直、勤政廉政、工作务实、技术过硬的高素质公务员和干部队伍的同时,努力形成广大群众知法、遵法、守法,全民关心和参与依法治国、依法监督的反腐倡廉长效机制。

2. 克服市场经济的局限要求确立公民廉洁教育分层理念

改革开放以来,市场经济体制的建立与发展打破了传统自然经济及计划经济中简单的社会关系和单一观念。我国在经济政治发生翻天覆地变化的同时,社会关系的复杂化与价值的多元化,也给公民的思想认识、道德意识和文化认同等方面带来了深刻的影响和巨大的改变。在以遵循利益最大化为原则的市场经济下,人们在经济活动中追求个体物质财富和利益的现象获得了社会道德伦理的宽容与认可,竞争这一市场经济的基本特征和本质要求也日益显现出它的重要性。但由于正面教育的缺失和弱化,许多公民在看到金钱作为交换关系中最重要媒介的同时,也日益受到"以富为荣""拜金主义"的影响,视其为人生的目标、信念和追求,并日益影响着人们的思想和行动。马克思主义认为,价值规律是商品经济的客观规律。在市场经济条件下,商品生产和经营者之间必然存在着竞争,市场机制使价值规律这只"看不见的手"诱导着人们去追求利润最大化,同时也引导着各种人财物等社会资源的走向。当代社会的市场竞争是涉及人才、资金、技术、管理方法和营销手段等各方面的竞争。市场主体要在经济活动中取得成功,就必须参与到竞争中去。在公平公正的环境中,竞争不但能提高经济活动效率,使市场资源得到优化配置,而且对于激励经济主体冲破墨守成规的保守思想,形成面向市场、适应需求的经营意识,激发开拓进取精神,以及促进科技进步和生产力发展都有着巨大的推动作用。但是,在这种激烈甚至残酷的市场经济条件下,如果国家和社会不能有效地规范和保障竞争在公平公正的环境中进行,从大的方面说,就可能出现两种影响社会主义市场经济发展和社会稳定和谐的丑恶现象。一是一些不甘于勤劳致富、渴望"走捷径"一夜暴富的人,可能置基本道德底线和市场游戏规则于不顾,为了以较低的成本谋求高额利润,就会不择手段甚至"不惜冒绞首的危险"、违法违规地追逐各种利益。所谓"不找市场找市长"——找关系托人情,给回扣搞贿赂,无所不用其极。现如今,这种非法的商业贿赂和恶性竞争在不少行业和领域中已成为一种"潜规则"。一旦这种"潜规则"肆行无阻,就会出现"劣币驱逐良币"的效应,使市场失去基本规范和秩序,最终将给社会稳定和经济秩序带来极大的冲击和破坏。二是某些手中掌握各种资源配置权力的公职人员或领导干部,如果执政为民、服务社会的理想信念不牢固,私心杂念膨胀,贪图不义之财,就有可能不顾职业道德底线、甚至突破法规红线,利用手中的公共权力,以权谋私搞"寻租"。所谓"有权不用枉做官""千里做官为发财"等贪腐理论和错误思想就会转化为以权谋利、逐色等权钱交换、权色交换的恶行。其结果,同样也会给国家经济建设、社会公平正义和经济有序运行等造成极大破坏。当然,由于我国目前的社会分层已相当细化,这两大丑恶现象在实际生活中并未表现得这么泾渭分明,自然会有更多的具体表现和具体情节。笔者之所以做这种大的归类,只是为了使论述更为简洁而已。但这也说明了一个重要的观点,即在今天中国社会分化明显、竞争愈发激烈、阶层差异加大,且价值观念日益多元的社会背景下,党和政府必须在加强社会主义市场经济体制建设,加强各种保障经济正常运行、竞争有序进行的制度和法律法规建设的同时,更为深入细致地对在经济活动中处于不同地位和处境、持有不同理念和心态,并可能采取不同行为方式的社会各阶级阶层的具体情况作分类分层的了解和分析;也即对这些阶级阶层追求和谋取各自利益的各种可能进行具体的把握和掌控,积极主动、有针对性地对在市场经济和社会竞争中处于不同职位、岗位的全体公民,开展维护社会主义市场经济秩序和法律秩序、依法经营、合法竞争以及勤政为民、依法行政的宣传教育,开展反腐倡廉和公民廉洁教育,从而引导人们认识理想信念、公平正义、遵纪守法、诚实守信等基本社会道德准则和社会主义核心价值观的重要性,以及遵循国家法律规范进行公平竞争的必要性,在全社会形成遵纪守法光荣、合法经营有利、行贿受贿可耻、贪污腐败可恶的高度共识,自觉抵制和反对上述各种一味"向钱看",只求贪图利益最大化,不遵国家法律和制度规范,不顾社会和群众的整体利益,不管他人死活的丑恶行径和违法行为,以保证社会主义建设和社会主义市场经济的正确方向,社会道德良知和公平正义的光扬,全面建成小康社会,建成富强民主文明和谐的社会主义现代化国家,促进国家富强、民族振兴、人民幸福为目标的"中国梦"的早日实现。从这个意义上说,对全体公民进行分层分类的廉洁教育,也是社会主义市场经济的基本要求和本质特征。针对不同的社会阶层开展反腐倡廉和廉洁教育,不仅对遏制贪腐行为和现象的发生具有重要意义,也对形成良好的社会风气和氛围,有着不可忽视的巨大作用。

3. 消除信仰危机要求确立公民廉洁教育分层理念

信仰作为一种精神支柱和精神导向,无论对个人还是整个社会都会产生巨大的影响。人是需要信仰的,一个社会如果没有了精神支撑,出现了信仰危机,就有可能"礼崩乐坏",形成国家和社会危机。正如荀子所说:"人生而有欲,欲而不得,则不能无求。求而无度量分界,则不能不争;争则乱,乱则穷。先王恶其乱也,故制礼义以分之,以养人之欲,给人之求。使欲必不穷于物,物必不屈于欲。两者相持而长,是礼之所起也。"① 马克思也曾指出:"人们奋斗所争取的一切,都同他们的利益有关。"② 人们要生存和发展下去,就要解决吃、喝、住、穿问题,这些都属于物质利益的范畴,这样就产生了获取物质利益的要求。追求个人利益是人的本能之一,但是对个人利益的追求是有范围、有限度的,它应在个人正当利益的范围内,以不妨碍他人和社会公共利益为前提。反之,过分地追求个人私利益,超出了正当个人利益的范围,则必然产生道德败坏、损人利己,乃至贪污腐败的丑恶行为。我国改革开放以来,特别是社会主义市场经济体制建立初期,由于缺乏经验及各种制度法规的不齐全、不完善,许多举

---

① 王先谦:《荀子集解》,上海书店出版社1986年版,第231页。
② 《马克思恩格斯全集》第1卷,人民出版社1995年版,第82页。

措都偏重于物质利益或利益导向,这一方面对社会经济发展和效率的提高起到了激励作用,也在相当程度上刺激了人们物质欲望的迅速膨胀,再加上一直以来精神文明建设和理想信念等思想教育的软弱与缺失,社会分化严重、文化和价值多元状况的发展,特别是公职人员、领导干部中腐败现象的滋生、蔓延,腐败分子的个人利益和社会公共利益关系的严重错位等,在很大程度上加大了人们和社会的信仰危机,这也是腐败现象多发易发和难以遏制的主要原因之一。

这种信仰缺失在不同社会阶层的表现更是不尽相同:如一些领导干部在信仰缺失的情况下会受到物质利益的诱惑。他们看到一些人先富起来了,而且其中很多是他们原先不屑一顾的人,于是便会产生心理上的不平衡,直至把权利当成获得利益、金钱的最便捷途径。阿克顿认为:"只要条件允许,每个人都喜欢得到更多的权力,并且没有任何人愿意投票赞成通过一项旨在要求个人自我克制的条例。"①因为权力可以不通过生产过程、不通过辛苦劳作直接攫取社会财富,权力可以畅通无阻地达到致富。因此,其谋取财富,追求个人幸福、个人利益的利己心便会集中体现在权力欲望上:竭尽全力,谋取有实权、实惠的岗位;向企业和个人"出租"权力,索取高额回扣;利用权力暗中经商,坐地分红;贪污受贿,挪用公款等。又如高校或科研机构的知识分子阶层中,在缺乏正确人生信仰的情况下,也可能出现在名利诱惑下寻求捷径的学术腐败分子:急功近利,学风浮躁,一味追求名利,甚至放弃职业道德和学术操守,不顾学术尊严,违背道德良知,大搞抄袭剽窃、弄虚作假,搞学术腐败。列宁说得好:"对社会主义思想体系的任何轻视和任何脱离,都意味着资产阶级思想体系的加强。"②理想信念不坚定,对建设中国特色社会主义信心不足,甚至存在"信仰危机",就可能在巨大的利益诱惑面前禁不起考验,最终走向腐败的泥潭。因此,当制度出现漏洞且社会价值紊乱时,人性与权力中的

---

① 〔英〕阿克顿:《自由与权力》,侯健、范亚峰译,商务印书馆2001年版,第343页。
② 《列宁全集》第六卷,人民出版社1986年版,第38页。

"恶"就容易膨胀,官场就会出现腐败堕落现象,而普通百姓对此即使不满,一般也不敢声张。问题是这种"官场病"不仅影响着官员群体,导致腐朽的官场生态和官员价值追求,它还会在潜移默化中传染扩散给社会大众。因为官风影响民风,特别是在我国当前资源高度集中于政府,官员掌握着巨大资源分配权的情况下,官场的规则和病灶很容易传染到民众之中。现在有些人痛恨权力腐败,未必是从维护社会公平正义出发的,不少人更希望自己或者自己的亲友能有机会获得权力,以享受或分享权力带来的好处,这就使腐败的土壤始终难以根除,形成了"前腐后继"的现象。根据不同阶层的思想状况来开展廉洁教育,使社会各阶层都树立正确的世界观、人生观、价值观,处理好个人利益和公共利益的关系,不仅有利于遏制腐败之风的蔓延,而且可以从构建廉洁政治生态和社会风气的根本问题上使腐败失去滋生的土壤。

4. 消除落后传统文化的影响要求确立公民廉洁教育分层理念

我国传统文化中的"官本位"思想、"中庸"和"人情"思维方式及封建的道德观等,也是腐败现象产生和蔓延的深厚土壤。封建专制所倡导的王尊、臣卑、民贱的理论把社会分成截然不同的两个部分,一部分是至尊至上的君主和掌握权力的官员;另一部分是缺乏个人独立性,无民主自由,只有唯命是从,被驯化成奴才心态的百姓。前者通常会追求权力效用最大化,而后者即使不满,往往也不敢抵制或反对。此外,我国传统文化中的"中庸"思想也会助长腐败行为的发生和扩散,在这种"中庸"思维方式的影响下,人们在看待事物时习惯于采取骑墙态度,无论是官吏还是普通百姓,在腐败面前都采取明哲保身或随势附和态度,明知事情不对,也睁一只眼闭一只眼。此外,传统的"人情观念""人情社会"也是助长腐败现象的一大因素。有了人情,不能办、不易办的事也可以办,反之,则能办的事也办不了。尤其在宗族关系是主要社会关系、宗法精神影响巨大的中国社会,人情不仅是维系社会的纽带和稳定社会的因素,还从血缘亲缘进一步扩大到同乡、同学、战友、老上级、老部下、老同事等非亲缘的社会关系网中。能否广泛建立人情、沟通人情和经营人情,成了很多中国人生活中的头等大事,也成为衡量一个人有没有能力本事的重要尺度。同时,伴随着这种"人情文化""人情社会"的,通常还有"送礼文化"。中国人重视亲情,"礼尚往来"不但是联系亲情的重要媒介,还发挥着衡量情感深浅松紧的价值尺度,"礼轻情意重"往往只是一种客套,"礼重情深"才是到处通行的法则,并常常模糊了"礼"与"贿"之间的界限——贿赂常常以"礼"的形式出现,送者既可能是暗示对方"投桃报李",给予直接的回报或照顾,也可能仅着眼于联络感情,以巩固友谊和信任。由于一个人送礼不单意味着己方的一种情感表达,而且在这种"送礼文化"下,也意味着对方有回赠的义务,收礼方如不回赠被认为是不道德、没人情或自私、小气的表现。于是,又衍伸出"收多大的礼,办多大的事"的"回赠"规则,如果收礼不办事,在官场和社会潜规则中均被视为大忌,被认为是极其不道德的、贪婪的,这时送礼方往往会以指责、举报的方式进行道德批评、舆论控诉等报复行为。总之,上述传统思想文化和习俗风气中的糟粕,"不仅对腐败的发生起了推波助澜的作用,而且还成为当今一些地方政治腐败民俗化的文化源头"①。我国虽然已进入了社会主义社会,但它脱胎于漫长的封建社会,传统的陈腐观念依然在社会生活中扮演着或大或小的角色。新中国成立后,我们虽然对传统文化中的糟粕部分进行了批判,但民众思想和观念的更新过程却异常缓慢,旧传统和旧文化中的糟粕,特别是封建主义的思想残余仍然通过各种形式顽强地表现着自己,并不时衍生出升官发财、光宗耀祖、任人唯亲、裙带关系、等级观念、特权思想、人身依附、以权谋私、官本位、家长制等各式各样的腐朽思想和腐败现象。

诱发腐败的因素多种多样,既有体制机制不健全、不完善的方面,也有个人官德失守和社会利益诱惑的问题,还有经济社会深刻变化导致的利益群体分化与思想文化多元等因素,由于不同阶级阶层的社会地位、受

---

① 沈远新:《儒家思想与腐败的民俗化》,载《新东方》1999 年第 2 期。

教育程度的不同,他们在受到传统文化影响的广度和深度方面也会出现差异。在权力过于集中且缺乏监督的情况下,如果政府官员或其他掌权者道德素养不高,自尊自律能力较差,就会抵挡不住各种利益的诱惑,如果凡事先替自己打算,就会将个人利益凌驾于公共利益之上,营私舞弊、玩忽职守、贪污腐败等现象就会易发多发;如果我们的社会仍然沉迷于上述传统文化中的"官本位""中庸"和"人情"等陈腐思想观念和落后风俗习惯中,那么也会纵容甚至助长各种腐朽思想和腐败现象的发生和蔓延。因此,根据不同社会阶层受传统文化或错误思想影响的程度不同,有针对性地开展分层分类的廉洁教育,就有着重要的理论和现实意义。

二、科学构建多层次的公民廉洁教育体系

根据不同的教育对象因材施教,是被历史证明较易形成实效的教育理念和方法。同样,公民廉洁教育要想取得长效性,也必须针对不同层次、不同类型的教育对象,科学构建多层次的公民廉洁教育实施体系。在这方面,中央要强化教育培训制度和体系建设的顶层设计与总体布局,在加强理论研究和实践探索的基础上,逐步形成共性与个性、普遍性与特殊性兼顾,普及与重点、集中与分类结合的各有侧重、各有特点的廉洁教育实施方案,为反腐倡廉和公民廉洁教育的长期开展提供组织和制度方面的保证。

1. 党校、行政学院等干部教育培训机构,要发挥反腐倡廉教育的主渠道作用,保证中央对干部教育培训的顶层设计和规划要求的切实执行和落实到位

中共中央印发的《2013—2017年全国干部教育培训规划》(以下简称《规划》)明确提出:"坚持分类分级、全员培训,把干部教育培训的普遍性要求与不同类别、不同层次、不同岗位干部的特殊需要结合起来,增强针对性,实现全覆盖。"《规划》对党政干部、企业经营管理人员、专业技术人员和中青年干部、基层干部等不同对象的教育培训,提出了十分具体详细

的规定和要求。如要求县处级及以上领导班子成员、特别是党政主要负责同志的培训,要着眼于培养造就一支政治坚定、能力过硬、作风优良、奋发有为的执政骨干队伍,要以理论武装为根本、党性教育为核心、能力提升为主线;机关内设机构公务员的培训,要着眼于培养造就一支政治坚定、业务精湛、作风过硬、人民满意的机关公务员队伍,要以加强思想政治建设和业务能力建设为重点;企业经营管理人员的培训,要着眼于培养造就一支政治素质好、经营管理能力强、具有高度社会责任感的企业经营管理人员队伍,要以提高思想政治素质和领导企业科学发展能力为重点;专业技术人员培训,要着眼于培养造就一支敬业精神强、专业水平高、创新能力突出的专业技术人员队伍,要以提高思想政治素质和培养创新精神、创新创业能力为重点,以高层次、急需紧缺和骨干专业技术人才为主要对象;中青年干部培训,要着眼于培养造就忠诚党和人民事业、堪当历史重任的优秀中青年干部队伍,要以理想信念、优良传统教育和实践锻炼为重点;基层干部培训,则要着眼于培养守信念、讲奉献、有本领、重品行的高素质基层干部队伍,要以提高政策执行、推动发展、服务群众、促进和谐能力为重点。《规划》既强调坚持全员培训,同时又强调突出重点对象,把县处级及以上党政领导班子成员和中青年干部这两个关键层面列为重点对象和类型。因此,各级党校、行政学院必须按照《规划》的部署具体落实,既要保证全员培训,解决不少地方存在的有人一年多次、有人多年轮不到一次等安排不均、不全现象;又要抓住重点,克服培训安排随意性或者有空就去甚至规定的人不去随便派个秘书或手下应付的情况,要切实加强各级管人、管钱、管物岗位领导干部,特别是"一把手"的廉洁从政教育,引导他们树立正确的权力观、价值观、利益观,依法行使党和人们赋予的权利,提高拒腐防变的自觉性。教育培训还要有计划、有针对、全覆盖、有重点,在保证实际课时的前提下,把干部培训及其表现和干部考察、选拔任用结合起来。

除了以上专门教育培训机构以外,笔者认为还有些问题值得花大力气进行研究和探索。一是如何充分发掘和发挥各级纪检、监察、审计及检察和反贪等专门机构在反腐倡廉教育方面的特长与作用,使这些目前主要负责查处贪腐的机构,在检查和惩处腐败现象和腐败分子的同时,更好地担负和开发出宣传、警示和教化的功能。二是如何充分发挥各级社会主义学院在教育培训党外干部方面不可或缺的特殊作用。随着我国干部人事制度的改革、各级各类干部选拔任用范围的扩大,尤其是大量民主党派和无党派人士纷纷走上各级政府机关和企事业单位领导干部岗位,对非中共党员领导干部的教育培训任务会不断加重,其必要性和重要性也会不断突显出来。我们自然应当利用现有党校和行政学院等机构来开展对党外干部的培训,但充分发挥各级社会主义学院的专长、特点,以及本身具有的特殊亲和力,对民主党派、无党派人士干部开展廉洁从政教育和反腐倡廉教育,应该是适合时代和形势发展的必要和有效举措,这样做既可以进一步补充和完善各级各类干部培训机构的制度体系,也能使党内外培训机构形成各司其职、各展所长、互相配合和互相补位的合作、合力框架和体系。三是如何发挥高等院校、科研机构及学术技术团体乃至行业协会等的专业特长,更好地开展对包括党政领导干部、专业技术干部的知识和技术培训。从现在已经发现和查处的腐败现象看,一些贪腐分子之所以走上违法犯罪的不归路,除了普遍存在放弃学习改造、丧失理想信念、道德素养较低、自制自律不强,因而挡不住各种名利钱色的诱惑等思想政治和道德品行方面的原因以外,事实上也与一些干部明显缺乏专业知识、专门技术和领导管理能力有着或密或疏、或直接或间接的关系。应该说,这也是《规划》在强调各级各类培训要把"普遍性要求与不同类别、不同层次、不同岗位干部的特殊需要结合起来,增强针对性,实现全覆盖"要求时,除了规定对"县处级及以上领导班子成员,特别是党政主要负责同志""机关内设机构公务员""企业经营管理人员""专业技术人员""基层干部"培训的政治思想方面的目标外,还进一步根据岗位层次、类别等分别设定了"能力过硬""业务精湛""经营管理能力强""专业水平高、创新能力突出"以及有"本领""能力"等有针对性的"重点"目标的原因。

2. 在各级各类学校、特别是大中学校开展廉洁教育是实施全社会反腐倡廉教育和公民廉洁教育的一个主阵地

2007年3月，国家教育部根据新形势下对全民开展廉洁教育的需要，制定并颁布了《关于在大中小学全面开展廉洁教育的意见》（以下简称《意见》）。《意见》指出，发挥课堂教学在廉洁教育中的重要作用是在大中小学全面开展廉洁教育的一项重要方法和途径，要正确处理廉洁教育与其他学科教学的关系，把廉洁教育与学科建设、素质教育紧密结合起来，深入挖掘并整合现有学科的廉洁教育资源。要把廉洁教育与课堂教学紧密结合起来，使学生在学习知识、增强能力和提高认识的过程中受到廉洁教育，加强思想道德修养。此外，还要把学生课外活动作为廉洁教育的重要载体，紧密结合一些各具特色的传统学生课外活动项目，如中小学生的团日、队日和夏令营、冬令营活动，大学生党日和暑期文化科技卫生"三下乡"社会实践等，开展廉洁教育活动。应该说，各级各类学校充分利用基础课程资源，并结合实际积极挖掘拓展型和研究型新课程资源，通过较为系统的学科教学和素质教育，充分挖掘包括各种课外活动在内的廉洁教育资源，向各年龄层学生开展潜移默化的教育，把传统教育中一贯重视的自少年儿童起就开始的诚实正直、勤劳节俭、尊老爱幼、团结友爱、公平正义等基本道德素养和修身要求，与适应面更高更宽、更具全民普及性质的"三个倡导"的社会主义核心价值观结合起来，这对于全国人民廉洁意识、廉洁品质及反腐倡廉精神观念的培养，都具有十分重要的意义。可以说，对普通公民、包括未成年人开展与其心理生理成长相适应的廉洁知识和防范技术的普及性教育，对于从根本上培育和塑造社会廉洁文化，清除腐败发生发展的土壤，最终形成令腐败现象和贪腐分子"老鼠过街，人人喊打"的社会氛围和廉洁生态都有巨大的意义。

3. 加强各级各类廉政教育基地，构建合理的教育体系结构

多年来，我国各地已陆续建立了数量众多、层级丰富、形式多样、各有

特色的廉政廉洁教育基地。这些基地有的直接称为"XX教育基地",如"XX廉政教育基地""XX反腐倡廉警示教育基地"等,还有很多则是与烈士陵园、博物馆、展览馆、文化馆、人文纪念馆等联办的,许多都是一个单位两块牌子。从性质上看,有官办、民办和官民共建、民办官助的,其中以各级党政机关(包括组织、宣传、公安、检察、法院、监狱等部门)、文教科普类事业单位(包括众多纪念性场馆、园林)和旅游部门主办的居多,也有一些是由社区、企业和个人等设立的。从形态上看,有常设的或临时性的,有普及性的,也有专题性的,还有借助于新媒体、新技术设立的廉洁教育专题网站、网页等。这些形形色色的廉洁教育基地,是对党员干部和广大群众开展党性和廉政教育的重要场所以及推进廉政文化建设的重要依托,对于深入挖掘、搭建新的传播平台,延伸教育空间,开拓各种廉政教育社会资源、提炼充实廉政教育内容、丰富廉洁教育形式,都起到了很好的作用。通过这些基地展示出的生动事迹的熏陶、高尚人格的感染和典型案例的警示,使各级各类人群受到了很好的廉洁廉政、反腐倡廉教育。其中,近年来通过"红色旅游"迅速发展起来的廉洁廉政教育基地可谓异军突起,成为"寓教于游""寓教于乐"的重要载体和宝贵资源,吸引着各地党员干部、人民群众,特别是青少年前来参观、学习、游览,较好地发挥了将廉洁廉政教育与党员干部培训、青少年思想道德建设以及廉政文化建设有机结合的特殊作用。但是,各地廉政教育基地建设中也存在着基地布局不尽合理,有些基地过于简陋,交通不便以及教育主题不够清晰、展示内容混杂、运营运作不够规范和有些收费项目性价比不高等问题。针对这些情况,近年来,中央和各省、市、自治区在加大各方面投入,新建、改建、扩建一批示范性基地的同时,还通过评比、评选等活动引导和促使各方面加强管理,规范运营,并不断对展示内容与形式等进行清理、升级与凝练,大多起到了建设或升级一个,影响一批,辐射一片的良好效果。如中纪委监察部从2008年7月起历时一年多,从参评的100多个项目中命名了首批50个全国廉政教育基地,各省、市、自治区乃至省级以下的地区或单位也开展过类似的活动。今后,我们仍要在总结经验的基础上,继续加大关注和投入力度,进一步促使各级各类廉政教育基地健康发展、合理布局、科学运营及升级换代,使之更好地成为教育党员干部廉洁从政,提升广大公民廉洁意识,营造社会廉洁文化的载体和阵地。

4. 更好地发挥社区在廉洁文化建设中的基础作用

我国现有的社区一般还受某个街道或居委会进行属地管辖,也有一些规模较大的社区单独组建街道或居委会的情况。尽管这些社区的基本分级模式和管辖区域变动不大,但随着我国经济社会发展,特别是城乡交流和城市化进程加速过程中出现的人员迁移和流动的急剧加大,原来比较强势的"单位"作用的弱化和人们"单位人"意识的淡化,社区的居住功能更加突出,居民的来源和成分日益混杂,相互间了解和交往更为稀少,这进一步突显出街道和社区在社会管理、社会教育和自治管理等社会性建设方面的作用。也可以说,社区在管理、引导和组织各阶层公民"八小时以外"生活和活动的功能大为突显。同时,由于国家经济实力的迅速提高、区县街镇财政收入状况的大为改善,以及党和政府对社区认识和重视程度的提高、投入的增大,现有的街道、社区甚至较大的居民小区内大多已建有具有一定规模的文化中心等活动场馆,其中除了常见的宣传栏、黑板报、图书馆、阅览室、展览室和各种教室、活动室以外,现在大都建有电子屏、电脑房等现代化设施,还经常举办各种授课、报告、宣讲、比赛等活动,为居民开展文化教育、娱乐健身、养老育幼、社团活动等提供了良好的条件和环境。我们也完全可以以这些基础性设施为依托,结合当地其他社会、人文和宣传、教育资源,有计划有组织地、寓教于乐地、直接或间接地开展各种生动活泼、形式多样、内容扎实的反腐倡廉和公民廉洁教育等活动。

5. 充分发挥各种传媒在反腐倡廉方面的宣教作用

这里既不能忽视电视、电台、报刊、杂志、电子屏、宣传栏、黑板报乃至广告、横幅、标语等传统宣传媒介在理论宣传、信息传播、案例剖析、氛围营造等方面的普及性、日常性、警示性宣传教育功能和潜移默化的宣教作用,同时还要适应计算机技术、网络、微信和微博等电子传媒的出现与应用所带来的教育方法、手段与模式的巨大变革和发展趋势,充分利用现代电子传媒技术和载体,加快廉洁教育的传播速度,增大廉洁教育的信息容量,扩大廉洁教育的辐射范围,综合运用镜头、光线、色彩、声音和互动、交流等方式去影响受众,教育和引导公民树立正确的世界观、人生观、价值观和道德行为取向,为公民廉洁教育营造一种身临其境的现实感,不断提升廉洁教育的质量和效果,从而提升全民的法治意识,强化廉洁政治生态和社会廉政文化建设,营造廉洁的社会氛围和反腐倡廉的舆论环境,增强廉洁教育的覆盖面和实效性。

6. 充分发挥各种文艺形式在廉洁宣传教育方面的功能

电影、电视剧、戏曲、音乐、舞蹈、小说、书法、绘画等文艺形式,以其形象生动、通俗易懂、耳濡目染、吸引观众的特点,一直受到党和国家的重视,是人民群众喜闻乐见的宣传和教育方式,也是开展反腐倡廉和公民廉洁教育的重要形式,我们同样应该而且可以更好地运用这一形式,精心设计、精心组织、精心创作,把反腐倡廉和廉洁廉政的教育内容很好地融入其中,发挥其特有的宣传教育作用,使广大民众在受到艺术文化感染、熏陶的同时,潜移默化地接受廉洁教育,并不断内化成廉洁意识和廉洁文化,不断升华和净化自身的思想道德。2012年7月,浙江省法院给每位干警发了一本文图结合的艺术"拒腐"手册,其中模拟了24种办案中可能遇到的送礼请托场景并给出了处理建议,教授他们更"艺术"地拒贿拒请。应该说手册的出发点很好,思路和方法也不无新意,作为一种宣传教育手段也发挥了一些作用。当然,面对各种诱惑和腐蚀,法官最需要的恐怕还是对法律的敬畏,要做到这一点,除了要不断提高司法人员的觉悟与修养外,更要形成使之遵法守法的制度约束、廉洁文化和社会环境。只有如此,才能使司法人员在面对各种腐蚀诱惑时,不仅善于"艺术地"抵制和拒绝,而且更能出于道德良知、职业操守和廉洁自律精神,敢于和勇于并不那么"艺术地"断然拒绝。

7. 更好地发挥行业协会、专门机构在职业防腐方面的专业教育作用

2007年5月,国务院在《国务院办公厅关于加快推进行业协会商会改革和发展的若干意见》中指出:"行业协会担负着实施行业自律的重要职责,要围绕规范市场秩序,健全各项自律性管理制度,制订并组织实施行业职业道德准则,大力推动行业诚信建设,建立完善行业自律性管理约束机制,规范会员行为,协调会员关系,维护公平、竞争的市场环境。"①应该说,行业协会和审计、会计、规划、计量等专业机构作为产业、行业发展和规范的桥梁和枢纽,是廉洁诚信建设和专业技术培训的重要团体或组织。依托行业协会和专业机构有计划、有步骤地及时开展多层次、多渠道的职业道德规范和专业知识技能方面的教育与培训,既有利于教育引导相关专业人员和干部群众恪守职业道德,规范职业行为,强化履职责任,坚持廉洁从业,同时也可以通过揭示腐败和犯罪形式的技术性特征、特点及动向、趋势,有针对性地传授具体的防范知识和专业技能以及应对办法和措施,这对于预防和控制因制度缺失、防范不严、技能不足而造成的渎职、过失犯罪,或因麻痹大意、疏于防范而给贪腐分子趁机作案等情况,有着较好的防治效果。

8. 充分发挥典型案例的警示教育作用

所谓典型案例有不少都是涉案金额巨大,造成危害极坏,社会影响恶劣,人民群众反映最强烈、最痛恨的违纪违法贪腐案例,当然也有些算不上大案要案,而是涉案金额和社会影响并不太大的案例,但不管怎样都是纪检和司法等部门归列出的能反映某个时期、某个领域、某种形式腐败犯罪的特点、动向和趋势的具有很强代表性、警示性及普遍教育作用的案列。通过对这些典型案例的剖析和解构,人们可以看到贪腐分子是如何在名利权色的诱惑下利欲熏心、贪欲膨胀,最终无视各种党规国法,或有

---

① 转引自法律教育网:http://www.chinalawedu.com/falvfagui/fg21752/263406.shtml,2015年3月30日访问。

意规避法网的防范,或利用其存在的漏洞及执行过程中的疏漏,逐步陷入损公利己、化公为私的贪腐深渊和犯罪迷途的。一般来说,这样的案列既可以帮助人们了解党纪法规的要求和底线,发现其本身存在的或执行过程中遇到的问题,同时了解犯罪分子如何在各种诱惑下铤而走险,违纪违法并最终身败名裂的,因此,具有较大的提醒、警示和比较普遍的教育意义。利用典型案例开展警示教育应该根据实际需要确定一个或几个视角或重点。可以重点剖析现行法律法规之缺陷、疏漏,引起人们的重视和警觉,尽快补遗拾漏,从体制机制等制度层面及时清除滋生腐败的土壤或环境;也可以把重点放在深入分析贪腐分子走上违纪违法道路的个人或社会深层原因,以及腐败发生的苗头、倾向和趋势,以提醒和督促人们吸取教训,引以为戒,加强自身修养,增强抵御和防范各种诱惑的自觉性;还可以着重从腐败分子最终身败名裂的角度向人们发出警示:法网恢恢,疏而不漏,防微杜渐,回头是岸;当然也可以在强调贪腐犯罪的危害和恶果、发挥典型案例警示教育作用的同时,宣传防治贪腐现象和贪腐分子中出现的先进典型和成功经验,并以此来激励和引导人们提升与腐败分子和腐败现象斗争的技巧、方法和信心等。用典型案例开展警示教育也可以采取多种形式和方法。比较常见的有内部通报、观看专题片、请办案人员或专家剖析案例、让案犯现身说法、参观监狱和劳改场所等。总之,前车之鉴,后事之师。抓好警示教育,用身边事教育身边人,将最有代表性和普遍教育意义的违法违纪案件在一定的范围内公布示众、揭短亮丑,对民众特别是公职人员进行及时性、警示性、集中性的教育,既能起到"举一反三"的作用,也可以促使领导干部进一步提高廉洁自律意识和遵纪守法意识。2014年1月23日下午,南京市领导干部警示教育大会召开,现场播放了以北京市原副市长刘志华、南京市水利局原副局长叶松、溧水县委原副书记汤少波等人走上犯罪道路的警示教育片,在春节前给全市党员干部敲"警示钟"、打"预防针"。汤少波、叶松以"锒铛入狱"的惨痛教训,给党员干部上了生动的一课。它告诫广大党员领导干部:如果放松自我要求,放纵个人欲望,在权力、金钱、美色等诱惑面前,经不住考验,背弃为民宗旨、背离群众路线、背叛党性立场,最终必然受到党纪国法的严惩。

9. 充分发挥检察建议书针对性、督查性的教育提醒作用

对于检察建议书的概念,一种观点认为是指"人民检察院在办案过程中,对有关单位在管理上存在的问题和漏洞,为建章立制,加强管理以及追究有关当事人的党纪、政纪责任,向有关单位正式提出建议或向人民法院提出再审民事、行政裁判建议时所制作的检察业务工作文书"①。另一种观点认为,检察建议书是"人民检察院为充分履行法律监督职责,在办案过程中,针对发现的各类问题,以非诉讼方式提出有针对性的意见和建议,从而有效参与社会治安综合治理工作,并对刑事诉讼、行政诉讼和民事审判活动进行法律监督所制作的检察法律文书"②。无论哪一种观点,都指明了检察建议书在加强法律监督工作方面的重要作用,它可以帮助有关单位和部门发现问题,完善制度,及时纠正违法行为。由于检察建议书注重说理说法,具体检察建议书往往切中要害,有很强的针对性和警示性,且明显带着帮助补缺、指导防范的意图,故也比较容易被相关单位和个人所接受和采纳。另外,除犯罪案例外,如能及时就腐败案件的动态、重点、特点及发展趋势、走向等,发布指导性、警示性的预报和提示,通报腐败易发多发领域的检查建议等,既可以提醒各级领导、相关部门和广大群众提高警惕,加强防范,也可对腐败分子形成警告和压力。因此,充分利用检察建议书这一特点和优点开展警示性、督查性教育,既有利于弥补漏洞,防范于未然,也利于改进制度建设和预防宣传教育工作,净化政治生态和社会氛围,营造风清气正的良好环境。

总之,反腐败斗争是一项复杂、严峻的巨大工程和历史任务,也是必须长期坚持并战之必胜的伟大人民战争。就像毛泽东在抗日战争时期所

---

① 毛建平主编:《检察业务文书制作方法与范例》,中国检察出版社 2008 年版,第 337 页。
② 李凯、赵鹏:《公诉法律文书写作技法与实例讲评》,中国检察出版社 2012 年版,第 293 页。

指出的那样，必须发动群众，才能进行战争，必须依靠群众，才能进行战争。只有充分发挥上述各级各类培训教育机构、纪检监察和公检法监等司法部门、审计会计规划检验等行业专业机构、各类廉政或反腐败的研究防治机构、机关企业社区等各部门单位的合力，动员和运用各种大众传媒技术和路径，积极利用各种文化艺术的宣传教育形式，努力在中央的统筹安排和部署下，发挥全社会各阶层群众的优势、专长和力量，充分调动和有效整合各方面的"正能量"和积极因素，积极防止和消除各种"负能量"和消极因素，才能既全面普及，又突出重点，形成一个纵横交错、严密细致、生动有效的腐败防治体系、监督警示体系、面向社会各阶层的反腐倡廉和廉洁教育的网络体系，使各种"软实力"和"硬实力"真正形成威力无比的"综合力"，实现防止腐败和廉洁教育效果的最大化和最优化。

三、根据不同对象实施分类分层的差异化教育

因材施教是所有教育活动普遍依赖的路径，这就要求教育者根据特定知识体系和教育对象的状况有计划地安排教育内容和教育方式。处于社会主义初级阶段的中国，历史传统悠久，文化积淀深厚，但地区和行业、领域差异性较大，各阶层群体和公民的素质也参差不齐。在面向全体公民进行廉洁教育的时候，必须根据不同教育对象的特点和要求，包括其职业、职务、岗位等具体情况，分层次、有区别地设计教育方案，确定教育内容，选用教育方法，才能获得最佳效果。如对于反腐倡廉教育的重点对象——党员干部特别是领导班子和主要领导干部包括"一把手"来说，由于政治路线确定以后，干部就是决定性因素，因此必须对这一特殊群体不断地开展包括理想信念、廉洁奉公、遵纪守法、警示警醒性和专业知识技能等方面的全方位、全天候廉政教育。

1. 理想信念教育

坚定的理想信念，是我们党强大的政治优势，是我们战胜各种艰难险阻夺取胜利的重要法宝，也是每个党员干部的终身必修课。尽管有点"老

套",依然不能放松、放弃。邓小平曾经指出:"我们过去几十年艰苦奋斗,就是靠用坚定的信念把人民团结起来,为人民自己的利益而奋斗。没有这样的信念,就没有凝聚力。没有这样的信念,就没有一切。"①事实上,在我们的党员干部包括相当层级的领导干部中,在改革开放和社会主义市场经济建立、完善过程中,在存在各种名利权色诱惑勾引的复杂环境下,就有一些意志薄弱者逐渐放松学习改造,以至于丢失和放弃共产党人的理想信念和为民宗旨,产生了形形色色的错误思想和观念,并导致了十分严重的后果和问题。据《中国新闻周刊》2013 年 8 月 21 日报道,2003至 2004 年上半年,江西行政学院政治学系主任肖唐镖曾借在中部某省委党校授课之机,向包括厅局级、县处级和乡镇科级等 6 个领导干部班(也有企业和高校政工干部),进行涉及贪腐和理想信念等问题的采样调查,共发放问卷 680 份,回收有效问卷 571 份。为了让干部们放心地"袒露心迹",问卷特意设计成匿名形式。但令其最感惊叹的是,在关于"干部任用的风气"一项中,竟无一人认为"风气很正"。关于"现在提升职务关键要靠什么?"选择"与领导的关系"者高达 75.1%。对于"您觉得共产主义能否实现?"66.9% 的答"有可能实现"或"一定能实现";选择"不可能实现"或"说不清"的有 27.4%。对于"是否希望我国始终坚持走社会主义道路?"也只有 71.5% 的人表示肯定,还有 20% 左右的人选择"不希望"或者"说不清"。② 另外,部分干部迷信神佛似乎已是公开的"秘密"。原铁道部部长刘志军为求"平安",长期在家烧香拜佛,还在办公室布置了"靠山石"。一些项目的开工竣工,刘志军都会请"大师"选择黄道吉日。山东省泰安市原市委书记胡建学,因有"大师"预测其可当副总理,但命里缺水,于是就下令将已按计划施工的国道改道,使其穿越一座水库,并顺理成章地在水库上修起一座大桥。河北省原省委常委、副省长丛福奎

---

① 《邓小平文选》第三卷,人民出版社 1993 年版,第 190 页。
② 参见《贪官韩桂芝落马后还问佛"为何不保佑我"》,载《中国新闻周刊》2013 年 8 月 21 日。

为求仕途升迁,也曾找"大师"算命,并捐给寺庙大笔钱财。另据国家行政学院 2007 年发布的"我国县处级公务员科学素养调查与分析研究"问卷显示,县处级公务员自称相信"相面"这种迷信形式的比例最高,为 28.3%;有超过半数(52.4%)的县处级公务员,不同程度地"迷信"。①

党的十八大报告指出,共产党人必须"坚定理想信念,坚守共产党人的精神追求。对马克思主义的信仰,对社会主义和共产主义的信念,是共产党人的政治灵魂,是共产党人经受住任何考验的精神支柱"②。习近平总书记在 2013 年 1 月召开的十八届中央纪委第二次全体会议上,要求"每一个共产党员特别是领导干部都要牢固树立党章意识,自觉用党章规范自己的一言一行,在任何情况下都要做到政治信仰不变、政治立场不移、政治方向不偏"③。因此,在对党员干部进行廉洁教育时,强化理想信念教育,构筑思想深处的拒腐防变长城,有效抵御和防范各种拜金主义、享乐主义等腐朽思想的侵蚀,具有不可或缺的重要意义。

2. 廉洁奉公教育

"礼义廉耻,国之四维,四维不张,国乃灭亡。""国无德不兴,人无德不立"。2013 年 12 月 30 日,习近平总书记在中共中央政治局第十二次集体学习时的讲话强调:"要继承和弘扬我国人民在长期实践中培育和形成的传统美德,坚持马克思主义道德观、坚持社会主义道德观,在去粗取精、去伪存真的基础上,坚持古为今用、推陈出新,努力实现中华传统美德的创造性转化、创新性发展,引导人们向往和追求讲道德、尊道德、守道德的生活,让 13 亿人的每一分子都成为传播中华美德、中华文化的主

---

① 参见《市委书记因"大师"预测可当副总理 下令将国道改道》,载《成都晚报》2013 年 7 月 31 日。
② 胡锦涛:《坚定不移沿着中国特色社会主义道路前进 为全面建成小康社会而奋斗——在中国共产党第十八次全国代表大会上的报告》,人民出版社 2012 年版,第 50 页。
③ 转引自新华网:http://news.xinhuanet.com/politics/2013-01/22/c_114460744.htm,2015 年 3 月 30 日访问。

体。"①奉公守廉应是公职人员入职教育的第一课,更是对党员干部和领导干部的最起码要求。一个人能否廉洁自律,最大的诱惑是他自己,最难战胜的敌人也是他自己。不自律,再多的清规戒律也不起作用。制度的防线是外在的,可以让人权衡利弊而收手;心理的防线才是内在的,可以让人自觉自愿不动心。党员干部特别是领导干部执掌着公共权力,有着极为方便的谋取个人利益的条件和机会,所以更应该经常打扫思想灰尘,慎微慎独慎初,时时自警自省,常怀底线和危机意识,让肌体保持健康,让精神保持振奋,真正将自律内化为修养,将守德升华为信仰。如果不知"礼义廉耻",不在人所不察的独处之时、制度所未及的微小之处严格自律,凛然自警,就可能守不住底线和防线。如放任腐败现象和贪腐分子滋生蔓延,就会如习近平所说的,"我们党就会失去根基、失去血脉、失去力量"。《中国共产党章程》"总纲"中指出:"党除了工人阶级和最广大人民群众的利益,没有自己特殊的利益。""立党为公,执政为民"是中国共产党的执政理念,也是我们党在长期的革命和建设中始终坚持的一贯思想和根本宗旨。2014年8月,《经济日报》曾刊文指出,官德对民德、民风具有引领作用,对干部要进行传统美德教育。虽然道德文明是全民之事、全社会之事,但领导干部的"为政以德"、率先垂范,无疑至关重要。当前,人们不断看到"老虎"被打,"苍蝇"被拍。"老虎""苍蝇"各有各的问题,但有一点是相同的,那就是道德出了问题。道德失守,行为失范,就很难不发生腐败问题。②只有加强对党员干部廉洁奉公、服务人民的经常性和主题性教育,才能帮助他们从根本上摆脱和破除"官本位"观念和以权谋私观念,时刻牢记宗旨意识,秉承公仆精神,才能引导他们克服高于人民、脱离群众、以权谋私、腐化变质的危险。

3. 法律观念和党的规矩教育

党员领导干部,要真正成为合格的执法领导者和管理者,必须具备较

---

① 转引自新华网:http://news.xinhuanet.com/politics/2013-01/22/c_114460744.htm,2015年3月30日访问。

② 参见管斌、钟云华:《对干部要进行传统美德教育》,载《经济日报》2014年8月11日。

强的法制观念,当前尤其要进行立规矩、讲规矩的教育。以习近平为核心的党中央抓党风廉政和反腐败斗争,就是首先从立规矩、守规矩入手的。2012年11月16日,习近平在《认真学习党章,严格遵守党章》一文中明确指出,党章就是党的根本大法,是全党必须遵循的总规矩。同年12月4日,在《中央政治局会议上关于改进工作作风,密切联系群众的讲话》中又进一步指出,新一届中央领导集体要定规矩,中央八项规定就是很好的规矩。同日,又在《首都各界纪念现行宪法公布实施三十周年大会上的讲话》中强调,各级党组织和党员领导干部要带头厉行法治,不断推进各项治国理政活动的制度化、法律化;同时认为法律是治国理政的最大、最重要的规矩。① 2013年4月,上海社会科学院法学研究所研究员殷啸虎在《"法商"是领导干部的基本素质》一文中也指出,要使领导干部习惯于法治思维和依法治国,不但要提高他们的智商和情商,还必须提升他们的"法商"。与智商不同,法商的提高在很大程度上是靠后天的学习获得的。尽管法律知识的多少并不一定代表法商的高低,当年法律考试获得95分高分的江西省原副省长胡长清,最终却因为受贿罪和巨额财产来历不明罪而被判死刑,但法律知识的学习,无疑是增强其法商的主要方法和路径。法商的高低除了要看法律知识的多寡,更要看对法律是否敬畏、尊重和信仰,而后者正是在长期的学习和工作实践中,逐步养成并表现为学法、懂法、依法、守法的行为习惯和工作能力的。提高法商,首先要敬畏法律,先要教育领导干部畏法,这是提高法商的基础。一些领导干部法商不高的突出表现是对法律缺乏应有的敬畏感,他们只知道敬畏和追求权力,而不知道还有法律的存在和必要。一旦大权在手,就以言代法、以权压法、徇私枉法,因此也谈不上遵法、守法和依法办事。等到触犯法律,锒铛入狱,却又痛哭流涕地声称自己不懂法,悔之已晚。其次要遵法,这是提

---

① 参见中央文献研究室:《深入推进党风廉政建设和反腐败斗争的思想武器和行动指南——学习〈习近平关于党风廉政建设和反腐败斗争论述摘编〉》,载《人民日报》2015年1月26日第6版。

高法商的关键。领导干部要充分认识到权力是人民通过宪法和法律授予的,其职责是执行法律,必须根据法律的规定,严格按照法定的程序行使职权,防止因为执法权的滥用而导致侵犯公民权利的情况发生。最后要信法,这是提高法商的核心。法律不仅仅是一种规范,更是一种信仰。只有内心对法律的信仰、对法律的心悦诚服,才能真正敬畏法律、尊重法律,用法律来指导自己的行为,才能真正提高自己的法商。①

4. 法律知识和遵法守法教育

从近年来揭露的腐败分子贪腐案件看,因知法犯法、徇私枉法而走上犯罪道路的屡见不鲜,但也有因其不懂法和知法却不守法而落马的高级官员。南京市检察官林志梅从事检察工作已34年,"看到从农村娃成长为享受国家津贴的专家倒下了;看到曾经为党和人民作出重大贡献的领导倒下了;也看到刚入社会,风华正茂的青年倒下了。他们中间,有的是因为不懂法律走上了犯罪的道路"②。南京一个干部挪用公款,检察院找他谈话时,对方起初不以为然,当得知自己的"借用"行为确已触犯法律时痛不欲生,边用头撞墙边大声哭喊:"如果早知道这是犯罪,打死我也不会干哇!"③上海市审计局在对17个预算主管部门2012年部门预算执行和其他财政财务收支情况进行审计,并对下属253户一级预算单位中118户进行抽查时,审计各类资金资产共计275.43亿元,查出违规问题金额1.73亿元,管理不规范问题金额5.68亿元。④ 其中有些管理不规范问题,也常常因不懂法、知法却不守法而产生。因此进一步加强法律知识、法制观念和遵纪守法、循规蹈矩的教育,是对党员领导干部进行廉政教育的一项重要内容。另外,一定的专业知识是实行有效领导的基础。领导干部要成为本职工作的行家里手,不具备与自己活动领域相应的专业知

---

① 参见殷啸虎:《"法商"是领导干部的基本素质》,载《社会科学报》2013年4月11日。
② 林志梅:《"两会"上的预防思索》,载《预防职务犯罪专刊》2013年第2期。
③ 《林志梅:"生产力"成了预防的代名词》,载《预防职务犯罪专刊》2013年第2期。
④ 参见《审计17个预算主管部门,查出违规问题金额1.73亿元》,载《新民晚报》2013年7月27日。

识是不能胜任的。"干什么学什么,缺什么补什么",有针对性地抓好党员干部的专业知识与业务技能教育,掌握新知识、新技能,能够在一定程度上解决政府部门行政不作为问题,提高执行力。"政府部门不作为,其实也是一种腐败。在某种意义上,这是一种比贪污受贿更可怕的腐败。它像慢性毒药一样侵蚀政府的肌体,损害政府的信誉。如果违法行为得不到及时有效的制止,轻则扰乱正常的社会经济秩序,重则影响党和政府在人民群众中的威望,可谓后患无穷。"①

此外,还可以开展"算账"教育。笔者曾在一次高校干部反腐倡廉大会上听到大意如下的一段讲话:我们每个人都应该扪心自问,党把我们放在这个位置上是否亏待了我们?我们都是受党长期培养和教育的,是党和人民给了我们这样一个平台,既给了我们锻炼的机会或发挥自己能力的舞台,也给了我们稳定的、比上不足比下有余的工作条件和经济待遇。如果不知道珍惜,不能守住底线,一旦走上犯罪道路,就会给自己和家人带来一辈子的痛苦和后悔——在座的许多人听了均有触动,深以为然。笔者以为,这实际上就是一种"算账"教育。一是算一算党和人民的"培养教育账"。不少腐败分子曾有过埋头苦干、做出贡献的经历,不少人也因此"居功自傲",在"发迹"后忘乎所以,自以为是,只看到自己的努力和贡献,忘记了党和人民长期培养教育之恩。对他们算一算培养教育账,可以使之明白其"发迹"之源,多一点"感恩""报恩"的心态。二是算一算党和人民给予的"条件待遇账"。习近平曾多次要干部就"当官"和"发财"作出选择:要想"发大财"的,就别来"当官"。客观的说,即使排除各种"灰色"或"隐形"收入,现在各级干部的工作生活条件和经济待遇,称得上是"比上不足比下有余",大多还属于中等偏上水平。即使在共和国最困难的时期,也大多能维持"温饱",如加上社会地位和声誉等非物质因素,"收获"和"付出"更可谓大体得当或多少有余。算一算这笔账,可以

---

① 刘浦泉、段世文:《行政不作为也是一种腐败》,载《光明日报》2002年4月2日。

让人在选准比较对象的同时,降低心理期许、抑制贪欲心态,减少或减弱"吃亏"的心绪。三是算一算"利害得失账"。前面多次提及许多贪腐分子走上不归之路是因为顶不住诱惑:看到别人花天酒地、香车美女就得了"红眼病",就不甘"清贫"、贪欲膨胀,继而守不住"底线"而冒险"伸手",此时他们大多不再顾忌"天网恢恢疏而不漏""伸手必被捉"的古训和箴言,不再想到多少贪官们"东窗事发"后身败名裂、妻离子散的凄惨后果。广重企业集团原董事局主席、总经理王胜杰就是怀着"吃亏"的心态,在捞不了"权"就捞"钱"的思想支配下走上绝路的。他在案发后交代说:"我始终觉得不太公平,那些农民包工头原来也是斗大的字不识几个,后来都是干这干那发了财。我们在国企干活,干了一辈子,长时间兢兢业业,最后也没什么更多的收入。所以我就想通过办公司、持股等得到一些利益。"算一算这种利害得失,想一想贪腐分子的可耻下场,可以使人在"权钱利色"的引诱迷惑下,多一份清醒、多一些平和,多一点自尊、自警、自律和自制。当然,如能综合运用这几种"算账教育",并将此与案例教育、警示教育或犯罪分子"现身说法"等教育方法有效结合,则更容易使人保持清廉正直,避免盲目攀比,保持平稳心态,更好地起到防腐防变、警觉警醒的功效。

总之,廉洁教育是一个开放的、动态的系统和过程,应该追踪腐败的形式、特点、趋势等变化,根据各社会阶层不同的职业职务、岗位身份和权力权限,有重点、有针对性地持之以恒、长期开展;应该将理想信念教育、传统美德教育、廉洁奉公教育、遵纪守法教育、专业技能教育和警示教育、算账教育等内容和形式有机地结合起来,形成既有综合性、又有着重点的廉洁教育体系或系统,并使之起到切实增强领导干部廉洁自律意识和提升服务国家、执政为民观念与能力的作用。在这方面,中央相关文件已有规定和要求,各地各部门也有不少有益的探索与实践。2013年4月,湖南省怀化市麻阳苗族自治县纪委根据上述中央纪委对十八大所作的报告的精神,制定了《麻阳苗族自治县关于开展"分层施教"廉政教育工作的实施意见》。该意见指定的教育对象分为四级。一是副科级以上领导干部——突出警示教育(注重反面典型的警醒作用)和主题教育("三观双品":权力观、地位观、政绩观和政治品德、道德品行)。二是单位中层干部和重点岗位的党员干部(含基层站所负责人)——根据岗位特点,分别对负责人、财、物管理岗位的人员进行风险教育;对担负行政执法和社会管理岗位的人员进行依法行政和规范办事程序教育;对负责重大项目(工程)的管理人员,突出抓好相关党纪条规、法律法规的学习,着力解决中层实权岗位存在的"中梗阻"。三是农村干部——抓好《农村阶层干部廉洁履行职责若干规定(试行)》等政策法规、工作纪律、宗旨意识方面的教育,着力解决漠视群众利益、与民争利及利用职务之便索拿卡要等不正之风。四是普通党员——运用谚语、俚语、村规民约和乡村戏剧等形式,以简洁、生动、易记的内容,开展廉政文化活动,着力解决意志衰退、纪律涣散、自甘落后以及搞封建迷信活动等问题。这个事例虽然发生在基层,但对更高层次领导干部的教育,仍具有举一反三的借鉴和参考作用。

对企业和社会组织成员进行廉洁教育的目的,是建立符合企业特点的廉洁管理领导体制和工作机制,使企业所有人员成为廉洁工作的主体,使企业所有的生产经营过程在廉洁状态下得以有序运转,从而保证企业健康稳定发展。廉洁教育内容具体体现在:第一,具有企业特点的廉洁方针和廉洁目标。包括企业职责履行管理子体系,组织协调、控制管理子体系,纪检监察信访、案件检查、案件审理工作子体系,企业效能监察、执法监察工作子体系,廉洁信息传递与反馈工作子体系,廉洁管理监督、检查、评价工作子体系等。子体系不仅要有组织机构、人员职责、工作范围、工作内容、廉洁要求,还要横向到所有单位,纵向到各单位的每一个岗位人员。第二,文件化的企业各级组织的廉洁程序。包括整个体系的廉洁工作手册,各项子体系相应的制度、办法、要求,具体到各工作岗位的廉洁规范等,还要有年度、季度、月度等阶段性廉洁工作规划。第三,各级管理部门和各岗位管理者的管理权限以及各岗位工作人员的廉洁工作程序,从而使企业的生产经营等工作处于廉洁程序控制之中。另外还要为企业廉洁工作的开展提供所需的人力和基础设施资源,以保证廉洁管理体系的持续改进和有效性。①

对普通群众和青少年进行廉洁教育,内容则与领导干部和企业有所不同。一般而言,人民群众对腐败最反感、最痛恨,既是我们党反腐败的坚决支持者和拥护者,同时也是反腐倡廉最深厚的基础性力量。但正如前面已经指出的那样,在我国目前的社会环境和氛围中,传统文化和社会习俗中"官本位""中庸""人情"等腐朽落后的观念,还在很大程度上影响、束缚着人们的思想,甚至还有人对滥用权力者怀着妒忌、羡慕的心态,期望自己或亲友也"一朝权在手,便把令来行",有朝一日也能以权力换取所需所想的利益和好处。因此对他们进行廉洁教育,既要使之懂得反腐倡廉的重要意义,激发其与腐败现象和腐败分子斗争的积极性、主动性,同时也要教育他们崇德明义、知法懂法守法,成为帮助党和政府反腐倡廉、监督权力、建设廉洁文化和清廉环境的主动参与者。

青少年时期是每个人成长的关键时期,我们的教育方针是使青少年在德、智、体、美、劳等各方面全面发展,将来成为有理想、有道德、有文化、有技能和守纪律的劳动者和建设者,而所谓"四有新人"中,德育无疑应当放在首位。"学会做人,道德为先"。青少年廉洁教育的内容首先应是诚实、谦让、守信、拾金不昧、勤俭节约、爱劳动、爱国、团结友爱、关心他人,其次是遵纪守法、公民权利义务等,从伦理道德到法律常识,从低到高逐步深入,引导、保障和促进青少年的健康成长。另外,不同的人生阶段,也应有不同的廉洁教育的重点内容。在小学阶段,应重点培养学生的诚信、勤劳、节俭、友爱、守纪观念,培养他们懂得基本的做人道理,树立文明的道德观念;到中学阶段,随着学生生理心理的发育成长,其对自由、平等、民主和权利的意识也会逐渐增强,这时可以相应地加强有关公民权利

---

① 参见邱振虎:《企业廉洁管理体系建立的目的及其内涵》,载《中国监察》2006年第9期。

和义务、民主和法治意识等方面的教育，同时引导他们了解社会的道德底线和法律"高压线"；进入大学阶段以后，学生已基本或完全成年，可以进一步强化有关国家体制机制、反腐倡廉法律法规的警示性教育，同时教给学生如何妥善处理和应对步入社会后可能遇到的腐败现象、腐败行为的方法，实行监督和权力问责等方面的教育，并使之养成较高的道德素养以及较强的遵法、依法、守法、护法的观念和能力。

第二节 突出廉洁教育的重点与社会廉洁文化建设

社会分层背景下的廉洁教育，必须注意公民廉洁教育的分层实施，处理好重点教育与普及教育之间的辩证关系。如前所述，我国廉洁教育的对象主要是各级各类掌握公权力的公职人员（以下各类人员均含领导干部）、国有企业和事业单位工作人员、各种社会团体和组织的成员、各级各类在校学生及普通民众等。从目前查获的各种腐败案例看，前两类人员显然是廉洁教育的主要群体和重点对象，也是开展廉洁教育首先必须加以关注的群体和对象，应着重帮助他们树立廉政意识，构筑起反腐倡廉的思想长城。第三类人员即各种社会团体和组织的成员，这部分群众在目前的情况下，大多具有半公半民的性质，也与公权力有着或近或远、或密或疏、或多或少的关系。但鉴于他们未必直接掌握公共权力，其行为所涉及的大多是比较有限的公共利益，因而可以在微观组织范围内有选择性地确定其廉洁教育的内容。第四类人员基本是潜在的公共权力拥有者或支配者。我们可以尊重不同年龄层次和心理接受特点的差异，渐进地开设社会意识、国家意识、权利意识和廉政意识等专门课程，讲授公共利益和公平公正的理念和道理，进行社会主义核心价值观的培育与引导，着力培养他们的正义感、责任感，为今后的长期发展奠定遵纪守法、克己奉公、清正廉洁的思想道德基础。最后一类普通民众则是数量最为广大，分布特别分散，内部区别也十分显著的群体，其中尽管也有人可能经过社会流动进入权力阶层,但大部分是廉洁的间接受益者和贪腐的主要受害者。因此,这一类人员与第四类人员都属于对廉洁政治最为渴望,对贪腐现象及腐败分子最为痛恨的群体,也是构成公权力支配者廉洁自律、廉洁奉公强大社会和舆论压力的主体力量——这正是我们强调对他们开展廉洁教育的主要目的之所在。对于他们,我们可以在加强社会、国家、权利和廉政意识教育的同时,着力培养其公民的主体意识、政治责任意识和社会正义感,激发其监督、参与社会治理的主动性和积极性,从而使廉政文化逐渐扩展到社会的方方面面,在全社会营造廉洁的政治环境。

一、公民廉洁教育的实施重点

目前,我国社会已进入"矛盾凸显期"和"风险高发期"。这种风险性已经实实在在地渗透到了各个阶层中,尤其在"涉地""涉房""涉矿"以及地方党政"一把手"掌握项目、资金、权力等公共资源的行业或部门官员身上表现得最为明显。前面已经较多地从与公权力关系的远近、松紧程度等角度分析了反腐倡廉、防治腐败教育的实施重点,在这里,我们着重从廉政风险最为易发多发的对象、岗位、时段等处着眼作出论述。

1. 公民廉洁教育实施的重点对象

首先是领导班子、领导成员特别是"一把手"。所谓的"一把手"是指党政机关、国有企事业单位和社会团体等单位或部门中的党政"第一把手",不仅包括位高权重的厅级以上高级领导干部,还包括那些握有实权的地方和基层干部。"一把手"往往处在权力的核心地位,拥有巨大的人事权、财务权,这种绝妙的处境为"一把手"的腐败提供了天然的沃土。有学者指出:在我国目前的情况下,"一把手"的权力具有绝对支配性、自蚀倾向性、最大强制性、来源的最高权威性等特征,当权力行使过程中因权力架构的集权性、选拔任用的唯上性、监督权配置的弱效性、监督机构的非独立性、不法利益的同盟性导致权力过于集中且缺乏有效监督制约,因此就极易产生腐败。① 党政"一把手"成腐败高发人群,这已是不争的客观事实,这就要求我们必须重视"一把手"的廉洁教育工作。

具体来说,做好"一把手"的廉洁教育工作,除了前面已经谈到的开展理想信念、廉洁奉公、法规党规和知法守法等教育外,首先,要使他们知道,"一把手"和其他各级官员一样,都是服务社会和人民群众的"公仆",都是受党和人民群众委托走上领导和管理岗位的,或是由人民代表选举产生的为人民服务的工作人员。因此,只有代表人民群众行使职权的权力,而决无凌驾于人民之上的谋私权力。应该使他们懂得,对包括"一把手"在内的领导干部的选拔任用,均应引入公开、民主、竞争的机制,防止公示走过场。应实行"一把手"推荐责任制和党委讨论票决制等并制定切实可行的办法。如果"一把手"以权谋私,不为群众办事,群众就有权罢免他。在重大问题的决策上,群众既有参与权,也有监督权,不能一个人专断独裁。只有把选人用人的权力真正地交给人民,使"一把手"感到肩上肩负的是党和人民的重托,越是位高权重,责任越是重大,才能有效地抵制"一把手"权力的滥用,从而抑止腐败现象的滋生和蔓延。其次,要让他们懂得,实行民主是我国人民民主专政的国家政权性质决定的。对"一把手"的权力进行有效的制衡和监督,是防止权力滥用的有效举措。在工作分工或权力分配时,切忌把决策权、执行权、监督权集于"一把手"一人之手,对"一把手"行使权力、处理事情应在程序上给予严格规定,特别是决策重大问题时应严格遵守程序规范本身,这也是为他们分担责任并进行必要的保护。因此,分解、制衡和监督"一把手"的权力必须作为制度强制实行。最后,要让他们明白,必须大力发展社会主义民主政治,加强对权力运行的监督。发展社会主义民主,发展党内民主,强化党组织的监督作用,要不断完善并严格执行党的民主集中制的各项具体制度,健全民主生活会制度,强化领导班子内部的监督。按照集体领导、民

---

① 参见陈科嘉:《以权力运行机制的科学化预防"一把手"腐败》,载《上海党史党建》2013年第5期。

主集中、个别酝酿、会议决定的原则,完善党委内部的议事和决策机制,以及重大决策、重要干部任免、重大项目安排和大额度资金的使用经集体讨论的决定程序,防止权力过分集中。实行决策的论证制、责任制和失误责任追究制度,确保决策的科学化和民主化。只有依靠制度反腐败、防腐败,才能使贪腐分子无机可乘,才会有比较理想的效果。

此外,还要对监督机构进行体制改革,赋予监督机构独立的监督权。可以将纪委、监察局、反贪局合并为一,由中央进行垂直领导,在各地设置分支机构,由中央垂直管理,不受地方政府控制。地方党委、政府及有关单位,上自"一把手",下至办事员,均须自觉接受其监督。监督机构要及时听取群众意见,并公开举报电话,公开联系方式,不断完善举报网络及相关制度,通过设立廉情信息员、聘请监督员、开展信访下乡、"危险对象"的个别谈话等措施,充分调动广大党员干部群众参与监督的自觉性和主动性,形成对"一把手"监督的强大合力,做到有报必查,有查必果,充分发挥其监督职能的作用,提升监督和办案的效率,最大限度地提高反腐败的威慑力。

腐败的易发多发人群固然与职位高低有关,但更与实际权力的大小、特别是自由裁量权的大小密切相关,小官大贪的情况在实际生活中并不少见。河北省北戴河供水总公司总经理马超群,人称"水老虎"。因为垄断性掌管着南、北北戴河旅游度假区、北戴河新区及暑期中央领导、中外游客的供水大权,"谁的钱他都要收,哪儿的钱都敢要",成为连"北戴河中直部门"都敢索贿的"无法无天"的"亿元贪官",这是一个非常典型的案例。① 党的十八大提出:"始终保持惩治腐败高压态势,坚决查处大案要案,着力解决发生在群众身边的腐败问题。不管涉及什么人,不论权力

---

① 参见《一只"水老虎"的"威力"有多大? 亿元贪官索贿北戴河中直部门》,载《新民晚报》2014 年 11 月 14 日。

大小、职位高低，只要触犯党纪国法，都要严惩不贷。"①广大基层干部处在党政工作的第一线，担负着组织、宣传、教育群众，把党的路线、方针、政策落实到基层的重要责任。我国理论界虽然对基层干部如村级干部是否属于国家工作人员存在争议，但这并不等于他们不可能成为贪污受贿犯罪的主体。因此，许多人都认同"对贪污罪主体的认定标准不再完全以身份为标准，而是以是否从事公务活动为标准"②的观点，主张把村干部这样的基层干部视为国家工作人员。因为村干部是依《村民委员会组织法》经全体村民选举而产生，经选举而产生的村干部具有协助乡镇行政的义务，经乡镇行政的委托代理行使"收粮派款、计划生育"的国家行政任务。而依据我国现行《刑法》第93条的规定，其他依照法律从事公务的人员，以国家工作人员论，这里的"依照法律从事公务的人员"，是指依照法律被选举或者任命而从事公务的人员。村干部如果在代表国家行使行政职能如审批土地、税收等过程中收受贿赂、贪污的，就应以国家工作人员论。因此，加强对村干部之类的基层干部这一特殊社会阶层的廉洁教育，防范基层干部的腐败行为具有重要的现实意义。

　　加强村干部这一"基层官吏"阶层的廉洁教育可从以下几方面入手：第一，要加强对村干部的思想政治教育。坚定的理想信念、优良的思想品德、廉洁奉公的服务精神，是预防腐败和职务犯罪的政治基础和心理防线。尤其是在社会转型、经济转轨、文化多元和观念交锋、交融、交替的变革时期，在传统道德受到很大挑战与冲击的时期，加强村干部的思想政治工作，提高其思想政治素质和道德水平，帮助他们树立和巩固全心全意为人民服务的思想及依法管理的法治观念，都是十分必要和重要的。加强思想政治教育，可以使农村干部更好地理解党的路线、方针和政策，树立正确的世界观、人生观和价值观，增强廉洁从政、为民用权的意识，可以使

---

① 胡锦涛：《坚定不移沿着中国特色社会主义道路前进 为全面建成小康社会而奋斗——在中国共产党第十八次全国代表大会上的报告》，人民出版社2012年版，第55页。
② 陈杰：《贪污罪主体资格的变化与界定》，载《当代法学》1999年第3期。

村干部增强奉公守法、清正廉洁、勤政爱民的优良品德，使之时时自省、自警、自律，增加自我约束意识和接受管理监督的自觉性，防止和遏制腐败思想和丑恶现象的滋长和蔓延。第二，要加强和完善基层民主监督制度和体系。要保证村干部的廉洁奉公，必须切实贯彻村委会选举制度，落实村民委员会和全体村民的民主监督，切实落实村务公开，推进民主管理制度，使村干部在群众的监督下开展工作，使村民有权力监督村干部管理村务，有权利选择和依法更换干部。权力只有受到群众和村民代表会议的监督和制约，才能有效防范腐败行为和贪腐分子的产生，只有将公共财物的使用和财政收支情况及时公开，才能使之随时处于有效监控之下，才有可能有效防止少数人化公为私、以权谋利的现象。第三，要进一步完善举报（包括上访）制度。要树立举报是公民实行民主、民主监督的基本权利和义务，以及依法保障这一权利是国家民主法治建设重要任务和目标的理念。要进一步拓宽和便捷举报的手段与路径，切实保障举报人权益，完善对举报人的保护，使之真正成为村民向上级反映问题的重要途径，成为村民对村干部实行监督、制约的重要和有效手段，从而及时解决、处置发生在群众身边的腐败现象和贪腐分子，提高政府在村民中的威信，充分调动广大村民参与村务管理、揭露抵制腐败行为的积极性和主动性。总之，全社会法治观念和反腐倡廉意识的提升，绝对离不开占人口绝大多数的农村社会法治、反腐水平的提高，农村基层干部运用法治思维和法治方式工作能力的提高，其中自然也包括广大农民遵法守法、依法维权和监督本领的增强。

综上所述，开展公民廉洁教育，要以"关键的少数"——各级领导干部尤其是"一把手"为重点，使其真正做到自重、自省、自警、自励，以身作则，率先垂范，并以"官风"带动民风，带领群众一起同腐败现象和腐败分子作斗争。要针对不同层次的党员干部，分类研究他们在思想和作风中存在的问题，坚持分类施教，因人施教，做到完善制度严格抓，防微杜渐严密抓，重点对象重点抓，关键时段及时抓，惩防结合综合抓，上下结合全面抓。同时,极大提高全体公民遵法守法、依法维权、监督的意识和能力,只有各方面、各阶层的认识与能力都提高了,才能真正形成使腐败分子"不敢腐、不能腐、不想腐",以及"政治清明、政府清廉、干部清正"的政治生态和社会氛围。

2. 公民廉洁教育实施的重点领域与岗位

2010年4月,《人民论坛》杂志曾就官场岗位"风险"做过一次问卷调查,在统计整理6810份有效样卷(其中通过人民网、人民论坛网等网络调查6250人,发放书面问卷调查560人)后得出的结论是,44%的受调查者认为,与煤矿等井下作业工人属于事故易发多发的人群一样,"做官也是一种高风险职业"。被视为官场十大高风险岗位的分别有:国土局长、交通厅长、县委书记、公安局长、组织部长、建委主任、安监局长、市委书记、国企老总、房管局长等。比如,浙江丽水市中级人民法院2013年8月15日开庭审理的金华市原副市长朱福林就是一个曾任职多个高危岗位的领导干部。他在12年间,先后利用担任金华市国土管理规划局局长、兰溪市委书记、金华市副市长等职务便利,在土地开发、人事安排、企业环评等事项上为他人牟利,还利用房地产交易、"炒房"、投资收益等名义收受他人贿赂折合人民币1580余万元。再比如,"工程上马,厅长下马"几乎成了交通基建领域的一句咒语。胡锦涛早在2003年中纪委五次全会上就曾指出:"1996年以来,全国有13个省交通厅(局)的26名厅局级干部因经济问题被查处,有的地方甚至连续几任出问题,根本原因就是投融资体制、招投标制度、行政审批制度和干部人事制度等方面存在漏洞。"另据统计,上世纪90年代中后期以来,全国已有一半省市、自治区发生过正副交通厅(局)长索贿受贿案件,至少有18名正副厅长落马。其中,高速公路通车总里程连续5年保持全国第一的河南省,就有曾锦城、张昆桐、石发亮、董永安和李占朝等1正4副5名厅长前"腐"后继。究其原因,一是交通领域正是项目巨大、资金密集之处。2008年金融风暴发生后,国家为了保增长推出了总量高达4万个亿的投资,相当部分就投在"铁公鸡"

(铁路、公路、基建)上,仅2009年的固定资产投资就有1万亿。而交通设施动辄上百亿的投资,遂成为各路人马垂涎的肥肉,也使招投标环节成了贪腐官员敛财的主要形式。二是交通厅长官民兼任,缺乏强有力的监督。在投资、建设、管理、使用"四位一体"的体制下,资金就在交通系统内封闭运行,而作为行政部门领导的交通厅长,又经常兼任高速公路建设总指挥部的总指挥,或高速公路建设总公司的董事长,既是行政长官,又是企业领导,既是管理者,又是建设者。作为企业"法人",他可以避开厅党组的监督;而作为政府的代表,又可不受企业班子成员的制约。三是岗位实权大、油水足,便于寻租。作为资金、权力等公共资源密集行业或部门的领导,有的握有巨额的财政信贷资金,有的可决定重大投资项目和工程花落谁家,有的掌握着高回报行业的准入权。包括私人老板在内的一些市场主体,为了在激烈竞争中获取资源优势,便把收买公共权力作为最主要的经营手段之一。可以说,权力集中、制约乏力、诱惑巨大、制度执行不到位,正是交通部门和交通厅长成为"高风险岗位"的主要因素。此外,我们还可以从山西的塌方式腐败和国家发改委系列腐败案中看到,在某种资源特别丰富和权力过于集中,而监管监督明显缺位的地方和部门,尤其容易发生腐败。前者不仅在最近一年里倒下了120多名县处级以上领导干部(其中厅级20多人、副部级以上干部9人),而且严重败坏了党风政风和社会风气,损害了党和政府的公信力和凝聚力,所造成的严重恶果和负面影响可能持续相当一个时期。后者同样掌握着重大问题的决策参与权及物资、物价的配置、决定大权,这种"前腐后继"局面的出现,除了其个人的原因外,显然也是与权力过大且不受监督、制约密切相关的。

另外,一些大型国有企业如同一个小社会,领导人广泛拥有财权、经营权、人事任用权,亦官亦商的独特地位,使得不当利益触手可及。这方面的案例前面已有大量介绍,在此不再赘述。还有些部门和行业虽未入选"十大高危岗位",但也常爆出腐败大案。如昆明市规划局就曾有李德昭、曾华、胡星三任局长在2002年6月至2007年1月间先后落马。河南某电力局也接连出现了三任腐败局长。《解放日报》2013年8月9日刊登凌河文章提及,李克强总理曾在一次讨论机构改革的会上谈到他亲眼目睹的一个情况:"'企业新上一个项目,要经过27个部门、50多个环节',家家都要点头,个个都要伸出手来。一点'权力'也不能放空"。"小小一艘渔船的船名,也要经过权力部门层层'核定'直至'顶层'一级点头,才能'批',才能'放行'"。该文还披露某部一名处长受贿2400万元的案件,他每批一笔"专项资金"都明码标价。一般的收取20%回扣,援藏资金则高达40%。别看一个小处长,"审批权很大,管的钱很多,要'关住'权力,真是很不容易"。① 另据《报刊文摘》2013年8月14日报道,由著名经济学家吴敬琏与《财经》杂志主笔马国川合著的《重启改革议程——中国经济改革二十讲》,在谈到当前我国社会存在种种问题的原因时指出,这"正是由于中国改革尚未取得完全成功,20世纪末期初步建立起来的市场经济体制还很不完善造成的。这种不完善性主要表现为国家部门(包括国有经济和国家党政机构)仍然在资源配置中起着主导作用。其主要表现是:国有经济仍然控制着国民经济的命脉,国有企业在石油、电信、铁道、金融等重要行业中继续处于垄断地位;各级政府握有支配土地、资金等重要经济资源的巨大权力;现代市场经济不可或缺的法治基础尚未建立,各级政府和政府官员拥有很大的自由裁量权,他们通过直接审批投资项目、设置市场准入的行政许可、管制价格等手段对企业的微观活动进行频繁的干预"。"权力对于经济活动的广泛干预造成了普遍的寻租环境,使腐败活动不可扼制地蔓延开来,深入到党政组织的肌肤之中。"②

3. 公民廉洁教育实施的重点时段

从已经发生的众多腐败案例可见,各级党政机关、国有企事业单位和各种其他团体及组织行会的换届前后、突发性岗位空缺、国家大政方针和

---

① 参见《群众路线笔谈:从"男儿膝下有黄金"说起》,载《解放日报》2013年8月9日。
② 《关于经济改革的那些事》,载《东莞时报》2013年2月3日。

经济政策变化、重大项目决策发包前以及各种国定节假日,甚至某地官员家中婚丧嫁娶、生日之时,往往就是腐败现象易发多发的时段。就买官卖官而言,2006年发生的以郴州市委书记李大伦为首的郴州官场集体腐败窝案就是十分典型的案列。李大伦担任郴州市委书记7年,受贿1400余万,还有1700余万来源不明,最后被法庭宣判死刑,缓期2年执行。该案共涉及158名"跑官""买官"的党政官员和一些搞"钱权交换"的商界人士,且大多发生在换届、节假日等时段。李大伦选拔干部属于典型的"看票子的厚度决定位置升迁"。郴州处于省县之间的市一级,同时肩负城市发展和农村建设的双重责任,作为"一把手"的李大伦可谓位高权重,且在很大程度上掌握着下属区、县各级干部的"官运",就像他公开宣称的那样:"在郴州,我李大伦说了算。"而周围又不乏溜须拍马、投机钻营者,因此才造成了轰动一时的"大窝案"。值得指出的是,由于像李大伦这样的市一级书记上任时年龄大多在50岁左右,可以说是面临着一个重要的"仕途拐点",再上一步就进入了高级干部行列,原地踏步则可能面临"仕途天花板"。因此,李大伦在向下敛财的同时,也在千方百计地向上"买官"。这种市级干部的50岁现象,与通常所说的干部58岁现象一样,都处于比较容易发生心理蜕变的年龄段,也是应该在教育时特别予以关注的时间节点。各种节假日也是腐败易发多发的时间节点。有县委书记自称其钱财主要不是来自工资等正常收入,"仅春节一次,近百个县级直属单位多数会有'孝敬',富的单位一两万,穷的单位三五千,加上金融、电信等企业,总数不会低于一两百万元。如果再算上其他节假日和婚丧嫁娶等活动,特别是干部帮人办事,即使不主动去腐败,一年下来也数目可观"①。事实上,不少大权在握的贪官经常利用婚丧嫁娶、自己或家人生病住院、庆祝生日等名义大肆敛财,下面也不乏借"人情往来"送礼、送钱,趁机联络感情或直接求官谋职之人。这些县级单位的书记、县长,虽

---

① 唐志顺:《地市级副职花销上百万,职务消费变"特权开支"》,载《新民晚报》2013年8月13日。

然论官职只是"七品芝麻官",但由于其身处党组织和国家政权结构中承上启下的关键环节,既是发展经济、保障民生、维护稳定、促进国家长治久安的重要基础,也是贯彻落实党的大政方针、联系和服务群众的关键岗位,作为全县党政"一把手",手中通常握有很大的裁量处分权和各种人财物资源,如果监管监督缺位,很容易发生腐败,就像有些媒体所揭露的那样,一些远离中心城市的县级"一把手",买官卖官甚至已发展到半公开化、批量化的地步。还有一个重要的时间节点是重大项目的申请、审核时段。一些中央直属单位的中层干部,官衔虽也不算太大,只是一个厅、处级干部,但由于其对项目申报审批、资源分配的自由裁量权很大,在监管监督不到位的情况下,也往往会借机大搞权权、权钱和权色交易。财政部企业司综合处原处长陈柱兵受贿案就是其中一个典型。到2011年案发前的10年间,陈柱兵利用手中的国家专项资金管理权,非法收受他人财物2454.4万元,每逢国家专项资金政策出台,陈柱兵就会指示或暗示一些所谓的"中间人",四处寻找潜在的申请企业,一旦金钱到手,就会利用职权给予方便。至于前面提到的山西塌方式腐败和国家发改委系列腐败案,从目前已知的案情看,"腐败往往围绕着重大问题决策、主要干部任免、重大项目投资决策和核心资源与权力的分配"。[①] 其实,对于以上这些腐败易发多发的时间节点,无论官场还是民间大都心知肚明。鉴于腐败对党和政府形象和公信力的极大破坏,以及对人民群众切身利益的极大伤害,以往每逢节假日,中央有关部门等也常常发通知、下文件,严令禁止请客送礼、跑官卖官。但由于往往只是"雷声大雨点小",后续检查和处理跟不上,所以经常一摞"红头文件"止不住贪腐之风。十八大以来,党中央从严查违反"八项规定"的人和事入手,每逢节假日就在"敲木鱼""打预防针"的同时,明察暗访、严格监管检查,并及时将腐败现象和贪腐分子公开通报、严厉处置,还结合各地区各部门的群众路线教育实践活动

---

① 参见姜洁:《权力就是责任 责任就该担当》,载《人民日报》2015年2月3日第17—18版。

严纠"四风",终于使这些时间节点上的腐败现象有所收敛,也使党风、政风和干部作风有了明显好转,赢得了广大民众的拥护和赞扬。实践证明,反腐败只靠出通知、发文件是不可能取得成效的,必须持之以恒地关注腐败易发多发的时间节点,多管齐下,严查严处,才可能取得实际效果。

二、社会廉洁文化建设

中华民族在长达数千年的历史发展中,积淀了丰富而优秀的廉政文化遗产,并构成了我们民族长存不息的生命有机体中不可或缺的重要养分。"以公灭私,民其允怀""国而忘家,公而忘私"等,注重整体利益、国家利益和民族利益,强调对社会、民族、国家的责任意识和奉献精神;"言而无信,不知其可也""民无信不立"等,则倡导和褒扬言行一致、恪守诚信的为人之本;"富贵不能淫,贫贱不能移,威武不能屈"等,更注重道德践履,强调道德修养的重要性和道德主体在完善自身中发挥能动作用,尤其对公民廉洁教育具有积极的借鉴意义。因此,积极挖掘蕴藏在传统文化中的大量廉文、廉诗、廉政事迹,合理运用民本、德治、公廉、节俭等廉洁教育资源,以及法治、民主、公开、问责等廉政理念,可以为我们开展公民廉洁教育和建设廉洁文化提供很好的素材。

1. 廉洁文化及其社会功能

关于什么是廉洁文化,学术界一直众说纷纭,缺乏公认的界定。有学者认为,廉洁文化是指"在社会群体中,由政府倡导的、与主流文化相适应的价值观、道德观以及相应的社会群体的行为模式。具体来说,就是在经济、政治、文化与社会生活中,遵守公认的社会规范,在社会群体中逐渐被认同、被普遍化的以廉洁为导向的认知模式与行为模式"[1]。也有学者指出,"廉洁文化是廉洁的理论和行为方式及其相互关系的文化总和,是关

---

[1] 赵运林:《加强廉洁文化建设》,载《光明日报》2006年7月31日。

于廉洁的知识、理念、制度及与之相对应的生活方式、行为规范的总概括"①。还有学者则强调,"中华廉洁文化是关于廉洁的知识、理论、信仰和与之相适应的表现形式、行为准则、价值取向及其相互关系的文化总和,是中华优良传统文化中的核心要素,是社会主义先进文化的重要内容"②。但是,不论专家们如何定义廉洁文化,其中都有一点是共性和共同的,即认为廉洁文化相对于腐败文化,是凝结在人们行为中的知识、信仰、规范、价值观和与之相适应的工作作风、生活方式、文化评价。

　　文化是社会的产物,又为社会所必需,它必然具有相应的社会功能。有学者探讨了廉洁文化在抵制腐败观念、遏制腐败行为方面的三项社会功能:第一,廉洁文化的社会教育功能有利于拒腐倡廉观念的形成;第二,廉洁文化的社会导向功能有利于遏制腐败风气的蔓延;第三,廉洁文化的社会监督功能有利于控制腐败行为的发生。③ 也有学者认为,廉洁文化建设对于社会建设、政治建设乃至国家建设发挥着自身所特有的功能,主要体现在:熏陶、教育及导向功能;监督、控制功能;批判功能;凝聚功能。④ 还有学者从廉洁文化所固有的教化、导向、凝聚、激励、规范、监督和社会评价功能,引申出其对于推动经济社会的科学发展,提升政治文明、精神文明和反腐倡廉建设水平,促进社会和谐三方面的现实功能。⑤ 其中十分明显且已形成共识的是,廉洁文化作为一种"润物细无声"的无形中产生着潜移默化功效的力量,对反腐败斗争和反腐倡廉教育发挥着巨大的作用,一种以弘扬正气、鞭挞腐败为己任的文化无疑是先进的,它

---

① 袁越兴、汪太理:《廉洁文化:先进文化的重要组成部分》,载《人民日报》2004 年 12 月 16 日。
② 沈其新:《中华廉洁文化与中国共产党先进性建设》,湖南大学出版社 2008 年版,第 5 页。
③ 参见赵运林:《加强廉洁文化建设》,载《光明日报》2006 年 7 月 31 日。
④ 参见钟晓娟:《廉洁文化:概念、内涵与功能》,载《中共山西省委党校学报》2012 年第 5 期。
⑤ 参见张国臣:《中国特色社会主义廉洁文化的现实功能论略》,载《河南社会科学》2012 年第 1 期。

将为公民廉洁教育提供智力支持和思想基础。

2. 大力加强廉洁文化建设

目前,我国廉政文化建设还存在着制度设计缺乏系统性、层次性,超前性研究较少,刚性约束不够等问题,尤其是廉政文化建设方面存在评价评估机制、激励和惩戒机制等缺乏深入细致的研究,具体可操作性不够强等缺陷。这就使得廉政文化未能发挥应有的教育、引导、激励和约束的作用。为此,必须大力加强这方面的建设,要在充分认识和把握廉政文化及廉政文化建设本身特点、规律的基础上,努力促使党员干部将国家法律和党纪党规等他律转变为高度自律,将外在的强制内化成自觉,从而使不搞贪腐不仅只是迫于法律和制度惩治的疑虑与畏惧,更成为对党和人民赋予的权力的珍惜及对自我人格的珍重与守护。这种教育机制虽包括面向普通群众的思想教育,但重点还是公职人员特别是党员领导干部的思想教育。针对当前的实际,我们在廉政文化建设上还应该坚持"古为今用,洋为中用"的方针,广泛借鉴与吸收古今中外廉洁文化建设的优秀成果和有效做法,在中国特色社会主义市场经济基础上,建立健全中国式廉洁文化建设的体制和机制,同时加强党纪国法教育,使发自内心的自律与迫于外部制约的他律更好地结合起来。"一方面通过自我学习,理解把握中国特色社会主义廉洁文化的基本理念,内化为科学的价值判断,外化为自身规范的言行举止;另一方面建立融'教育、制度、监督、惩治'于一体的反腐倡廉体系,以外在环境与外在因素促进廉洁文化建设",[①]从而使廉洁成为一种教养、习惯和文化自觉,让民主、法治、公开、平等及诚实守信、廉洁奉公等价值观念深入到社会生活的每个方面、每个群体。反腐败是一项长期的斗争,反腐倡廉和廉政文化建设也是一项长期性的"春风化雨细无声"工作,我们既要不断结合反腐败斗争的特点与形势加强理论和实例研究,并用以指导社会廉洁文化建设的实践,同时也要加强理论研究,不

---

① 参见唐东平:《中国特色社会主义廉洁文化的内涵、功能及建设途径》,载《廉政文化研究》2010年第3期。

断探究腐败发生、发展的原因、特点和规律,探索反腐败斗争的有效形式和举措,并充分利用各种大众媒介,加强廉洁文化的传播,在全社会营造"廉洁光荣,腐败可耻"的社会氛围,以及反腐倡廉的政治生态环境,形成大力推进廉洁文化建设和全民反腐倡廉的风气,有效提升社会各阶层参与反腐败斗争的主动性和积极性。

第三节 创新公民廉洁教育的形式与手段

教育离不开"灌输",廉洁教育是一项长期而艰巨的任务,勤于和善于"灌输",是开展普遍教育、提高思想认识、保证学习质量的基本前提条件。但是,廉洁教育要取得实际效果,关键在于其内容和形式要能够引起受众的兴趣,激发他们关注、参与的积极性和主动性,如此才能使他们听得进、记得住、入脑、入心,并逐步把教育内容内化为自觉的意识和行为准则。因此,要注意力戒内容单一、空洞和不切实际,避免枯燥、乏味、单调的教育方式,要结合实际,寓教于乐,有层次、多样化地实施公民廉洁教育。

一、公民廉洁教育形式与手段存在的问题

前几年,江苏省教育纪工委曾委托扬州大学牵头,选取全省20多所不同层次与类型的高校开展调研,发放问卷10000多份,全省共有12508名师生参与了调查。课题组从高校已有的廉洁教育形式、师生认为行之有效的教育形式、师生认同的廉洁进校园的主要形式以及师生对教育形式的看法等方面作了调研。在回答"您所在学校或部门开展廉洁教育的形式"这一问题时,教师比较集中的选项依次是"集中学习""报告讲座""警示教育",分别占62%、42.7%、30.1%;学生的选择则较为分散,相对集中的选择是"集中学习""报告讲座""校园文化活动",分别占22.5%、37.8%、23.2%。在回答"您认为廉洁教育的有效形式有哪些?"时,师生

较为集中地选择了"宣传舆论阵地"和"观看廉政教育电影"这两个选项,其中选择"宣传舆论阵地"的教师占46.7%,学生占44.6%,选择"观看廉政教育电影"的教师占42.7%,学生占54.2%,另外,学生还较多地选择了"举办教育活动",占40.5%。在回答"您认为廉洁教育进校园的主要形式是什么?"这一问题时,师生选择最多的选项是"校园文化建设",分别为55.8%和47%,而师生对"课堂教学"的选择均较少,分别为17.8%和14.8%。在回答"您认为当前廉洁教育的形式如何?"这一问题时,有一半以上的师生认为当前的廉洁教育工作流于形式,分别占到59.3%和64.6%。从调查数据统计结果看,教师在教育形式的选择上,比较集中的选择是"集中学习"和"报告讲座"这两种教育形式,而学生的选择相对集中在"报告讲座"和"校园文化活动"这两种形式上;但在选择廉洁教育最有效的形式时,教师选择的是"警示教育"、学生选择的却是"社会实践",而且多数师生认为高校当前廉洁教育有些"流于形式"。[①]这次规模较大的调查及其结果,实际上反映了当前我国公民廉洁教育在内容和形式上都存在的问题。具体来讲,就是内容大多以传达文件、通报案例,或者以报告、讲座等形式把传达文件和案例通报等一起进行,然后要求进行讨论、谈体会等。一样的教材、一样的要求、一样的考核,"你讲我听,你说我记",最后讨论、总结就匆匆结束。

二、创新公民廉洁教育的形式与手段

关于如何创新廉洁教育的内容及方式方法问题,学界也有人从不同角度提出了自己的看法与建议。有学者认为,当前反腐倡廉宣传教育要突出抓好三方面的主题和内容,一是权力观教育,二是艰苦奋斗教育,三是党纪法规教育。[②] 有人则强调教育内容要结合我国经济社会发展实

---

① 参见江苏省教育纪工委课题组:《江苏高校廉洁教育状况的调研报告》,载《廉政文化研究》2010年第2期。

② 参见舒椿雨:《反腐倡廉长效机制建设研究》,载《哲学政治》2013年第10期。

际、反腐败斗争实际和党员干部思想实际。① 也有学者从腐败发生与工作岗位之关系提出了分层教育的意见,认为:一是要深入开展示范教育、警示教育和岗位廉洁教育,对于腐败易发多发的重要领域和关键部门开展廉政风险防范教育和责任意识教育;二是把廉洁教育融于公职人员培养、选拔和任用的全过程,着重从过程机制上增强其廉洁从政的自觉性;三是大力推进廉政文化的社会化,根据不同受众群体采取灵活多样的形式,开展丰富多彩的廉洁教育,形成良好的社会风气和舆论环境。② 上述观点虽然在内容和方法以及具体受众指向上各有侧重,但都有一些共同方面,即都强调要抓住容易引发腐败行为的共同心理因素以及腐败易发多发的重点岗位、重要领域和关键部门,同时要注重因人施教、因时施教和分类施教,注重人文关怀、思想引导和心理疏导,从单向灌输方式向平等讨论、共同学习的互动交流方式转变,使受教育者真正思想有收获、心灵受震撼、认识有提高。这种联系实际、注重思想引导的做法也是发达国家反腐败的基本经验之一。在透明国际发布的全球清廉指数上排名靠前的芬兰、瑞典、澳大利亚、新加坡、荷兰等国家,都十分重视对公众的思想教育和引导,注重培育国民的廉洁思想,构建社会廉洁文化。至于具体的教育方法和手段,就更为丰富多彩。既可以采取中心组学习、报告会、座谈会、主题教育活动、专题讨论、党团活动、民主生活、上党课等较为常见的形式,以强化党员干部、特别是领导干部的遵纪守法意识及自我管理、自我约束意识;也可以通过主题晚会、参观学习、答题活动、辩论会和举办知识竞赛、书画比赛、征文征言、写心得体会,以及观看反腐倡廉电影电视片、展览展示等趣味性、群众参与性较强的学习教育活动,以达到"潜移默化、润物无声"的教育效果。总之,社会分层背景下的廉洁教育,需要以创

---

① 参见肖卫东:《拓展基层廉政建设教育新途径方法的探索与研究》,载《求实》2013年第1期。
② 参见刘占虎:《制度反腐、过程防腐与文化倡廉——中国特色反腐倡廉道路的探索与思考》,载《马克思主义与现实》2014年第1期。

新为重点,把握廉洁教育的特点与规律,针对不同阶层群众的不同特点来实施与开展。我国澳门廉政公署在社区的分支机构里设有专门为少年儿童建立的色彩鲜艳、内容丰富的主题乐园,而且还通过生动有趣的木偶戏短剧,讲述人不应该违反原则、包庇坏人这样的浅显道理。① 我国香港廉政公署不仅有专门负责社区教育的机构和人员,而且各负其责、分片包干,经常深入社区进行宣传教育,并编撰了形式多样的教材、教具、宣传品。这些行之有效的做法都是值得我们学习和借鉴的。

在科学技术迅猛发展、大众传媒手段不断创新的今天,我们既要善于沿用传统的报刊杂志、广播电视电影等手段进行教育,又要积极利用日益进步的信息技术等现代化新手段。互联网始于1969年,发展到今天已经相当普及。据统计,截至2014年底,我国的网民数量已经达到6亿多人口,利用手机上网或建立交流群团的人数也已超过1亿人口,这无疑是一个值得高度重视的舆论阵地和宣传教育载体。如果能充分利用不断拓展的互联网通讯体系和资源,借助手机、Pad、笔记本电脑等用户受众更广、用途层出不穷、影响不断扩大的电子设备设施,创建党建网站、反腐网站、监督举报网站等,充分利用音频、视频资料开展信息化的传播和远程教育,就可以在更为平等的基础上开展互教互学、自我教育,更加方便灵活地进行信息交流和实时教育,因而也就更易"网住"广大干部群众的心,有效增强廉洁教育的吸引力、感染力和扩散力。

廉洁教育本身并不是一个机械化的工程,没有任何一种固定的形式和手段可以一劳永逸、完全合适地套用到各阶层所有公民的身上。相反,正是由于公民工作生活的实际环境、受教育程度,以及具体从事的行业、岗位和职务、职位等情况千差万别,其受教育的心理、态度均有很大差异,所以,同样的教材、同样的要求、同样的考核和检查,对一部分公民可能是可行的,效果也是明显的,然而对另一部分公民可能又是不妥的,效果也

---

① 参见程文浩:《对我国青少年廉洁教育的思考与建议》,载《中国德育》2012年第8期。

是牵强甚至事与愿违的。这就要求我们经常对各阶层公民的思想认识状况和态度进行深入细致的调查研究，针对不同对象设计兼顾共性和个性的教育计划，组织编写有普及、有重点、内容鲜活的教材，同时，对不同的对象也要设定不同的要求和考核检查标准。总之，在全面深化改革的今天，在转型期规模超大、社会阶层不断分化、意识形态多元性日益明显的当代中国，如果没有共同的信仰、生活准则和价值体系，社会就会失去凝聚人心、形成合力的基础。同样，在当前的反腐败斗争中，能否构建公众认可并积极主动参与的廉政意识和廉政文化，是反腐败能否取得胜利、反腐倡廉教育能否取得实效的基本条件和必要前提。只有分层分类的、有针对性的公民廉洁教育内容和形式，才能使各阶层群众产生亲切感和迫切感，才能使之主动追求知情权、监督权和参与权，使公民廉洁教育真正受到欢迎，并实现预期的较好效果。总之，廉洁教育是一项常做常新的工作，在实际工作中只有不断根据腐败的特点、趋势，创新教育工作的形式与手段，才能逐步提高廉洁教育的实际效果。因此，深入研究新时期廉洁教育工作的特点和规律，在认真总结以往工作中的好经验、好方法的基础上，不断创新教育工作的形式和手段，在反腐败斗争迅猛发展的今天，就显得尤为重要和必要。

主要参考文献

一、著作

[1]《马克思恩格斯选集》第1卷,人民出版社1995年版。
[2] 中共中央文献编辑委员会编:《毛泽东选集》第一——四卷,人民出版社1991年版。
[3] 中共中央文献研究室编:《毛泽东文集》第六卷、第七卷,人民出版社1999年版。
[4]《邓小平文选》第一——三卷,人民出版社1994年版。
[5]《江泽民文选》第一——三卷,人民出版社2006年版。
[6] 胡锦涛:《坚定不移沿着中国特色社会主义道路前进 为全面建成小康社会而奋斗——在中国共产党第十八次全国代表大会上的报告》,人民出版社2012年版。
[7] 中共中央宣传部:《习近平总书记系列重要讲话读本》,学习出版社、人民出版社2014年版。
[8] 中共中央纪律检查委员会、中央文献研究室编:《习近平关于党风廉政建设和反腐败斗争论述摘编》,中央文献出版社、中国方正出版社2015年版。
[9]《〈中共中央关于全面深化改革若干重大问题的决定〉辅导读本》,人民出版社2013年版。
[10] 邹东涛主编:《中国经济发展和体制改革报告 NO.1:中国改革开放30年(1978—2008)》,社会科学文献出版社2008年版。
[11] 陆学艺主编:《当代中国社会阶层研究报告》,社会科学文献出版社2002年版。
[12] 李强:《当代中国社会分层与流动》,中国经济出版社1993年版。
[13] 毛建平主编:《检察业务文书制作方法与范例》,中国检察出版社2008年版。
[14] 李凯、赵鹏:《公诉法律文书写作技法与实例讲评》,中国检察出版社2012年版。
[15] 詹福满:《科学发展观与反腐倡廉建设》,人民出版社2007年版。

［16］张剑：《反腐倡廉教育十二讲》，中共中央党校出版社2007年版。

［17］中共中央党校、中共中央纪律检查委员会：《新时期领导干部反腐倡廉教程》，中共中央党校出版社2007年版。

［18］佟玉华：《社会转型期政治发展与民主政治建设》，中国社会科学出版社2009年版。

［19］中央纪委研究室：《1978—2008纪念党的纪律检查机关恢复重建30周年暨反腐倡廉建设理论讨会文集》，中国方正出版社2008年版。

［20］沈其新：《中华廉洁文化与中国共产党先进性建设》，湖南大学出版社2008年版。

［21］透明国际编：《全球青少年廉洁教育概览》，清华大学公共管理学院廉政与治理研究中心译，中国方正出版社2007年版。

［22］〔英〕阿克顿：《自由与权力》，侯健、范亚峰译，商务印书馆2001年版。

［23］〔美〕拉尔夫·林顿：《人的研究》，纽约阿普尔顿—森特利—克罗夫特出版社1936年版。

［24］〔意〕维尔弗雷多·帕累托：《普通社会学纲要》，田时纲译，三联书店2001年版。

［25］〔美〕丹尼尔·贝尔：《后工业社会的来临》，高铦等译，商务印书馆1986年版。

二、文章

［1］张宛丽：《中国社会阶级阶层研究20年》，载《社会学研究》2000年第1期。

［2］蔡陈聪：《腐败定义及其类型》，载《中国青年政治学院学报》2001年第2期。

［3］王明高：《科学制度反腐的最佳时期》，载《人民论坛》2009年第24期。

［4］林志梅：《"两会"上的预防思索》，载《预防职务犯罪专刊》2013年第2期。

［5］何增科：《根据腐败多发规律提高制度预防质量》，载《中国监察》2009年第18期。

［6］徐炳文：《上海推进廉政风险防控有了"参照系"》，载《倡廉文摘》2012年第9期。

［7］过勇：《中国腐败与反腐的变化趋势》，载《中国行政管理》2013年第1期。

［8］周雪梅、程倩：《权力分类视角中的腐败治理》，载《探索》2005年第5期。

［9］周传蛟、李宏宇：《权力的分类》，载《学术交流》2002年第3期。

［10］习近平：《志梅同志讲得好》，载《预防职务犯罪专刊》2013年第2期。

［11］大林：《官帽"批发商"》，载《倡廉文摘》2012年第9期

［12］孙思娅：《副主席卖官记》，载《倡廉文摘》2012年第9期。

［13］伟平、红军：《"五鼠"蚕食千万补偿款》，载《倡廉文摘》2012年第9期。

［14］尹于世：《拒腐关键靠"法"而非"术"》，载《倡廉文摘》2012年第9期。

［15］李婷、李郁军：《"能吃苦"副厅长成了阶下囚》，载《倡廉文摘》2012年第9期。

［16］肖小华：《试论干部培训教育的统筹性》，载《干部教育与管理》2012年第11期。

［17］孙载夫：《坚持以领导干部为重点抓好反腐倡廉教育》，载《中国党政干部论坛》2005年第5期。

［18］马小宁：《美国反腐：重点打击三大领域腐败》，载《党课参考》2011年第3期。

［19］钟晓媚：《廉洁文化：概念、内涵与功能》，载《中共山西省委党校学报》2012年第5期。

［20］张国臣：《中国特色社会主义廉洁文化的现实功能论略》，载《河南社会科学》2012年第1期。

［21］唐东平：《中国特色社会主义廉洁文化的内涵、功能及建设途径》，载《廉政文化研究》2010年第3期。

［22］江苏省教育纪工委课题组：《江苏高校廉洁教育状况的调研报告》，载《廉政文化研究》2010年第2期。

［23］程文浩：《对我国青少年廉洁教育的思考与建议》，载《中国德育》2012年第8期。

［24］赵晓乐：《阶层分化背景下社会主义主流意识形态建构》，载《黑河学刊》2013年第10期。

［25］李翔：《反腐败的中国社会语境探析——以我国市民社会阶层分化为视角》，载《华东政法大学学报》2013年第6期。

［26］李梅敬：《改革开放以来中国特色反腐倡廉体系的建设历程》，载《上海党史与党建》2012年第3期。

［27］苏竹钦：《论行政道德的制度化》，载《理论与改革》2000年第6期。

［28］沈远新：《儒家思想与腐败的民俗化》，载《新东方》1999年第2期。

［29］林志梅：《"两会"上的预防思索》，载《预防职务犯罪专刊》2013年第2期。

[30] 林志梅:《"生产力"成了预防的代名词》,载《预防职务犯罪专刊》2013年第2期。

[31] 邱振虎:《企业廉洁管理体系建立的目的及其内涵》,载《中国监察》2006年第9期。

[32] 陈科嘉:《以权力运行机制的科学化预防"一把手"腐败》,载《上海党史党建》2013年第5期。

[33] 陈杰:《贪污罪主体资格的变化与界定》,载《当代法学》1999年第3期。

[34] 袁越兴、汪太理:《廉洁文化:先进文化的重要组成部分》,载《人民日报》2004年12月16日。

[35] 叶晓楠:《中国新社会阶层引起关注》,载《人民日报》(海外版)2007年6月19日。

[36] 赵运林:《加强廉洁文化建设》,载《光明日报》2006年7月31日。

[37] 刘浦泉、段世文:《行政不作为也是一种腐败》,载《光明日报》2002年4月2日。

[38] 管斌、钟云华:《对干部要进行传统美德教育》,载《经济日报》2014年8月11日。

[39] 白峰:《廉洁教育进课堂并非"找错对象"》,载《中国纪检监察报》2011年9月14日。

[40] 赵涛:《廉洁教育:能否播下一颗清廉的"种子"》,载《中国社科报》2007年11月5日。

[41] 北顾:《德国如何把权力关进制度的笼子》,载《学习时报》2013年8月5日。

[42] 赵鹏:《国家公务员局:我国公务员共有689万人》,载《京华时报》2012年3月13日。

[43] 殷啸虎:《"法商"是领导干部的基本素质》,载《社会科学报》2013年4月11日。

[44] 张增田:《廉洁教育如何避免空洞的说教》,载《检察日报》2008年9月23日。

[45] 丁烨:《"排污费"养活环保局是最大的讽刺》,载《青年报》2013年4月17日。

[46] 《广州"房叔":年老多病请求轻判》,载《青年报》2013年7月27日。

[47] 丁文杰、陈文广:《长沙规划局"小官"巨贪6000万》,载《报刊文摘》2013年8月9日。

[48] 卢元强、廖紫燕:《楼市产业链116处可滋生腐败》,载《报刊文摘》2013年4月

26日。

[49] 曹林:《为何越不发达地方官本位意识越浓》,载《报刊文摘》2013年4月17日。

[50] 汤嘉琛:《"21套房"书记警示"身边人腐败"》,载《新京报》2013年10月5日。

[51] 陈菲:《250名处级以上官员上半年被立案侦查》,载《新民晚报》2013年8月16日。

[52] 唐志顺:《地市级副职花销上百万,职务消费变"特权开支"》,载《新民晚报》2013年8月13日。

[53] 凌河:《另一种"买官"》,载《新民晚报》2013年8月1日。

[54] 徐海涛:《无奈饭局闹出蹊跷命案——安徽颍上县国土局干部"醉酒意外身亡"调查》,载《新民晚报》2013年8月2日。

[55] 郝洪:《城市不靠摩天楼赢得尊重》,载《新民晚报》2013年7月26日。

[56]《审计17个预算主管部门,查出违规问题金额1.73亿元》,载《新民晚报》2013年7月27日。

[57]《工程腐败·"一把手"》,载《海口晚报》2014年7月16日。

[58] 白龙:《法官形象关涉"法治信仰"》,载《新民晚报》2013年8月7日。

[59]《30年间90余名省部级官员被追责——国家预防腐败局副局长崔海容介绍反腐工作》,载《新民晚报》2012年5月16日。

[60] 倪蔚薇:《廉洁教育,离学生有多远?》,载《无锡日报》2007年1月22日。

后 记

花费了近三年时间撰写的《社会分层视域下的公民廉洁教育》终于临近尾声了。在本书即将付梓之际，笔者既如释重负，又感慨万端。

接下这个项目时，笔者就有一种感觉：就这个课题写一两篇文章或许比较容易，但要写成一部20万字左右的著作还是有很大难度和挑战性的。比如，怎样才能合理地谋篇布局，保持各章、节、目之间的内在逻辑和前后呼应？怎样才能较好地避免专家初审时提出的，也是笔者行文时颇费思量的克服关于社会分层与公民廉洁教育之论述的"两张皮"问题？怎样才能做到理论切合实际，使理论性叙述与各种实际案例的介绍能紧密而合理地结合？怎样才能做到既分析阐述到位，文笔准确生动，具有较强的可读性和科学性，进而对理论研究和斗争实践产生积极的参考意义和启迪作用？

本书的撰写、修改和最终定稿过程，与党的十八大以来党中央颁布"八项规定"、开展群众路线教育实践活动、大力整顿"四风"等，以及不断深入的反腐风暴基本同步，而这场雷霆万钧、举世瞩目的"打虎灭蝇"反腐败斗争目前方兴未艾，正向着空前的广度和深度推进。许多新思想、新观点、新举措以及新案例还在不断提出和公布，这就使笔者必须在不断学习领会的基础上，科学分析和准确阐述腐败现象发生发展的特点、原因和规律，以及新形势下开展公民廉洁教育的有效方法、手段和路径。尤其要不断根据党中央新的部署要求、新的理论观点与新的方针举措，及时调整思路、修正架构，甚至把大段大段的文字推倒重来，包括重新思考、分析并选用更有说服力和典型性的案例。

笔者以往的教学和科研主要集中于中共党史、中国近现代史和近现代中日关系等领域，尽管这十多年来担任了一些高校党务工作，对于党的建设、反腐倡廉和公民廉洁教育问题也有所涉足，但就以往学习和研究积淀而言，承担这样一个较新的反腐倡廉和公民廉洁教育的课题，不时会感到自身知识和经验的匮乏。即使花费了不少心血，作了很大努力，呈现在读者面前的书稿也仍然存在不够成熟的地方。例如，全书的结构框架仍嫌不够紧凑，一些表述和措辞也仍有把握不准或词不达意之处，或许，还有其他一些疏漏甚至谬误存在。在此，也诚恳欢迎学界同仁、包括更富实践经验的司法专家批评与教正。

在本书即将问世之际，笔者要感谢本书撰写过程中给予了无私帮助的许多同事、朋友和专家。我的研究生李娟和方雯为本书收集并初步整理了既有理论成果和研究资料，为本书初稿成形付出了辛勤劳动；李亮教授对本书的基本构思和框架设计花费了大量心血，他经常与我一起研讨撰写中遇到的问题及处理办法，还在百忙中参与了部分章节的修改；上海师范大学马克思主义学院的徐丰书记承担了本书第二章的撰写工作，参与了全书的校订；上海师范大学徐汇区检察院预防职务犯罪研究中心、上海师范大学两任纪委书记兼及丛书主编茅鼎文和秦莉萍，上海师范大学纪委副书记、纪委办主任兼监察处处长张惠康和张深远对本书的撰写，也给予了许多具体指导与帮助；北京大学李成言教授拨冗仔细审阅，并在初审和终审时给予了热情指导和肯定。正是在他们的不断鼓励和理解宽容下，笔者才不揣浅陋，勉力负重，坚持到了本书问世的今天。

本书写作中征引、参考了海内外众多专家学者的研究成果，北京大学出版社也为本书面世提供了大力支持。在此，也一并致以真诚的谢意！